roroto computer
Herausgegeben von Ludwig Moos

Fortran, die höhere Programmiersprache mit der ältesten Tradition, wurde zur Lösung vorwiegend technischer und mathematisch-naturwissenschaftlicher Aufgaben entworfen. Mit der Weiterentwicklung zu Fortran 90 ist ein Qualitätssprung gelungen, der mit dem Zwischenstandard Fortran 95 weiter gefestigt wird. Programmiertechnische Vorzüge, die in anderen Sprachen mehr oder weniger vereinzelt zu finden waren, sind beim neuen Fortran in ein umfassendes Konzept integriert und so universell anwendbar. Dieser Grundkurs wendet sich sowohl an Programmieranfänger als auch an programmierkundige Anwender, die sich mit den Vorzügen von Fortran 90 vertraut machen möchten. Die zum Teil mächtigen Sprachkonstrukte werden anhand ausgereifter Fortran-90-Systemumgebungen auf PC-Basis in vielfältigen Beispielen praktisch umgesetzt. Gisela Engeln-Müllges ist Professorin an der Fachhochschule Aachen im Fachbereich Maschinenbau, Klaus Niederdrenk Professor an der Fachhochschule Münster im Fachbereich Chemieingenieurwesen.

Gisela Engeln-Müllges/
Klaus Niederdrenk

Fortran 90
mit Fortran 95

Grundkurs
Computerpraxis

Originalausgabe
Veröffentlicht im Rowohlt Taschenbuch Verlag GmbH,
Reinbek bei Hamburg, Juni 1996
Copyright © 1996 by Rowohlt Taschenbuch Verlag GmbH,
Reinbek bei Hamburg
Umschlaggestaltung Walter Werner
Grafiken Gisela Engeln-Müllges / Klaus Niederdrenk
Satz Stone Serif und Stone Sans PostScript,
QuarkXPress 3.31 bei FabriKate, Esgrus
Druck und Bindung Clausen & Bosse, Leck
Printed in Germany
2290–ISBN 3 499 19826 6

Inhalt

Editorial

Das Zusammenleben der Menschen wird immer stärker von informationsverarbeitenden Maschinen geprägt. Die meisten von uns werden direkt oder indirekt mit Computern zu tun haben. Eine besondere Rolle spielt dabei der millionenfach verbreitete Personal Computer (PC). Schüler, Studenten und Angehörige aller Berufsgruppen spielen oder arbeiten schon heute mit diesem Gerät.

Der Einsatz des persönlichen Computers wird weniger von der Fähigkeit des Benutzers bestimmt, das Gerät in seiner Technizität (Hardware) zu verstehen, als vielmehr davon, es mit Hilfe der Computerprogramme (Software) zu bedienen.

Der «Grundkurs Computerpraxis» erklärt Informationsverarbeitung sehr konkret und auf einfache Weise. Dabei steht das, was den Computer im eigentlichen Sinne funktionieren läßt, im Vordergrund: die Software. Sie umfaßt

- Betriebssysteme,
- Anwenderprogramme,
- Programmiersprachen.

Ausgewählt werden Programme, die sich hunderttausendfach bewährt und einen Standard gesetzt haben, der Gefahr des Veraltens also nur in geringem Maße unterliegen.

Im «Grundkurs Computerpraxis» wird das praktische Computerwissen übersichtlich gegliedert, auf das Wesentliche begrenzt und mit Grafiken, Beispielen und Übungen optimal zugänglich gemacht.

Dem «Grundkurs Computerpraxis» liegt ein didaktisches Konzept zugrunde, das von Dipl.-Hdl. Rudolf Hambusch, Referatsleiter im Landesinstitut für Schule und Weiterbildung Soest, entwickelt wurde. Es will das Computerwissen für jedermann verständlich machen. Die Autoren sind erfahrene Berufspädagogen, Praktiker oder Mitarbeiter in Weiterbildungsprojekten.

Vorwort

Fortran ist die älteste problemorientierte höhere Programmiersprache und die erste, die eine Standardisierung erfahren hat. Sie ist die wichtigste Programmiersprache für naturwissenschaftlich-technische Anwendungen; ihr Name steht für **For**mula **Tran**slator. Entscheidend für die internationale Anerkennung ist, daß Fortran laufend an die Anforderungen der Anwender angepaßt wurde und dies auf internationaler Ebene von der **ISO** (International Organization for Standardization) sowie auf nationalen Ebenen etwa vom **ANSI** (American National Standards Institute) und vom **DIN** (Deutsches Institut für Normung) geschah.

1966 wurde der Standard **FORTRAN 66** kreiert und 1978 durch den **FORTRAN-77**-Standard abgelöst, der begrenzt strukturierte Programmierung ermöglichte und Sprachmittel zu Datei- und Textverarbeitung enthielt. Der totale Durchbruch kam 1991 mit der völligen Spracherneuerung in dem **Fortran-90**-Standard. Fortran 90 ist eine ganz neue, moderne Programmiersprache mit äußerst effektiven Instrumenten zur strukturierten Programmierung, mit neuen Typ- und Datenkonzepten, mit dynamischer Feldverarbeitung, Zeigern, flexiblen Datenstrukturen, neuen Kontrollstrukturen und sehr vielen, unmittelbar in dem Sprachumfang enthaltenen mathematischen Funktionen, die besonders auf dem Gebiet der Feldverarbeitung äußerst leistungsfähig sind und die Programmierarbeit erleichtern und beschleunigen sowie Weiterentwicklungen der Rechnerarchitekturen berücksichtigen. Ganz wichtig ist die Tatsache, daß in dieser völlig neuen Sprache trotzdem jedes der Norm entsprechende FORTRAN-77-Programm als Fortran-90-Programm lauffähig ist und damit die totale Aufwärtskompatibilität erreicht wurde.

Um aber veraltete Sprachmittel in künftigen Standards ablösen zu können, wurden sie in Fortran 90 als «obsolete» deklariert. Wir haben in diesem Buch praktisch alle veralteten Sprachmittel gar nicht erst behandelt. Dies ist besonders deshalb wichtig, weil es noch im Jahre 1996 den überarbeiteten Standard **Fortran 95** geben wird, der kein neuer Sprachentwurf ist, sondern die Fortran-90-Norm von veralteten Elementen befreit und darüber hinaus kleine sinnvolle Ergänzungen hinzufügt, die sich insbesondere im High Performance Fortran (**HPF**, s. [Gehrke 1994]) als äußerst nützlich erwiesen haben. Natürlich geht mit dem Wegfall veralteter Sprachmittel die Aufwärtskompatibilität verloren. Da jedoch die Anzahl der entfernten Sprachmittel klein ist und diese ohnehin wohl kaum in einem Fortran-90-Programm verwendet werden, wird der Umstellungsaufwand von Fortran 90 auf Fortran 95 minimal sein.

Die Erweiterungen in Fortran 95 gegenüber Fortran 90 stellen schon die Weichen für den geplanten **Fortran-2000**-Standard (s. [Gehrke 1996]).

Welches ist nun unsere Intention, die wir mit diesem Buch über Fortran 90/95 verfolgt haben?

Wir haben das Buch für **Neulinge,** für **Umsteiger** und auch für **Neugierige** geschrieben, und beim genauen Hinsehen werden auch Verfechter anderer Programmiersprachen hier Nützliches finden.

Wir ermöglichen mit unserem Konzept einen schnellen Einstieg in die komplexe Sprache und haben bewußt von Anfang an auf eine unmittelbare praktische Umsetzbarkeit geachtet. Dazu wurde zielgerichtet eine bestimmte Stoffauswahl aus dem riesigen Umfang von Fortran 90/95 getroffen (beispielsweise haben wir in diesem Buch die Zeiger [Pointer] weggelassen, weil Fortran 90 dynamische Feldverarbeitung bedeutend komfortabler als andere Sprachen auch ohne Zeiger erlaubt). Jedes behandelte Sprachmittel wird an ausführlich ausgearbeiteten Beispielen demonstriert sowie durch komplett gelöste Aufgaben ergänzt. Wir haben bei allen Anwendungen anschaulich mit strukturierten Sprachmitteln gearbeitet, so daß sie sehr leicht auch in andere Sprachen übertragen werden können (was auch für solche Leser von Vorteil ist, die immer auf der Suche nach neuen Beispielen und Aufgaben sind).

Für diejenigen, die alles über Fortran 90/95 wissen wollen, empfehlen wir die Werke [Gehrke 1991], [Adams 1992], [Gehrke 1996], [ISO/IEC 1539:1991(E)], die den kompletten Fortran-90-Sprachumfang liefern, und die Internet-Adresse

ftp://ftp.dfrf.nasa.gov/pub/x3j3/95-007r2/,

über die man alles zu Fortran 95 und weiteren Entwicklungen erfahren kann.

Das Buch ist entstanden aus Vorlesungen, die die Verfasser an der Fachhochschule Aachen für Studierende der Fachbereiche Maschinenbau sowie Luft- und Raumfahrttechnik und an der Fachhochschule Münster für Studierende der Fachbereiche Chemieingenieurwesen und Maschinenbau gehalten haben.

Wir möchten all denen danken, die uns bei der Herstellung des Buches tatkräftig unterstützt haben: Herrn Jörg Lindemann, der das reproduktionsreife Manuskript mit größter Sorgfalt und vielen Ideen erstellt sowie Installations- und Benutzungshinweise für die beiden eingesetzten PC-Compiler Lahey Fortran 90 und Salford Software / NAG FTN 90 sowie den Lahey-Editor verfaßt hat. Sämtliche Programmbeispiele und Aufgaben haben Dipl.-Ing. Heribert Klinkhammer und Dipl.-Ing. Andreas Sohn auf beiden Compilern gründlich getestet, außerdem haben sie beim Korrekturlesen wertvolle Unterstützung geleistet und an Vorarbeiten für das Buch ebenso hilfreich mitgewirkt wie Frau Irmgard Bölling.

Nicht zuletzt danken wir Herrn Dipl.-Hdl. Gregor Kuhlmann für seine nützlichen Hinweise zum didaktischen Konzept dieses Buches sowie dem Rowohlt Taschenbuch Verlag für die Unterstützung bei der Drucklegung.

Aachen und Münster   *Gisela Engeln-Müllges*
im April 1996   *Klaus Niederdrenk*

1 Einführung

Im ersten Kapitel bekommen Sie einen Überblick, welche Schritte erforderlich sind, um ein Fortran-90-Programm zu schreiben und zu starten.

1.1 Wie erstellt man ein Fortran-90-Programm?

Die Programmentwicklung erfolgt, wie auch bei den meisten anderen Programmiersprachen, in drei Phasen:
1. Quellprogrammtext editieren (schreiben),
2. Quellprogrammtext compilieren (übersetzen),
3. compiliertes Programm zum ausführbaren Programm linken (binden).

Zum Lieferumfang der hier verwendeten Compiler gehören also stets der eigentliche **Compiler** und ein **Linker**. Beim Lahey-Fortran-90-Compiler (LF90) kommt noch ein **Editor** dazu. Der Begriff «Compiler» wird vielfach als Synonym für das ganze Entwicklungssystem gebraucht. Nach dieser Sprachgewohnheit wollen wir uns auch in diesem Buch richten.

Abgesehen von diesen drei Komponenten gehören mehrere sogenannte **Libraries** (Bibliotheken) zum Compiler. Die Bibliotheken beinhalten fertige Funktionen, welche Sie in Ihren eigenen Programmen benutzen können. Alle nötigen Funktionen werden vom Linker aus den Libraries herausgesucht und mit Ihrem Programm verbunden.

Nun jedoch zu unserem ersten Fortran-90-Programm.

1.2 Ein erstes einfaches Fortran-90-Programm

Um ein Beispiel nachvollziehen zu können, gehen wir von folgender Datei mit dem Namen *WAEHRUNG.F90* aus:

```
PROGRAM Waehrungsumrechnung
INTEGER :: DM_Betrag, Lire_Betrag
WRITE(*,*) ' Geben Sie einen Betrag in DM ein: '
READ(*,*) DM_Betrag
Lire_Betrag = 1086 * DM_Betrag
WRITE(*,*) ' Sie erhalten dafür in Lire: ', Lire_Betrag
STOP
END PROGRAM Waehrungsumrechnung
```

Dieses Fortran-90-Programm ermittelt zum im Jahr 1995 gültigen Verkaufskurs (0,921 DM für 1000 Lire) den Betrag in Lire, den man für einen vorgegebenen DM-Betrag im Umtausch erhält. Diese Datei können Sie leicht zum Beispiel mit dem MS-DOS-Editor *EDIT* oder dem gleichnamigen Novell-DOS-Ganzseiteneditor erstellen (vgl. Abschnitt 1.3).

■ Für ganz Eilige
Sie möchten das Programm in der Datei *WAEHRUNG.F90* auf einem PC, auf dem das entsprechende Fortran-90-System installiert ist, übersetzen und ausführen.

Die Befehle heißen dann bei dem Lahey-Fortran-90-Compiler (den wir im folgenden nur noch kurz LF90 nennen):

```
LF90 WAEHRUNG
WAEHRUNG
```

bei dem Salford-Software-/NAG-FTN90-Compiler (der den zuvor einmal auszuführenden Befehl *DBOS* für die eigene Speicherverwaltung voraussetzt und der im folgenden kurz als FTN90 bezeichnet wird):

```
FTN90 WAEHRUNG /LGO
```

und bei dem Salford-Software-/NAG-FTN90-Entry-Level-Edition-Compiler (der ebenfalls den zuvor einmal auszuführenden Befehl *DBOS* voraussetzt und der im folgenden kurz als FTN90 Entry Level bezeichnet wird):

```
LGOFTN90 WAEHRUNG
```

Ein Programm wird auf diese Weise übersetzt und gestartet, wenn es (wie in diesem Fall) nicht zu groß ist, um von DOS geladen zu werden. Mit dem Währungsprogramm wird sich dann folgender Ablauf ergeben:

▨ LF90 von Lahey:

```
Options: -nap -ndbl -nbind -nchk -nf90 -ndal -co -nfix -ng -hed -nin -inln
-ol -pca -sav -stchk -nc -ntrap -nsyn -t4 -nvax -vm -w -nwo
-stack 20000h

Compiling file waehrung.f90.
Compiling program unit WAEHRUNGSUMRECHNUNG at line 1.
Encountered 0 errors, 0 warnings in file waehrung.f90.

386¦LINK: 6.1+ -- Copyright (C) 1986-93 Phar Lap Software, Inc.

C:\F90>waehrung

        ┌─────────────────────────────────────────────────┐
        │      32-bit Power for Lahey Computer Systems      │
        │      Phar Lap's 386¦DOS-Extender(tm) Version 6.1  │
        │      Copyright (C) 1986-93 Phar Lap Software, Inc.│
        │             Available Memory = 51564 Kb           │
        └─────────────────────────────────────────────────┘


 Geben Sie einen Betrag in DM ein: 100

 Sie erhalten dafür in Lire:      108600

C:\F90>_
```

▨ FTN90 von Salford Software / NAG:

```
C:\F90>ftn90 waehrung /lgo
[FTN90 Version 2.05 Copyright (c)SALFORD SOFTWARE LTD 1992-1994  & ]
[                   (c)THE NUMERICAL ALGORITHMS GROUP 1991,1992,1993]
    NO ERRORS [FTN90]
Program entered
  Geben Sie einen Betrag in DM ein:
100
  Sie erhalten dafür in Lire:  108600
Fortran-90 STOP

C:\F90>_
```

▨ FTN90 Entry Level von Salford Software / NAG:

```
C:\F90>lgoftn90 waehrung
[FTN90 Entry Level V1.21 Copyright (c)SALFORD SOFTWARE LTD 1992,1993  & ]
[                   (c)THE NUMERICAL ALGORITHMS GROUP 1991,1992,1993]
[  THIS COMPILER DOES NOT SUPPORT DBOS LIBRARIES]
    NO ERRORS [FTN90]
Program entered
  Geben Sie einen Betrag in DM ein:
100
  Sie erhalten dafür in Lire:  108600
Fortran-90 STOP

C:\F90>_
```

▨ **Unterverzeichnis anlegen**
Vor der Eingabe eines Fortran-90-Programms ist es ratsam, ein eigenes
Unterverzeichnis einzurichten, in dem Sie das Programm anschließend
speichern wollen. Ohne Festlegung eines eigenen Unterverzeichnisses
werden Ihre Programme in das gerade offene Verzeichnis geschrieben.
Sie laufen dann Gefahr, daß Sie den Überblick verlieren.

Beispiel:
Geben Sie

```
md c:\f90
```

ein, um für Ihre Fortran-90-Programme das Unterverzeichnis F90 auf

Laufwerk C: auf der Festplatte anzulegen. Sie können dann von diesem Unterverzeichnis aus agieren, wenn dort die Programmdatei abgelegt ist.

Ausführlichere Angaben zu dem Befehl *md* (**m**ake **d**irectory = erstelle ein Verzeichnis) und zur Gestaltung von Verzeichnisnamen finden Sie durch Eingabe des Betriebssystembefehls

```
help md
```

oder bei:
Freese, Peter: Standardbetriebssystem MS-DOS, rororo computer 8145.

1.3 Der Editor

Nach Einrichtung des Unterverzeichnisses können Sie mit der Eingabe eines Fortran-90-Programmtextes beginnen.
Rufen Sie dazu einen Editor auf.

Lahey-Blackbeard-Editor
Bei LF90 starten Sie den Lahey-Blackbeard-Editor unter Verwendung der folgenden Syntax:

```
lb [Dateiname]
```

wobei *Dateiname* der Name der zu editierenden Datei ist.

Beispiele:

```
lb
lb WAEHRUNG.F90
```

Der erste Befehl startet den Blackbeard-Editor ohne eine Datei. Sie werden dann aufgefordert, einen Dateinamen einzugeben. Der zweite Befehl startet ihn mit der Datei *WAEHRUNG.F90*.

Blackbeard verfügt über 150 verschiedene Befehle. Jeder Befehl ist in der Online-Hilfe vollständig dokumentiert. Die Befehle können entweder durch die Verwendung einer Taste oder von Tastenkombinationen oder durch die Auswahl aus einem Pull-down-Menü ausgeführt werden.

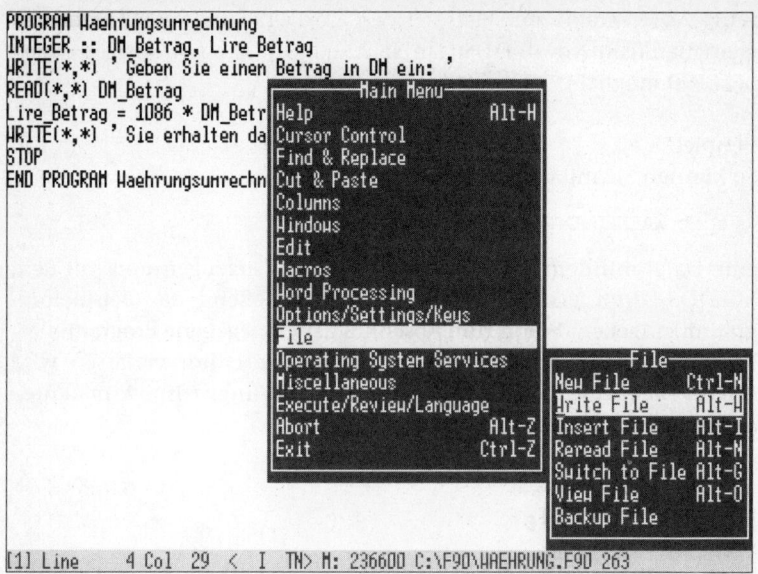

```
PROGRAM Waehrungsumrechnung
INTEGER :: DM_Betrag, Lire_Betrag
WRITE(*,*) ' Geben Sie einen Betrag in DM ein: '
READ(*,*) DM_Betrag                  ─Main Menu─
Lire_Betrag = 1086 * DM_Betr  Help              Alt-H
WRITE(*,*) ' Sie erhalten da  Cursor Control
STOP                          Find & Replace
END PROGRAM Waehrungsumrechn  Cut & Paste
                              Columns
                              Windows
                              Edit
                              Macros
                              Word Processing
                              Options/Settings/Keys
                              File
                              Operating System Services  ─File─
                              Miscellaneous            New File      Ctrl-N
                              Execute/Review/Language  Write File    Alt-W
                              Abort            Alt-Z   Insert File   Alt-I
                              Exit             Ctrl-Z  Reread File   Alt-N
                                                       Switch to File Alt-G
                                                       View File     Alt-O
                                                       Backup File

[1] Line     4 Col 29  < I  TN> M: 236600 C:\F90\WAEHRUNG.F90 263
```

Um das Menü zu öffnen, drücken Sie die ⎡Esc⎤-Taste, und um einen
Menüpunkt aus dem Menü auszuwählen, die ⎡↵⎤-Taste.

Um Hilfe zu erhalten, drücken Sie ⎡Alt⎤+⎡H⎤ (d. h. ⎡Alt⎤ drücken, dann
⎡H⎤ drücken und dabei ⎡Alt⎤ festhalten) oder wählen *Help* im Haupt-
menü aus. Für Hilfe zu einer speziellen Menüauswahl betätigen Sie
⎡Alt⎤+⎡H⎤, während die Menüauswahl blau unterlegt ist.

Zum Verlassen des Editors führt die Tastenkombination ⎡Strg⎤+⎡Z⎤; Sie
können aber auch *Exit* im Hauptmenü auswählen. Dieser Befehl spei-
chert alle gegenwärtig geöffneten Dateien auf der Festplatte. Wollen Sie
jedoch den Editor verlassen, ohne die geöffneten Dateien zu speichern,
so drücken Sie statt dessen ⎡Alt⎤+⎡Z⎤ oder wählen *Abort* im Hauptmenü
aus. Wollen Sie Ihre Arbeit zwar speichern, aber anschließend das Editieren fortsetzen, dann drücken Sie ⎡Alt⎤+⎡W⎤ oder wählen *Write File* im
Datei-Menü aus (siehe oben).

▦ Andere Editoren

Bei FTN90 und FTN90 Entry Level gehört kein Editor zum Lieferumfang. Hier können Sie statt dessen zur Eingabe von Fortran-90-Pro-
grammen jeden beliebigen PC-Texteditor, der ASCII-Textdateien er-

zeugt, verwenden (zum Beispiel den MS-DOS-Editor *EDIT* oder den gleichnamigen Novell-DOS-Ganzseiteneditor). Dies ist übrigens auch bei LF90 möglich.

Beispiel:
So können Sie mit dem Befehl

```
edit WAEHRUNG.F90
```

eine Datei mit dem Namen *WAEHRUNG.F90* erzeugen und mit dem MS-DOS-Editor erstellen, indem Sie anschließend das Beispielprogramm eingeben. Wenn zum Abschluß das eingegebene Programm gespeichert (Menü *Datei / Speichern*) und der Editor verlassen wird (Menü *Datei / Beenden*), dann steht das Währungsbeispiel im aktuellen Unterverzeichnis zur Verfügung.

1.4 Der Compiler

▤ Compilieren und Linken
Bevor ein Fortran-90-Programm ausgeführt werden kann, muß es in binäre Form umgewandelt und dann mit einer Laufzeitbibliothek verbunden werden. Der Vorgang der Erstellung eines ausführbaren Programms benötigt, wie Sie bereits in der Einführung zu diesem Buch erfahren haben, drei Arbeitsschritte:

1. Quellprogrammtext editieren (schreiben):
   Fortran-90-Programme können Sie mit jedem beliebigen PC-Texteditor eingeben, der ASCII-Textdateien erzeugt.
2. Quellprogrammtext compilieren (übersetzen):
   Der Compiler übersetzt den Fortran-90-Quellcode in eine binäre Objektdatei. Das Fortran-90-Programm wird auf Syntaxkorrektheit und auf semantische Richtigkeit überprüft.
3. Compiliertes Programm zum ausführbaren Programm linken (binden):
   Dies geschieht unter Verwendung des zugehörigen Linkers, wobei die Objektdatei zusammen mit anderen Objektdateien (die eventuell durch vorherige Compilierungen erzeugt wurden) sowie Bibliotheksdateien geladen wird.

FTN90 erlaubt dem Benutzer, die letzten beiden Schritte mittels der «Laden-und-Starten»-Einrichtung («Load and Go») zu verbinden.

Der Compiler liest Programme von MS-DOS-ASCII-Dateien. Die Quelldatei kann entweder dem freien oder dem festen Format entsprechen, welches durch den Fortran-90-Standard definiert ist (vgl. Abschnitt 2.2).

Der eigentliche Compiler erstellt ein Object-File mit den Funktionsaufrufen. Der Linker liest dieses Object-File und bindet sämtliche zur Ausführung nötigen Funktionen aus den Libraries hinzu. Dieser Prozeß wird auch «Auflösen externer Referenzen» genannt. Dadurch, daß der Compiler den Namen der Library in die Objektdatei schreibt, erfährt der Linker, welcher Bibliothek er die Funktionen entnehmen soll.

Das Dazubinden von Funktionen ist aber nur eine der beiden Aufgaben des Linkers. Seine zweite Aufgabe besteht darin, bei Bedarf ein Programm aus mehreren einzelnen Objektdateien zusammenzusetzen. Diese Fähigkeit werden wir jedoch bei unseren Fortran-90-Beispielprogrammen nicht nutzen, da sie zu klein sein werden, als daß sich der Aufwand lohnen würde. Bei größeren Projekten ist es aber allein schon aus Zeitgründen von Vorteil, wenn man bei Programmänderungen jeweils nur einen kleinen Teil der anwendungsbezogenen Fortran-90-Software neu compilieren muß.

An dieser Stelle sei darauf hingewiesen, daß man Funktionen nicht nur in gesonderten Object-Files ablegen kann. Es ist auch möglich, eigene Libraries aufzubauen.

Übersetzen des Quellprogramms mit Syntaxprüfung

Der Quelldateiname soll unmittelbar dem Fortran-90-Compileraufruf folgen:

    LF90 *Dateiname*

bei LF90 oder

    FTN90 *Dateiname*

bei FTN90 oder

    LGOFTN90 *Dateiname*

bei FTN90 Entry Level.

Zwischen Klein- und Großbuchstaben in Datei- und Pfadnamen unterscheidet DOS nicht, so daß Groß- und Kleinschreibung in einem solchen Befehl gleichgültig sind.

Die Standarddateierweiterung für eine Fortran-90-Quelldatei ist .F90. Wenn keine Erweiterung angegeben wurde, wird der Compiler nach dem angegebenen Pfadnamen mit der Standard-Dateierweiterung suchen.

Für eine Fortran-90-Quelldatei dürfen Sie jeden beliebigen Dateinamen verwenden. In der Praxis ist es jedoch sinnvoll, bei .F90 zu bleiben. Quelldateien mit der Erweiterung .F90 geben vor, in freiem Format vorzuliegen. Sollten Sie noch Quelldateien in FORTRAN 77 besitzen, so können Sie die Erweiterung .FOR benutzen, um dem Compiler mitzuteilen, daß der Quellcode im spaltenorientierten Format von FORTRAN 77 vorliegt (vgl. Abschnitt 2.2).

Beispiele:
Die Befehle

```
LF90 C:\F90\BEISPIEL
FTN90 C:\F90\BEISPIEL
LGOFTN90 C:\F90\BEISPIEL
```

veranlassen, daß der entsprechende Compiler die Datei *BEISPIEL.F90* im Verzeichnis *F90* auf Laufwerk *C* sucht und compiliert. Sie wird als Freiformat-Quelldatei übersetzt.

Genauso bewirken die Befehle

```
LF90 BEISPIEL.F90
FTN90 BEISPIEL.F90
LGOFTN90 BEISPIEL.F90
```

für die angesprochenen Compiler, die Datei *BEISPIEL.F90* im aktuellen Verzeichnis zu suchen und zu übersetzen. Sie wird als Freiformat-Quelldatei compiliert.

Wird die angegebene Datei nicht gefunden, so wird eine Fehlermeldung angezeigt:

LF90:

```
Options: -nap -ndbl -nbind -nchk -nf90 -ndal -co -nfix -ng -hed -nin -inln
-ol -pca -sav -stchk -nc -ntrap -nsyn -t4 -nvax -vn -w -nwo
-stack 20000h

ERROR -- Could not find specified source file beispiel.f90.

C:\F90>_
```

FTN90:

```
C:\F90>ftn90 beispiel
[FTN90 Version 2.05 Copyright (c)SALFORD SOFTWARE LTD 1992-1994  &  ]
[              (c)THE NUMERICAL ALGORITHMS GROUP 1991,1992,1993]
*** Source file beispiel.F90 cannot be opened
^C

C:\F90>_
```

FTN90 Entry Level:

```
C:\F90>lgoftn90 beispiel
[FTN90 Entry Level V1.21 Copyright (c)SALFORD SOFTWARE LTD 1992,1993  &  ]
[              (c)THE NUMERICAL ALGORITHMS GROUP 1991,1992,1993]
[  THIS COMPILER DOES NOT SUPPORT DBOS LIBRARIES]
*** Source file BEISPIEL.F90 cannot be opened
^C

C:\F90>_
```

Enthält das zu übersetzende Programm noch syntaktische Fehler (Anweisungen sind bezüglich der zulässigen Sprachkonstrukte nicht korrekt formuliert) oder semantische Unstimmigkeiten (ein Datentyp kann beispielsweise eine angegebene Operation nicht zulassen), so werden die erkannten Fehler gemeldet, und der Übersetzungsvorgang wird abgebrochen.

▓ Andere Dateien

Der Fortran-90-Compiler erzeugt normalerweise nach jedem Compilieren einige Dateien. Welche Dateien erzeugt werden, hängt von den Optionen ab, die Sie in der Befehlszeile angeben. Die Namen der Dateien werden normalerweise durch den Compiler gemäß dem Quelldateinamen erzeugt.

Die Dateien und ihre üblichen Namen sind:

- Die binäre Objektdatei. Diese hat denselben Namen wie die Fortran-90-Quelldatei, jedoch mit der Erweiterung *.OBJ*.
- Die ausführbare Datei. Diese hat denselben Namen wie die Fortran-90-Quelldatei, jedoch mit der Erweiterung *.EXE*. Diesen Namen können Sie durch Angabe einer anderen Bezeichnung während des Linkens der Datei ändern.

▓ Die Laden-und-Starten-Einrichtung von FTN90

FTN90 stellt eine «Laden-und-Starten»-Einrichtung bereit, so daß Sie einfache Programme automatisch und schnell linken, laden und ausführen können. Es wird zwar keine dauerhafte Objektdatei erzeugt, doch muß es genug Festplattenspeicherplatz geben, um die temporären Objektdateien unterzubringen.

Dies ist ideal für die Entwicklungsarbeit oder in einer Bildungseinrichtung, wo Programme wiederholt übersetzt und getestet werden.

Die «Laden-und-Starten»-Einrichtung («Load and Go») wird von der */LGO*-Option aufgerufen.

Beispiel:

```
FTN90 WAEHRUNG /LGO
```

Dieser Befehl würde das Programm in der Quelldatei *WAEHRUNG.F90* compilieren, laden und ausführen. Danach bleibt nur noch die Quelldatei zurück.

1.5 Der Linker

Obwohl der «Laden-und-Starten»-Mechanismus leicht zu handhaben ist, ist er gewöhnlich nicht für fertige Programme geeignet, die häufig ausgeführt werden müssen.

Zur Erstellung eines lauffähigen Programms geht man deshalb wie folgt vor:

1. Compilieren der Programmdatei oder gesondertes Compilieren mehrerer benötigter Programmdateien (siehe Abschnitt 1.4).
2. Linken des oder der entsprechenden Object-Files.

■ Das *LINK77*-Utility von FTN90

Bei FTN90 wird der Linkvorgang mit dem Befehl

```
LINK77
```

aufgerufen. *LINK77* liest Befehle von der Tastatur. Sie werden durch ein *$*-Zeichen aufgefordert, Befehle einzugeben. Dann können Sie über den *LOAD*-Befehl ein oder mehrere Objektdateien angeben, die zusammengebunden werden sollen, ehe mit dem *FILE*-Befehl die ausführbare Programmdatei erstellt und der Linker verlassen wird.

Beispiel:

Als ein Beispiel der Handhabung von *LINK77* betrachten wir das Linken der nach dem Compiliervorgang vorliegenden Objektdateien *BEISPIEL.OBJ*, *UP1.OBJ* und *UP2.OBJ*, um die ausführbare Datei *BEISPIEL.EXE* zu erzeugen. Die folgenden Befehle können verwendet werden (die Dollarzeichen werden vom System erzeugt):

```
LINK77
$ LOAD BEISPIEL
$ LOAD UP1
$ LOAD UP2
$ FILE BEISPIEL
```

Die hier verwendeten Dateierweiterungen *.OBJ* und *.EXE* entsprechen dem Standard und brauchen deshalb nicht mit angegeben zu werden. Die ausführbare Datei läßt sich nun über

```
BEISPIEL
```

starten, wobei FTN90 zum Ablauf benötigte Funktionen dynamisch dazulädt. Dies hat zur Folge, daß eine so erzeugte *.EXE*-Datei nicht allein lauffähig ist.

■ Die */LINK*-Option von FTN90

Für ein Programm, dessen Quellroutinen sich in einer einzigen Datei befinden, kann die /LINK-Compileroption als Alternative zum LINK77-Utility verwendet werden. Wenn der Compiler mit der /LINK-Option aufgerufen wird, wird das LINK77-Utility automatisch gestartet, nachdem die Compilierung abgeschlossen ist (vorausgesetzt natürlich, daß keine Compilierungsfehler vorgekommen sind).

Beispiel:
Für das weiter vorne angegebene Programmbeispiel, das in der Datei WAEHRUNG.F90 zur Verfügung steht, läßt sich demnach folgendermaßen eine ausführbare Version erzeugen:

```
FTN90 WAEHRUNG /LINK
```

Durch die /LINK-Option wird nach dem Compilieren automatisch die resultierende Objektdatei WAEHRUNG.OBJ geladen und eine entsprechende .EXE-Datei erzeugt. Das obige Beispiel würde eine ausführbare Datei namens WAEHRUNG.EXE erzeugen und ist gleichbedeutend mit der folgenden Reihe von Befehlen:

```
FTN90 WAEHRUNG
LINK77
LOAD WAEHRUNG
FILE WAEHRUNG
```

Durch den ersten Befehl wird die Quelldatei WAEHRUNG.F90 compiliert und die Datei WAEHRUNG.OBJ erzeugt. Diese wird über den LOAD-Befehl mit zur Lauffähigkeit nötigen Fortran-90-Funktionen verbunden und über den FILE-Befehl zur Datei WAEHRUNG.EXE zusammengefaßt. Das heißt, mit dem in dieser Befehlssequenz dreimal angegebenen Namen WAEHRUNG sind drei verschiedene existente Dateien gemeint.

▦ Der Linker von LF90
Bei LF90 verwenden Sie das LF90.EXE-Treiberprogramm zum Compilieren der Quelldatei in eine Objektdatei und zum Linken dieser Objektdatei mit Routinen aus der Laufzeitbibliothek LF90.LIB.
Der Treiber verwendet Dateinamenserweiterungen und optionale Befehlszeilenparameter, um zu bestimmen, welcher Prozeß (Compiler, Linker) aufgerufen und wie sein Verhalten gesteuert werden soll. Dateinamen werden in der Befehlszeile angegeben. Mit diesen Dateinamen und den Befehlszeilenparametern kann der Treiber von der DOS-Befehlszeile aus gestartet werden.

Geben Sie dazu den Treibernamen *LF90* gefolgt von einer Liste mit
einem oder mehreren Dateinamen und Parametern ein:

    lf90 *Dateinamen [optionale Parameter]*

Beispiel:

    lf90 waehrung -t4 -bind

Waehrung ist der Name der Quelldatei unseres obigen Programmbei-
spiels, *-t4* und *-bind* sind Parameter. Durch diese Eingabe ruft der Treiber den Compiler auf. Der Compiler liest die Quelldatei *WAEHRUNG*
.F90 (die Erweiterung *.F90* wird gemäß Standardwert angenommen),
compiliert sie und erzeugt einen Objektcode speziell für den Intel 486,
was wir ja durch den Parameter *-t4* angegeben haben. Sobald die Objektdatei *WAEHRUNG.OBJ* erstellt wurde, ruft *LF90.EXE* den Linker
auf, um Bibliotheksroutinen einzubinden. Weil in diesem Beispiel keine Linker-Parameter angegeben wurden, wird *WAEHRUNG.OBJ* nur
mit *LF90.LIB*, der *LF90*-Laufzeitbibliothek, gelinkt und über die angegebene Option *-bind* zum ausführbaren Programm *WAEHRUNG.EXE*
gebunden, das allein lauffähig ist und über

    WAEHRUNG

nun gestartet werden kann.

In Abhängigkeit von den Erweiterungen der angegebenen Dateinamen
wird der Treiber den Compiler, den Linker oder beide aufrufen. Die Erweiterungen *.F90*, *.FOR* und *.F* sorgen dafür, daß der Compiler aufgerufen wird. Die Erweiterung *.OBJ* sorgt dafür, daß der Linker aufgerufen
wird, ohne vorher den Compiler zu starten.
Ein oder mehrere Quelldateinamen dürfen entweder durch nament-
liche Aufzählung oder durch die Verwendung der DOS-Jokerzeichen *
und *?* angegeben werden. Dateinamen müssen durch ein Leerzeichen
getrennt werden und vor den Parametern in der Befehlszeile erscheinen.

Beispiel

    lf90 *.f90

Wenn die Dateien *EINS.F90*, *ZWEI.F90* und *DREI.FOR* im aktuellen

Verzeichnis sind, würden *EINS.F90* und *ZWEI.F90* compiliert und gelinkt werden. Die Datei *EINS.EXE* würde erzeugt werden, weil der Treiber *EINS.F90* vor *ZWEI.F90* im aktuellen Verzeichnis findet. *DREI.FOR*
würde nicht compiliert werden.

1.6 Aufgaben

Aufgabe 1.1
Überprüfen Sie das folgende Programm auf seine Lauffähigkeit:

```
PROGRAM Beispiel_1

! Ein Programm, das zwei ganze Zahlen addiert und das Er-
! gebnis ausgibt

    INTEGER x, y, z         ! Vereinbarung der Variablen

    x = 5                   ! Initialisierung
    y = -3
    z = x + y               ! Berechnung

    WRITE(*, *) z           ! listengesteuerte Ausgabe

    STOP

END PROGRAM Beispiel_1
```

Das hierin verwendete Ausrufezeichen *!* leitet einen Kommentar ein;
alles, was dahinter steht, wird vom Compiler beim Übersetzen ignoriert.

Aufgabe 1.2
Ändern Sie das Währungsbeispiel aus Abschnitt 1.2 so ab, daß es gemäß
der Gleichung

    Drachmen_Betrag = 154 * DM_Betrag

die Umrechnung eines vorgegebenen DM-Wertes in griechische Drachmen erledigt.

Aufgabe 1.3
Als Dokumentation der logischen Struktur eines Algorithmus zur Lösung eines Problems wird heutzutage ein **Struktogramm** (vgl. Kapitel 11.1) gewählt. Dies dient gleichzeitig als Vorlage für eine Formulierung des Lösungsalgorithmus in einer Programmiersprache.

Entwickeln Sie zur Lösung der folgenden Aufgabenstellung ein Struktogramm:

Dem Erfinder des Schachspiels hatte der persische König vor lauter Entzücken einen Wunsch freigegeben. Dieser wollte Weizen haben, und zwar für das erste Feld des Schachbretts ein Weizenkorn, für das zweite Feld zwei Körner und für jedes weitere Feld so viele Weizenkörner, wie auf den beiden vorangegangenen Feldern an Körnern zusammengenommen liegen. Wie viele Körner liegen auf dem letzten Feld, und wie viele Körner muß der König insgesamt herausrücken?

Aufgabe 1.4
Entwerfen Sie ein Struktogramm, mit dessen Hilfe sich die Lösungen der quadratischen Gleichung

$$ax^2 + bx + c = 0$$

für beliebige a, b, $c \in \mathbb{R}$ ermitteln lassen. Die Konstanten a, b, c sind dabei vorgegeben.

Aufgabe 1.5
Wie sieht ein Struktogramm aus, über das der Ausdruck mit m Quadratwurzeln

$$a_m = 2^m \sqrt{2 - \sqrt{2 + \sqrt{2 + \ldots + \sqrt{2}}}}$$

für wachsende Werte von m bis höchstens $m = 100$ auf möglichst ökonomische Weise so lange berechnet werden kann, bis

$$\left| a_m - a_{m-1} \right| \leq 10^{-10}$$

erfüllt ist? (Es gilt: $\lim_{m \to \infty} a_m = \pi$)

2 Aufbau eines Fortran-Programms

Dieses Kapitel beschäftigt sich mit dem grundsätzlichen Aufbau eines Fortran-90-Programms und den zulässigen Zeichen und Bezeichnungen. Anhand einiger Varianten des Beispiels zur Währungsumrechnung werden erste einfache Programmablaufsteuerungen erläutert. Doch zunächst zum Fortran-90-Fundament:

2.1 Zulässige Zeichenmenge und Fortran-Namen

■ **Fortran-90-Zeichensatz**
Der Fortran-90-Zeichensatz besteht aus den folgenden 58 Zeichen:
- 36 alphanumerische Zeichen
  26 Buchstaben:

  A B C D E F G H I J K L M N O P Q R S T U V W X Y Z

  10 Ziffern:

  0 1 2 3 4 5 6 7 8 9

- 22 Sonderzeichen

  : = + - * / ( ) , . ' ! " % & ; < > ? _ $ (Leerzeichen)

In einem Programm dürfen keine Verwechslungsmöglichkeiten oder Mehrdeutigkeiten auftreten. Dies ist besonders bei dem Buchstaben *O* und der Ziffer *0* denkbar. Deshalb unterscheiden wir in der Schreibweise:
- Buchstabe *O*:   *O*
- Ziffer Null: *0*

Groß- und Kleinschreibung werden in Fortran 90 nicht unterschieden, beides ist, sofern es die Programmierumgebung erlaubt, zulässig. Das heißt zum Beispiel: *Auto*, *AUTO* und *auto* bezeichnen dasselbe. Sinnvolle Vorschriften dazu kann man sich selbst geben. Wir werden im folgenden zur Unterscheidung die vorgeschriebenen **Fortran-Schlüsselwörter durchweg in Großbuchstaben** und **selbstgewählte Namen in Kleinbuchstaben** (manchmal auch mit einem Großbuchstaben beginnend) wiedergeben.

Fortran-90-Namen

Fortran-90-Namen dienen zur Identifikation von Variablen, Funktionen, Unterprogrammen, Feldern, Konstanten und so weiter. Ein Fortran-90-Name besteht aus 1 bis 31 Zeichen; als Zeichen sind alle alphanumerischen Zeichen und der Unterstrich (_) zugelassen. Das erste Zeichen des Namens muß ein Buchstabe sein.
Bei einer Aufzählung gleichartiger Elemente wird stets ein Komma als Trennzeichen verwendet.

Beispiele für zulässige Fortran-90-Namen:

```
Masse, Gewicht, Geschwindigkeit, Beschleunigung, Weg, Zeit
t_Anfang, t_Ende, t_Null, ta, te, t0
Stunde, Minute, Sekunde, Tag, Monat, Jahr
Fehlerparameter1, error, status
Laufvariable1, i, j, k, l, m, n
```

Beispiele für unzulässige Fortran-90-Namen:

Trägheit, Oberfläche, Aufmaß, Masse/Volumen	unzulässige Zeichen (ä, ß, /)
Oberflaechen_Spannungs_Koeffizient	als Fortran-90-Name zu lang (mehr als 31 Zeichen)
Summe_der_polaren_Trägheitsmomente	unzulässiges Zeichen (ä) und zu lang
1.Ableitung, 2.Ableitung	Fortran-90-Namen dürfen nicht mit einer Zahl beginnen (1, 2) und unzulässiges Zeichen(.)

Im Gegensatz zu veralteten Fortran-Versionen werden Leerzeichen im Namen nicht ignoriert! Wenn man gezwungen ist, gemäß FORTRAN

77 oder noch früherer Norm spaltenorientiert zu programmieren, muß man dies beachten.

Mit Fortran-90-Namen werden selbstgewählte Programmdetails wie etwa Programmeinheiten, Variable und Felder bezeichnet. Es gibt **keine** für irgend etwas reservierten Namen! Trotzdem ist es nicht empfehlenswert, Schlüsselwörter mit vorgegebener Bedeutung wie *PROGRAM*, *IF*, *END*, *REAL* und *COMPLEX* als Fortran-90-Namen zu verwenden.

2.2 Programmaufbau

Ein sehr einfaches Programm, das das Produkt $c = a \cdot b$ zweier ganzer Zahlen a und b berechnet, kann so aussehen:

```
PROGRAM Produkt
INTEGER :: a, b, c              ! Deklarationen
READ(*,*) a, b                  ! Einlesen der Zahlen
                                ! a, b
c = a * b                       ! Produkt berechnen
WRITE(*,*) ' Produkt von a und b: ', c    ! Gebe Ergebnis aus
STOP                            ! logisches Ende des
                                ! Programms
END PROGRAM Produkt             ! physikalisches Ende
                                ! des Programms
```

Wenn Sie dieses Programm wie im vorigen Kapitel beschrieben eingeben und, in ein Maschinenprogramm übersetzt, ablaufen lassen, so wird nach einigen Compiler-Meldungen am Bildschirm die Eingabe von zwei (durch Komma oder Leerzeichen getrennten) ganzen Zahlen, zum Beispiel

```
4,-6
```

erwartet; anschließend wird das Ergebnis ausgegeben und durch die *STOP*-Anweisung das Programm beendet, hier in der Form

```
Produkt von a und b:  -24
```

Ein einfaches Hauptprogramm hat, wie dieses Beispiel schon zeigt, folgenden grundsätzlichen Aufbau:

```
PROGRAM Programmname
   .
   .                        ! Anweisungen
   .
STOP                        ! logisches Ende des Programms
   .
   .
   .
END PROGRAM Programmname    ! physikalisches Ende des Programms
```

Ein Fortran-Name kennzeichnet das Hauptprogramm; dieser Name darf nicht mehr anderweitig verwendet werden.

■ *STOP*-Anweisung

Die *STOP*-Anweisung stellt das logische Ende eines Programms dar und schließt die Programmausführung ab. Ein Programm kann mehrere *STOP*-Anweisungen enthalten, die über die möglichen Erweiterungen

```
STOP n
```

mit einer maximal fünfziffrigen positiven ganzen Zahl n oder

```
STOP 'Kommentar'
```

mit einem in Apostrophe eingeschlossenen, frei wählbaren *Kommentar* unterschieden werden können. Bei der Ausführung einer solchen *STOP*-Anweisung wird die entsprechende Ziffer oder der Kommentar ausgegeben.

■ *END*-Anweisung

Die *END*-Anweisung repräsentiert als letzte Anweisung das physikalische Ende des Programms; sie kann von der Form

```
END PROGRAM Programmname
```

oder

    END PROGRAM

oder nur

    END

sein, wobei die letzte Möglichkeit als dokumentationsunfreundlichste von uns nicht verwendet wird.

▨ Anweisungen

Im allgemeinen besteht ein Fortran-90-Programm aus
- 1 Hauptprogramm (muß existieren!) und
- n ($n \geq 0$) Unterprogrammen (siehe Kapitel 8).

Jedes für sich ist eine Programmeinheit und setzt sich aus Anweisungen, die eindeutig definierten Regeln bezüglich der Syntax (Grammatik) und der Semantik (Bedeutung) des Programms gehorchen, zusammen.

Es gibt (vergleiche Kapitel 11.3)
- ausführbare Anweisungen (Aktionen !) und
- nichtausführbare Anweisungen.

Eine Anweisung entspricht im allgemeinen einer maximal 132 Zeichen langen Textzeile im Programmquelltext und kann dort an beliebiger Stelle aufgeführt sein. Wird eine Anweisung jedoch zu lang, so läßt sie sich in den nächsten Textzeilen fortsetzen. Dies wird dadurch erreicht, daß als letztes Zeichen ein & (Kaufmanns-Und) steht, das die nächste Zeile als Fortsetzungszeile kennzeichnet. Es sind maximal 39 Fortsetzungszeilen zulässig, das heißt, daß eine Anweisung auf maximal 40 Zeilen aufgeführt werden darf.

Des weiteren können auch mehrere Anweisungen in eine Textzeile geschrieben werden, hierzu müssen sie durch ein Semikolon ; voneinander getrennt werden.

Als **Codierschema** für die spaltenunabhängige Schreibweise von Fortran-90-Programmen gilt also zusammengefaßt:

Spalte	Inhalt	Bedeutung
1	!	kennzeichnet eine Kommentarzeile
1–132	!	Der nachfolgende Text bis zum Ende der aktuellen Zeile ist Kommentar.
1–132	;	trennt zwei Anweisungen voneinander
1–132	&	kennzeichnet als letztes Zeichen in einer Zeile, daß die Fortran-Anweisung in der nächsten Zeile fortgesetzt wird; maximal 39 Fortsetzungszeilen sind möglich.
1–132	restliche Zeichen	Die restlichen Zeichen werden maximal bis zur 132. Spalte als Fortran-Anweisung interpretiert.

Das kaufmännische Und-Zeichen & verliert hinter einem Ausrufezeichen ! seine Bedeutung als Hinweis auf eine Fortsetzungszeile und wird dort als zum Kommentar gehörend interpretiert.

Beispiel für die Benutzung des Zeichens !
! bedeutet, daß der restliche Text dieser Zeile nicht mehr als Fortran-90-Anweisung interpretiert wird (das heißt, der nachfolgende Text wird für die Programmausführung ignoriert):

```
PROGRAM abc                ! Nur ein Testprogramm
REAL :: x, y               ! Reelle Variablen x und y
x = 12.0                   ! x mit Anfangswert besetzen
y = x*x + 2.0*x - 12.0     ! y berechnen
! Ausgabe von x und y ...
WRITE(*,*) x, y
END PROGRAM abc
```

Beispiele für die Benutzung des Zeichens ;
Durch ; werden mehrere Fortran-90-Anweisungen, die in einer Zeile stehen, voneinander getrennt:

```
x = 12.0; y = x*x + 2.0*x - 12.0
a = 2.0; b = 5.2; c_quadrat = a*a + b*b
i1 = 1; i2 = 3; i3 = 5; isum = i1 + i2 + i3
```

```
temp = a; a = b; b = temp  !! Inhalt von a und b vertauschen
PROGRAM a; WRITE(*,*) 'Hello world!!'; END PROGRAM a
```

Beispiel für die Benutzung des Zeichens &

& am Ende einer Fortran-90-Anweisung bedeutet, daß diese Anweisung in der nächsten Zeile fortgesetzt wird:

```
x = 1.2*a - 3.2*b &      ! Eine lange Formel ...
        + 5.0*c &
        + 2.1/d &
        - 10.0
y = x**5 -  2.9*x**4 &   ! Noch eine lange Formel ...
        +  0.2*x**3 &
        + 10.0*x**1
```

Hinter einem & dürfen nur noch Leerzeichen oder das Kommentarzeichen *!*, gefolgt von beliebigen anderen Zeichen, stehen!

Eine Ausnahme hierzu gibt es bei Zeichenketten (siehe Aufgabe 9.2 in Kapitel 9.6).

Beispiel für die gemeinsame Benutzung von !, ; und &

```
x = 12.0; y = x**3 + 2.0 * x**2 & ! wird in den nächsten
                       - 1.2 * x    & ! Zeilen fortgesetzt
                       - 4.27         ! x und y = f(x) werden
                                      ! berechnet
! Ausgabe von x und y ...
WRITE(*,*) x, y
```

■ **Anweisungsmarken**

Anweisungsmarken oder Statement-Nummern gibt es zur Markierung von Anweisungen. Jede Anweisungsmarke darf nur einmal verwendet werden und besteht aus 1 bis 5 Ziffern, also positiven ganzen Zahlen zwischen 1 und 99 999. Eine Anweisungsmarke kann an beliebiger Stelle, allerdings nur als erstes nicht leeres Zeichen in einer Anweisung vor der Fortran-Anweisung stehen.

■ Währungsumrechnung, 1. Version

Auf diesen grundsätzlichen Regeln aufbauend, setzen wir uns noch einmal mit dem Währungsbeispiel auseinander und erweitern es schrittweise. Die Ausgangssituation, zu einem DM-Betrag den Umtauschwert in Lire zu berechnen, läßt sich durch ein Struktogramm, das nur eine Sequenz als Strukturelement enthält, folgendermaßen beschreiben:

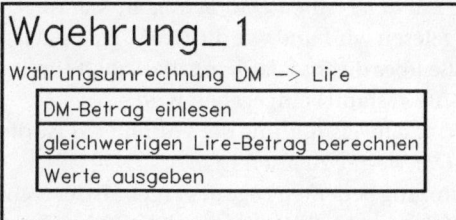

Das Programm dazu kann so aussehen:

```
PROGRAM Waehrung_1
INTEGER :: DM_Betrag, Lire_Betrag
WRITE(UNIT=*, FMT=900)
READ (UNIT=*, FMT=800) DM_Betrag          ! DM-Betrag
                                          ! einlesen
Lire_Betrag = 1086 * DM_Betrag            ! Lire-Betrag
                                          ! berechnen
WRITE(UNIT=*, FMT=910) DM_Betrag, Lire_Betrag  ! Werte
                                          ! ausgegeben
STOP
800 FORMAT(I4)
900 FORMAT(1X, 'Geben Sie einen Betrag in DM ein: ')
910 FORMAT(1X, I4, ' DM werden umgetauscht in ', I8, ' Lire')
END PROGRAM Waehrung_1
```

Nach der *PROGRAM*-Anweisung folgt generell der **Vereinbarungsteil,** der hier aus einer einzigen Anweisung besteht: Die *INTEGER*-Anweisung definiert *DM_Betrag* und *Lire_Betrag* als Variable, die ganze Zahlen annehmen können (*INTEGER*-Variable). Es werden also zwei Speicherzellen mit den Fortran-90-Namen *DM_Betrag* und *Lire_Betrag* vereinbart. Somit weiß das System, wie die hinterlegten Bitmuster zu interpretieren sind (vgl. auch Kapitel 11.2).

Die weiteren Anweisungen haben folgende Bedeutung:

READ(...) DM_Betrag heißt: Lies den Wert von *DM_Betrag* ein, und speichere ihn in die Zelle mit den Namen *DM_Betrag*. In Klammern wird angegeben, von **wo** gelesen wird und **wie** die Größe zu lesen ist.

UNIT=* besagt, daß die Größe über die Standardeingabeeinheit (im interaktiven Betrieb ist das die Tastatur) eingegeben wird.

FMT=n bedeutet: In der Formatanweisung mit der Nummer *n* ist die Form spezifiziert, in der *DM_Betrag* zu lesen ist.

=in der Anweisung zur Berechnung bedeutet: Lege das Ergebnis der rechten Seite (hier *1086 * DM_Betrag*) in die Speicherzelle mit dem links vom Gleichheitszeichen stehenden Namen (hier *Lire_Betrag*) ab.

WRITE(...) DM_Betrag, Lire_Betrag bewirkt die Ausgabe der Inhalte der Speicherzellen mit den Namen *DM_Betrag* und *Lire_Betrag*. In Klammern steht, **wohin** und **wie** dies geschehen soll.

UNIT=* bezeichnet hier die Standardausgabeeinheit (im interaktiven Betrieb also den Bildschirm).

FMT=n verweist wieder auf eine zugehörige Formatanweisung, in der das Ausgabeformat spezifiziert ist.

In der Reihenfolge

```
UNIT = *, FMT = n
```

können in der *READ*- und *WRITE*-Anweisung die Schlüsselbezeichnungen *UNIT*= und *FMT*= entfallen, so daß die Anweisungen

```
WRITE(*, 900)
READ (*, 800) DM_Betrag
WRITE(*, 910) DM_Betrag, Lire_Betrag
```

genügen, um die gleiche Wirkung zu erzielen.

FORMAT(...) spezifiziert in Klammern ein Eingabe- oder Ausgabeformat.

In bedeutet, daß höchstens *n*-stellige *INTEGER*-Zahlen inklusive möglicher Vorzeichen Berücksichtigung finden.

1X ist für Ausgabe auf einem Drucker von Bedeutung und entspricht einem Leerzeichen (dies ist eines der möglichen Druckersteuerzeichen, siehe Kapitel 10.1).

In Apostrophe eingeschlossener Kommentar wird in einer zu einer *WRITE*-Anweisung gehörenden FORMAT-Anweisung mit ausgegeben (in einer *READ*-Anweisung wäre er sinnlos!). Insofern gibt die dritte Anweisung in dem Programm nur den im entsprechenden Format angegebenen Kommentar aus.

Wird bei der Ausführung des Programms beispielsweise *23101* (mit einem Leerzeichen beginnend) eingegeben, so erfolgt die Interpretation als Wert für die Größe *DM_Betrag* auf diese Weise:

```
 23101
```
| I4 | ← *Formatangabe*

Dies führt auf die Wertzuweisung *DM_Betrag = 231*.
Nach Ablauf des Programms erscheint folgende Ausgabezeile am Bildschirm:

```
 231 DM werden umgetauscht in   250866 Lire
```
| I4 | | I8 | ← *Formatangaben*

1X taucht auf dem Bildschirm als ein Freizeichen auf; am Drucker würde es linksbündig in einer neuen Zeile losgehen, also ohne dieses Freizeichen.

▓ Währungsumrechnung, 2. Version

Als eine Erweiterung des Beispiels sollen fünf Umrechnungen nacheinander in gleicher Weise behandelt werden. Als Struktogrammelement wird dafür zusätzlich die abweisende Schleife benötigt:

```
Waehrung_2
5 Währungsumrechnungen DM —> Lire
┌─────────────────────────────────────────┐
│ führe fünfmal durch                       │
│  ┌──────────────────────────────────────┐│
│  │ DM-Betrag einlesen                     ││
│  ├──────────────────────────────────────┤│
│  │ gleichwertigen Lire-Betrag berechnen   ││
│  ├──────────────────────────────────────┤│
│  │ Werte ausgeben                         ││
│  └──────────────────────────────────────┘│
└─────────────────────────────────────────┘
```

In ein Programm umgesetzt heißt das:

```fortran
PROGRAM Waehrung_2
INTEGER :: DM_Betrag, Lire_Betrag, i
DO i = 1, 5                              ! führe fünfmal
                                         ! durch

    WRITE(*, 900)
    READ (*, 800) DM_Betrag              ! DM-Betrag
                                         ! einlesen

    Lire_Betrag = 1086 * DM_Betrag       ! Lire-Betrag
                                         ! berechnen

    WRITE(*, 910) DM_Betrag, Lire_Betrag ! Werte ausgeben
END DO
STOP
800 FORMAT(I4)
900 FORMAT(1X, 'Geben Sie einen Betrag in DM ein: ')
910 FORMAT(1X, I4, ' DM werden umgetauscht in ', I8, ' Lire')
END PROGRAM Waehrung_2
```

Durch die Anweisungen *DO* und *END DO* wird in diesem Fall eine Zählschleife vereinbart, deren dazwischenliegender Schleifenrumpf entsprechend oft durchlaufen wird. Dazu wird die Schleifenvariable *i* vor dem ersten Durchlauf mit dem ersten aufgeführten Wert (hier *1*) belegt und vor jedem weiteren Durchlauf um 1 erhöht, bis schließlich der zweite angegebene Wert (hier *5*) überschritten wird. Damit hat beim ersten Durchlauf die Schleifenvariable *i* also den Wert 1, beim zweiten Durchlauf den Wert 2 und so weiter und beim fünften und letzten Durchlauf den Wert 5.

Das Programm erwartet zunächst den ersten DM-Wert. Nach Berechnung des entsprechenden Lire-Betrags und Ausgabe der Werte wird der nächste DM-Wert entgegengenommen und in die gleiche Speicherzelle mit dem Namen *DM_Betrag* hinterlegt, da der zuvor abgespeicherte erste Wert nun nicht mehr benötigt wird und deshalb ruhig überschrieben werden kann. Auf diese Weise benötigt man für die Umrechnung von fünf DM-Werten nur eine einzige Variable mehr, nämlich die Größe *i*, über die die Anzahl der Umrechnungen festgehalten wird.

▪ Währungsumrechnung, 3. Version

Gehen wir nun von der Situation aus, daß die Anzahl der Umrechnungen unbekannt ist. Die Beschreibung über ein Struktogramm kann dazu auf eine Endlosschleife mit festgelegtem Abbruch zurückgreifen:

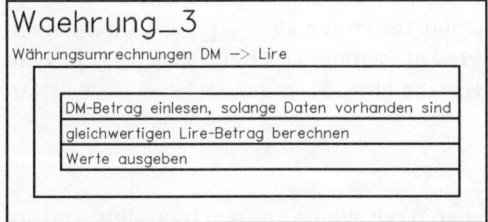

```
Waehrung_3
Währungsumrechnungen DM -> Lire

    DM-Betrag einlesen, solange Daten vorhanden sind
    gleichwertigen Lire-Betrag berechnen
    Werte ausgeben
```

Als zugehöriges Programm ergibt sich damit:

```
PROGRAM Waehrung_3
INTEGER :: DM_Betrag, Lire_Betrag
DO
    WRITE(*, 900)
    READ (*, 800, END = 100) DM_Betrag    ! DM-Betrag ein-
                                          ! lesen, solange
                                          ! Daten vorhanden
    Lire_Betrag = 1086 * DM_Betrag        ! Lire-Betrag
                                          ! berechnen
    WRITE(*, 910) DM_Betrag, Lire_Betrag  ! Werte ausgeben
END DO
```

```
100 STOP
800 FORMAT(I4)
900 FORMAT(1X, 'Geben Sie einen Betrag in DM ein: ')
910 FORMAT(1X, I4, ' DM werden umgetauscht in ', I8, ' Lire')
END PROGRAM Waehrung_3
```

Hierbei wird durch *DO* und *END DO* eine Endlosschleife erzeugt. Die Schleifendurchläufe sind dann durch eine Abbruchbedingung im Schleifenrumpf zu begrenzen. In diesem Fall wird über *END = 100* in der *READ*-Anweisung auf die mit Nummer *100* versehene Anweisung verzweigt, wenn keine Eingabedaten mehr zur Verfügung stehen.

Würden die umzurechnenden DM-Beträge in einer Datei stehen, so würde die Dateiendemarke zum Sprung auf die *STOP*-Anweisung führen. Interaktiv kann dies durch die Tastenkombination Strg + Z (Strg erscheint auf manchen Tastaturen als Ctrl) mit anschließendem ↵ (bzw. Enter) erreicht werden. Das heißt gleichzeitig: Wird nur ↵ eingegeben, so wird die Eingabe in der nächsten Zeile erwartet.

▨ Währungsumrechnung, 4. Version

Nehmen wir nun an, daß der Wechselkurs bezüglich An- und Verkauf unterschieden werden soll: Einerseits kann zu einem DM-Betrag der Wert in Lire ermittelt werden, den man dafür umgerechnet erhält (Verkauf: 1995 wird 1 DM in 1086 Lire umgetauscht), und andererseits kann auch zu einem DM-Betrag der Wert in Lire ausgemacht werden, der im Umtausch auf den vorgegebenen DM-Betrag führt (Ankauf: 1995 werden 1212 Lire in 1 DM umgewechselt). Daß bei dieser Rechnung nur einer – nämlich die Bank – gewinnen kann, ist wohl klar.

Die Entscheidung, ob An- oder Verkaufswert berechnet werden soll, läßt sich zum Beispiel über eine neben dem DM-Betrag weitere eingegebene Zahl anzeigen: Ist ihr Wert ≥ 0, so wird – wie bisher – der Verkaufswert ermittelt, ansonsten der entsprechende Ankaufswert. Als Strukturelement erscheint nun außerdem die (einfache) Verzweigung:

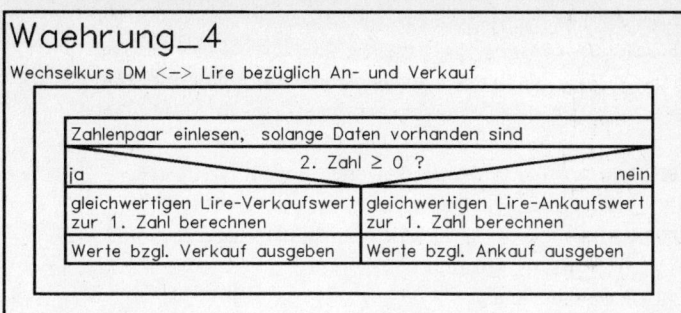

Die Formulierung als Programm lautet dann:

```
PROGRAM Waehrung_4
INTEGER :: DM_Betrag, Lire_Betrag, An_oder_Verkauf
DO
    WRITE(*, 900)
    READ (*, 800, END = 100) DM_Betrag, An_oder_Verkauf
                                    ! Zahlenpaar einlesen,
                                    ! solange Daten vorhanden
    IF (An_oder_Verkauf >= 0) THEN  ! falls zweite Zahl nicht
                                    ! negativ
        Lire_Betrag = 1086 * DM_Betrag  ! Lire-Verkaufswert
                                        ! berechnen
        WRITE(*, 910) DM_Betrag, Lire_Betrag  ! Werte bzgl.
                                              ! Verkauf
                                              ! ausgeben
    ELSE                                ! sonst
        Lire_Betrag = 1212 * DM_Betrag      ! Lire-Ankaufs-
                                            ! wert berechnen
        WRITE(*, 920) DM_Betrag, Lire_Betrag  ! Werte bzgl.
                                              ! Ankauf
                                              ! ausgeben
    END IF
END DO
```

```
100 STOP
800 FORMAT(I4, I4)
900 FORMAT(1X, 'Geben Sie einen DM-Betrag und eine Zahl ',   &
            'für den Umtauschwert nach Verkauf (Zahl >= 0)', &
            ' oder Ankauf (Zahl < 0) ein: ')
910 FORMAT(1X, I4, ' DM werden umgetauscht in ', I8,          &
            ' Lire (Verkauf)')
920 FORMAT(1X, I4, ' DM erhält man beim Umtausch von ', I8, &
            ' Lire (Ankauf)')
END PROGRAM Waehrung_4
```

Die *IF*-Anweisung dient der Verzweigung: Ist die in Klammern stehende Bedingung, ein logischer Ausdruck, wahr, so wird der folgende Anweisungsblock (*IF*-Block) durchlaufen, andernfalls der der *ELSE*-Anweisung bis zur *END-IF*-Anweisung folgende Anweisungsblock (*ELSE*-Block). Für den Sonderfall, daß die Alternative bei der Verzweigung entfällt, kann auch kürzer

```
IF ( ... Bedingung ... ) THEN
    .
    .   ! IF-Block
    .
END IF
```

geschrieben werden.

Die gewählte Bedingung in einer *IF*-Anweisung muß auf einen der in Fortran als *.TRUE.* (wahr) oder *.FALSE.* (falsch) bezeichneten Wahrheitswerte führen.
Geschieht dies wie hier über einen Vergleich numerischer Größen, so stehen die folgenden **Vergleichsoperatoren** zur Verfügung:

<	oder	.LT.	(**L**ess **T**han)	für	«kleiner als»
<=	oder	.LE.	(**L**ess or **E**qual)	für	«kleiner oder gleich»
==	oder	.EQ.	(**EQ**ual)	für	«gleich»
/=	oder	.NE.	(**N**ot **E**qual)	für	«ungleich»
>=	oder	.GE.	(**G**reater or **E**qual)	für	«größer oder gleich»
>	oder	.GT.	(**G**reater **T**han)	für	«größer als»

Versuchen Sie, auch dieses Programm lauffähig umzusetzen, und ermitteln Sie damit beispielsweise den Betrag in Lire, den Sie drauflegen müßten, wenn Sie einmal 500 DM in Lire umtauschen und anschließend den Lirewert in 500 DM zurückgewechselt haben wollen. (Es sind 606 000 − 543 000 = 63 000 Lire!)

▧ Freies und festes Programmformat

Die bisher wiedergegebenen Fortran-90-Quellprogramme nutzen das neue freie beziehungsweise spaltenunabhängige Format. Aus Aufwärtskompatibilitätsgründen ist auch das aus früheren Fortran-Versionen (bis FORTRAN 77) bekannte feste beziehungsweise spaltenorientierte Format erlaubt, jedoch keine Mischform dieser beiden Darstellungsarten.

Bei der **Spaltenorientierung** gilt für jede bis zu 80 Zeichen lange Textzeile:

Spalte	Inhalt und Bedeutung
1	mit C oder * wird eine Kommentarzeile eingeläutet (damit wird die Zeile als Fortran-Anweisung ignoriert!)
1 bis 5	enthält mögliche Anweisungsnummern
6	dient zur Kennzeichnung von Fortsetzungszeilen
7 bis 72	beinhaltet die Fortran-Anweisung
73 bis 80	kann zur Kommentierung genutzt werden (wird vom Compiler ignoriert)

In dieser Form werden Leerzeichen ignoriert; außerdem gelten unter FORTRAN 77 weitere Einschränkungen (zum Beispiel bezüglich der Fortran-Namen und bei Schleifen). Das erste Währungsumrechnungsprogramm in diesem Abschnitt könnte in dieser Darstellungsart so aussehen:

```
      PROGRAM WAEHRUNG1
      INTEGER DMBETRAG, LIREBETRAG
      WRITE(*, 900)
      READ (*, 800) DMBETRAG
C
C     gleichwertigen Lire-Betrag berechnen
C
      LIREBETRAG = 1086 * DMBETRAG
      WRITE(*, 910) DMBETRAG, LIREBETRAG
      S T O P
  800 FORMAT(I4)
  900 FORMAT(1X, 'Geben Sie einen Betrag in DM ein: ')
  910 FORMAT(1X, I4, ' DM werden umgetauscht in ', I8,
     #          ' Lire')
      E N D
```

Hat die Datei, die dieses Programm enthält, einen Namen mit der Erweiterung *.FOR*, so behandelt der Compiler das Programm nach den Regeln des spaltenorientierten Formats.

Der Zwischenstandard Fortran 95 kümmert sich nicht mehr um die spaltenorientierte Form eines Quelltextes, so daß danach nur noch die freie oder spaltenunabhängige Form eines Programms zulässig ist (und Leerzeichen signifikant sind!).

2.3 Einbettung externer Programmausschnitte

▦ Währungsumrechnung, 5. Version

Nehmen wir an, ein Programm soll eine Umrechnung in verschiedene Währungen vornehmen und Sie haben (zur besseren Handhabbarkeit oder zur leichteren Pflege) die einzelnen Umrechnungsblöcke in verschiedenen Dateien hinterlegt. So könnte eine Datei mit dem Namen *ITALIEN.F90* die Kalkulation DM ↔ Lire und eine weitere mit *PORTUGAL.F90* benannte Datei den Wechselkurs DM ↔ Escudos wie folgt enthalten:

Datei *ITALIEN.F90*:

```
    IF (An_oder_Verkauf >= 0) THEN
        Umrechnungs_Betrag = 1086 * DM_Betrag
        WRITE(*, 940) DM_Betrag, Umrechnungs_Betrag
    ELSE
        Umrechnungs_Betrag = 1212 * DM_Betrag
        WRITE(*, 950) DM_Betrag, Umrechnungs_Betrag
    END IF
```

Datei *PORTUGAL.F90*:

```
    IF (An_oder_Verkauf >= 0) THEN
        Umrechnungs_Betrag =  99 * DM_Betrag
        WRITE(*, 940) DM_Betrag, Umrechnungs_Betrag
    ELSE
        Umrechnungs_Betrag = 120 * DM_Betrag
        WRITE(*, 950) DM_Betrag, Umrechnungs_Betrag
    END IF
```

Damit kann ein erweitertes Wechselkursprogramm nach folgendem Muster aufgebaut werden:

```
PROGRAM Waehrung_5
INTEGER :: DM_Betrag, Umrechnungs_Betrag, An_oder_Verkauf &
           ,Italien_oder_Portugal
WRITE(*, 900)
READ (*, 800) Italien_oder_Portugal
WRITE(*, 910)
READ (*, 810) DM_Betrag, An_oder_Verkauf
IF (Italien_oder_Portugal >= 0) THEN
    WRITE(*, 920)
    INCLUDE 'ITALIEN.F90'
ELSE
```

```
      WRITE(*, 930)
      INCLUDE 'PORTUGAL.F90'
   END IF
   STOP
   800 FORMAT(I4)
   810 FORMAT(I4, I4)
   900 FORMAT(1X, 'Zahl eingeben (>= 0 für DM-Lire, < 0 für' &
             ,'DM-Escudos) ')
   910 FORMAT(1X, 'Geben Sie einen DM-Betrag und eine Zahl', &
                 ' für den Umtauschwert nach Verkauf ',      &
                 '(Zahl >= 0) oder Ankauf (Zahl < 0) ein: ')
   920 FORMAT(1X, 'Umrechnung DM -> Lire:')
   930 FORMAT(1X, 'Umrechnung DM -> Escudos:')
   940 FORMAT(1X, 'Für ', I4, ' DM gibt es im Verkauf: ', I8)
   950 FORMAT(1X, I4, ' DM erhält man im Ankauf von: ', I8)
   END PROGRAM Waehrung_5
```

Bei der Übersetzung dieses Programms werden die Programmzeilen aus den entsprechenden Dateien an den angegebenen Stellen eingebunden. Stehen die Dateien nicht wie hier angenommen im aktuellen Verzeichnis, so muß zum Dateinamen vorweg der Pfad zur Datei mit angegeben werden.

▓ INCLUDE-Anweisung

Mit der INCLUDE-Anweisung lassen sich also Programmausschnitte (komplett oder unvollständig) aus einer anderen Datei, deren betriebssystemabhängiger Name als Zeichenkette in Apostrophe oder Anführungszeichen angegeben ist, in die aktuelle Quellprogrammdatei einbinden. Diese Anweisung hat die Syntax

```
INCLUDE 'Dateiname'
```

oder

```
INCLUDE "Dateiname"
```

Folgende Regeln sind dabei zu beachten:
- Dateien, die mit der INCLUDE-Anweisung in ein Programm einge-

bunden werden, müssen dem Format (spaltengerecht oder spaltenunabhängig) des sie umgebenden Programms entsprechen.

- Die *INCLUDE*-Anweisung darf nicht mit einer Anweisungsmarke versehen sein.

- Die *INCLUDE*-Anweisung kann an jeder Stelle in einem Programm, wo eine Anweisung zulässig ist, in einer gesonderten Zeile aufgeführt sein. Nur ein Kommentar darf einer *INCLUDE*-Anweisung in derselben Zeile folgen.

- Die durch eine *INCLUDE*-Anweisung eingebundenen Programmzeilen müssen vollständig sein, das heißt, die erste Zeile darf keine Fortsetzungszeile sein und die letzte darf kein Fortsetzungszeichen enthalten.

Innerhalb eines Programms kann nicht zwischen spaltengerechter (ANSI-FORTRAN-77-Layout) und spaltenunabhängiger (ANSI-Fortran-90-Layout) Schreibweise gewechselt werden. Deshalb müssen eventuell noch vorhandene alte FORTRAN-77-Programmeinheiten entweder vorcompiliert und als Laufzeitbibliothek dazu gebunden oder in die spaltenunabhängige Schreibweise umgeschrieben werden (dies würde ausschließlich Kommentar- und Fortsetzungszeilen betreffen).

2.4 Aufgaben

Aufgabe 2.1
a) Schreiben Sie ein Programm, das die Summe aller natürlichen Zahlen von 1 bis 100 ermittelt und ausgibt.
b) Erweitern Sie das Programm auf die Summenberechnung der natürlichen Zahlen von 1 bis n, wobei die Obergrenze n vorher eingelesen wird.

Aufgabe 2.2
Entwickeln Sie ein Programm, das zu den ersten 12 natürlichen Zahlen n die Fakultät $n! = 1 \cdot 2 \cdot \ldots \cdot n$ bestimmt und als Tabelle ausgibt.
Wie verhält sich das Programm, wenn Sie damit auch 13!, 14! usw. berechnen wollen?

Aufgabe 2.3
Bestimmen Sie über ein Programm alle ganzzahligen Lösungen für

Rechteckseiten der Länge ≤ 50, für die Rechteckumfang und Rechteck-fläche gleich sind.

Kann es für Rechteckseiten, von denen mindestens eine Seite eine Länge > 50 hat, noch weitere Lösungen geben?

Aufgabe 2.4

Gibt folgendes Programm mit den zur Verfügung stehenden Dateien *BSP2_1.F90* und *BSP2_2.F90* ein lauffähiges Fortran-Programm wieder?

```
PROGRAM Aufgabe_4

!!===================!!
!! Vereinbarungsteil !!
!!===================!!
INCLUDE 'BSP2_1.F90'  ! Einbinden der Anweisungen aus
                      ! der Datei BSP2_1.F90
!!===================!!
!! Ausführungsteil   !!
!!===================!!
INCLUDE "BSP2_2.F90"  ! Einbinden der Anweisungen aus
                      ! der Datei BSP2_2.F90
STOP
!!===================!!
!! Programmende      !!
!!===================!!
END PROGRAM Aufgabe_4
```

BSP2_1.F90:

```
!!===================!!
!! Vereinbarungsteil !!
!!===================!!
IMPLICIT NONE
INTEGER :: i,j,k, temp
```

BSP2_2.F90:

```
!!====================!!
!! Ausführungsteil    !!
!!====================!!
i = -3; j = 3 * i - 2; k = (j - i)**2
temp = i; i = k; k = temp
```

Aufgabe 2.5

Wie könnte ein Programm aussehen, das vom Benutzer wählbar eine
der folgenden Währungsumrechnungen (Kurse in 1995) vornimmt?

	Ankauf	Verkauf
1 DM	1212 Lire	1086 Lire
1 DM	91 Peseten	82 Peseten
1 DM	189 Drachmen	154 Drachmen
1 DM	120 Escudos	99 Escudos

3 Standarddatentypen

Dieses Kapitel setzt sich mit den von Fortran 90 zur Verfügung gestellten Datentypen auseinander. Wenn ein Programm Daten verarbeitet, müssen diese vorher bezüglich ihrer möglichen Werte und der zulässigen Verarbeitungsoperationen festgelegt sein. Das heißt, zu Beginn des Programms ist eine entsprechende Wahl der Datentypen zu treffen.

Wegen ihrer fundamentalen Bedeutung werden wir zuerst die notwendigen Begriffe erläutern.

3.1 Datentyp, Konstante und Variable

Wenn im Rechner Größen abgespeichert werden, so werden sie nach einem bestimmten Prinzip in eine Bitfolge (Nullen und Einsen) umgewandelt. Die gewählte Regel hängt davon ab, was über eine solche Größe dargestellt werden soll. Fortran unterscheidet in der rechnerinternen Beschreibungsart

- ganze Zahlen (in verschiedenen Genauigkeitsvarianten),
- reelle Zahlen (in verschiedenen Genauigkeitsvarianten),
- komplexe Zahlen (in verschiedenen Genauigkeitsvarianten),
- logische Werte und
- Zeichen.

Wenn man mit bestimmten Größen arbeitet, ist es deshalb wichtig zu wissen, nach welchem Muster diese abzuspeichern sind und wie umgekehrt eine abgelegte Bitfolge zu interpretieren ist (vgl. Kapitel 11.2).

Daher ist es generell notwendig, Datentypen zu definieren, die
- einen Namen (Datentypname),
- eine Menge gültiger Werte (Wertebereich),

- eine vorgeschriebene Schreibweise (Werteschreibweise) und
- zulässige Operationen (zur Verarbeitung zulässiger Werte)

haben.

▓ Fortran-90-Datentypen

Fortran läßt vordefinierte Datentypen, die sogenannten Standarddatentypen, und selbstdefinierte Datentypen oder abgeleitete Datentypen, die aus den vordefinierten Datentypen abgeleitet werden, zu. Zu den Standarddatentypen gehören die numerischen Datentypen

- *INTEGER* für ganze Zahlen,
- *REAL* für reelle Zahlen und
- *COMPLEX* für komplexe Zahlen

sowie

- *LOGICAL* für logische Werte und
- *CHARACTER* für Zeichen.

Mit Hilfe eines Typparameters (*KIND*-Parameter) können jeweils unterschiedliche Varianten spezifiziert werden, wobei es immer eine voreingestellte Standardvariante («default kind») für jeden Datentyp gibt. Die möglichen Werte für die Typparameter sind **nicht** standardisiert, können aber über Standardfunktionen erfragt beziehungsweise ausgewählt werden (vergleiche Kapitel 3.8).

Selbstfestgelegte Datenstrukturen, die sich aus einem oder mehreren Typkomponenten zusammensetzen, heißen abgeleitete Datentypen. Der abgeleitete Datentyp faßt die Komponenten als eine Einheit zusammen. Das setzt man sinnvoll dann ein, wenn verschiedenartige logisch zusammenhängende Einzeldaten verarbeitet werden sollen. So kann man beispielsweise über

Artikelnummer	:	*INTEGER*	⎫
Artikelbezeichnung	:	*CHARACTER*	⎪
Stückzahl	:	*INTEGER*	⎬ Datentyp *Artikel*
Preis	:	*REAL*	⎪
Nachbestellung	:	*LOGICAL*	⎭

verschiedene Standarddatentypen zu einem neuen Datentyp mit dem selbstgewählten Namen *Artikel* zusammenfassen. Bei den abgeleiteten Datentypen sind, was ihre Vereinbarung, Verarbeitung sowie Ein- und

Ausgabe angeht, weiterreichende Regeln zu beachten, auf die wir im Rahmen der in diesem Buch behandelten Einführung in Fortran 90 nicht weiter eingehen werden.

Bei jedem Datentyp unterscheidet man zwischen Konstanten und Variablen.

■ **Fortran-90-Konstante**

Eine Konstante ist festgelegt auf einen Datentyp mit einem Typparameterwert und einen bestimmten Wert aus der Wertemenge des Datentyps. Der Wert einer Konstanten kann während der Programmausführung nicht verändert werden. Es gibt numerische, logische und Zeichenkettenkonstanten.

Beispiele für Fortran-90-Konstanten:

4 ganzzahlige Konstanten	21, -748, 2167_2, -1000000_3
4 reelle Konstanten	0.426, 3.1E10, 803.23_2, -1.007_2
2 komplexe Konstanten	(1.0, -23.0E3), (9.1_1, 8.1123_2)

1024	2.567	0.0D0
2048	-10.137	1.0D1
INTEGER	REAL	DOUBLE als REAL-Variante

(0.0 , 1.0)	.TRUE.	'Jupp'
(-1. , 2.5)	.FALSE.	'Benno'
COMPLEX	LOGICAL	CHARACTER

Man nennt solche Konstanten auch Literalkonstanten im Gegensatz zu den benannten Konstanten (die über das Schlüsselwort *PARAMETER* festgelegt und in Kapitel 8.4 behandelt werden).

■ **Fortran-90-Variable**

Eine Variable besitzt einen Fortran-Namen, unter dem man sie ansprechen und ihren Wert verändern kann. Der Datentyp legt fest, welche Elemente als Wert für eine Variable auftreten dürfen.

Variablen werden im Deklarationsteil einer Programmeinheit vereinbart. Einer Variablen ist ein bestimmter Speicherplatz zugeordnet, dessen Größe vom Datentyp und der gewählten Genauigkeitsvariante abhängt. Wenn man in einer Fortran-Anweisung den Namen einer Variablen angibt, so meint man (je nach Verwendung des Namens) entweder die Adresse oder den Wert dieser Variablen. Variablennamen korrespondieren mit Speicheradressen des ablauffähigen Programms, unter denen austauschbare Werte der Variablen abgelegt werden können. Trotz dieser Variabilität bleibt die Zuordnung

   Variablenname ⇔ Speicheradresse

während der gesamten Programmausführung bestehen, was gerade bei Übergabeparametern zu Unterprogrammen besonders wichtig ist (vergleiche Kapitel 8.4).

3.2 Der Datentyp *INTEGER*

■ *INTEGER*-KONSTANTE
Eine *INTEGER*-Konstante ist eine ganze positive oder negative Zahl (ohne Dezimalpunkt!).

Beispiele:

richtig:	1	4711	0	-17
	5	-3708	-0	+32
falsch:	4711.0		-24,0	
	-3708.0		32,0	

Eine *INTEGER*-Konstante kann von einem Unterstrich und einem Typparameterwert (*KIND*-Parameter) gefolgt werden. Fehlt diese Angabe, so wird ein voreingestellter Wert («default kind»), der **Normaltyp,** gewählt.

FTN90 und LF90 bieten jeweils drei Genauigkeitsvarianten des Typs *INTEGER* an, die mit den Typparameterwerten *1*, *2* und *3* (FTN90) beziehungsweise *1*, *2* und *4* (LF90) bezeichnet werden, wobei der Wert *KIND* = *3* bei FTN90 und *KIND* = *4* bei LF90 mit 32 Bit Speicherlänge jeweils die Normalform («default kind») bezeichnet:

KIND-Parameterwert	1	2	3 bzw. 4 (Normaltyp)
Anzahl Bits	8	16	32

Da jeweils ein Bit als Vorzeichenbit genutzt wird, können mit den verbleibenden n Bits höchstens Zahlen bis zu einer Größe von $2^n - 1$ dargestellt werden. Dies bedeutet für den ganzzahligen Wertebereich:

INTEGER,	KIND = 1	:	von	−128	bis	+127
INTEGER,	KIND = 2	:	von	−32 768	bis	+32 767
INTEGER, KIND = 3 bzw. INTEGER, KIND = 4		:	von	−2 147 483 648	bis	+2 147 483 647

Beispiele:

120_1	Ein-Byte-Konstante
−34_2	Zwei-Byte-Konstante
40 237_3 bzw. 40 237_4	Vier-Byte-Konstante (wie 40 237 mit «default kind»)

nicht möglich:

129_1	
−32768_2	nicht darstellbar mit vorgegebenem Genauigkeitstyp
4966_5	nichtdefinierter Typparameter

■ *INTEGER*-Variable

Eine *INTEGER*-Variable ist eine mit einem Fortran-Namen bezeichnete Größe, die ganze Zahlen annehmen kann. Solche Variablen können explizit vereinbart werden über eine Anweisung der Form

```
INTEGER[([KIND=]n)][::]Variablenname[,Variablenname[,...]]
```

Das Schlüsselwort *INTEGER* legt den ganzzahligen Datentyp fest. Die in eckigen Klammern angegebenen Spezifikationen sind optional und können entfallen. So bedeuten etwa

```
INTEGER (KIND = 2) :: ganze_Zahl
INTEGER (2)           ganze_Zahl
```

dasselbe. Das durch zwei Doppelpunkte wiedergegebene Trennzeichen :: wird allerdings bei der Festlegung weiterer Eigenschaften (sogenannter Attribute) zwingend.

Fehlt die Angabe zum Typparameter, so wird auf den «Default-kind»-Wert zurückgegriffen.

Anstelle nur eines Variablennamens können auch über

Variablenname = Wert

gleichzeitig Anfangswerte mit vorgegeben werden. Wird ein Anfangswert vorgegeben, so wird das Trennzeichen *::* ebenfalls zwingend.

Beispiele:

```
INTEGER(KIND = 3)     x, y, z         ! FTN90
INTEGER(4)            s               ! LF90
INTEGER          :: r
INTEGER          :: a = 3, c = 50
```

Alle Anweisungen legen Vier-Byte-*INTEGER*-Variablen fest. Die Anweisung

```
INTEGER(KIND = 1) :: l = 126, s = 2400
```

ist unzulässig, da die Ein-Byte-*INTEGER*-Variable *s* nicht den Wert 2400
annehmen kann.

Beginnt ein Variablenname mit einem der Buchstaben *I, J, K, L, M, N*
und gibt es keine Vereinbarung dazu, so handelt es sich automatisch
um eine *INTEGER*-Variable mit dem «Default-kind»-Typparameterwert.

▨ Weizenkörner-Schachbrett, 1. Version

Die Wirksamkeit im Umgang mit *INTEGER*-Zahlen in verschiedenen
Genauigkeitsvarianten läßt sich gut bei einer Unterstützungsmaßnah-
me für den persischen König vor Augen führen. Dieser hatte nämlich
dem Erfinder des Schachspiels vor lauter Entzücken einen Wunsch freigegeben. Der wollte dafür Weizen haben, und zwar für das erste Feld
des Schachbretts ein Weizenkorn, für das zweite Feld zwei Körner und
für jedes weitere Feld so viele Weizenkörner, wie auf den beiden vorangegangenen Feldern an Körnern zusammengenommen liegen. Der
persische König will nun wissen, wie viele Körner dann auf dem letzten
Feld liegen und wie viele Körner er insgesamt herausrücken muß (vergleiche Aufgabe 1.5 in Kapitel 1.6).

Zur Berechnung der gesuchten Größen wird man das ganze Schachbrett durchlaufen und über die schon ermittelte Anzahl der Weizenkörner der beiden vorangegangenen Felder (*Vorfeld_1* und *Vorfeld_2*) die Anzahl auf jedem aktuellen Feld (*Feld*) sowie die Gesamtanzahl der Körner bis dahin (*Summe*) bestimmen. In Struktogrammform sieht dieser Weg folgendermaßen aus:

```
Schachbrett

  ┌───────────────────────────────────────────────────────────┐
  │ Vorbesetzen der ersten beiden Felder:                       │
  │  Vorfeld_2 := 1                                             │
  │  Vorfeld_1 := 2                                             │
  │  Summe    := 3                                             │
  ├───────────────────────────────────────────────────────────┤
  │ Durchlaufen der restlichen Felder:                          │
  │  i := 3(1)64                                                │
  │   ┌──────────────────────────────────────────────────────┐ │
  │   │ Anzahl der Weizenkörner auf dem i-ten Feld ermitteln:  │ │
  │   │  Feld := Vorfeld_2 + Vorfeld_1                         │ │
  │   ├──────────────────────────────────────────────────────┤ │
  │   │ Gesamtzahl der Weizenkörner bis zum i-ten Feld bestimmen│ │
  │   │  Summe := Summe + Feld                                 │ │
  │   ├──────────────────────────────────────────────────────┤ │
  │   │ Aktualisierung der Werte zur Vorbereitung des nächsten │ │
  │   │ Schleifendurchlaufs (nacheinander):                    │ │
  │   │  Vorfeld_2 := Vorfeld_1                                │ │
  │   │  Vorfeld_1 := Feld                                     │ │
  │   └──────────────────────────────────────────────────────┘ │
  ├───────────────────────────────────────────────────────────┤
  │ Gebe 'Feld' als Anzahl der Weizenkörner auf dem letzten Feld│
  │ und 'Summe' als Gesamtzahl aller Weizenkörner aus           │
  └───────────────────────────────────────────────────────────┘
```

Da in der ganzen Betrachtung nur positive ganze Zahlen eine Rolle spielen, liegt es nahe, die Berechnung über ein Programm mit *INTEGER*-Größen vorzunehmen. Bei der Wahl der kleinsten Genauigkeitsvariante lautet das zugehörige Fortran-90-Programm, bei dem wir uns zur Kontrolle alle Zwischenergebnisse mit ausgeben lassen:

```
PROGRAM Schachbrett
INTEGER (KIND = 1) :: Vorfeld_2 = 1, Vorfeld_1 = 2, &
                      Summe = 3, Feld
INTEGER (KIND = 1) :: i
DO i = 3, 64                        ! Durchlaufen der rest-
                                    ! lichen Felder
```

```
      Feld  = Vorfeld_2 + Vorfeld_1  ! Anzahl der Körner auf dem
                                      ! i-ten Feld
      Summe = Summe + Feld            ! Gesamtkornanzahl bis
                                      ! dahin
      WRITE(*, 900) i, Feld, Summe
      Vorfeld_2 = Vorfeld_1           ! Aktualisierung der Werte
      Vorfeld_1 = Feld                ! für den nächsten
                                      ! Schleifendurchlauf
  END DO
  STOP
  900 FORMAT(1X, I2, '-tes Feld hat ', I16, ' Körner; Gesamt' &
          ,'zahl : ', I16)
  END PROGRAM Schachbrett
```

Übersetzt und startet man dieses Programm zum Beispiel mit FTN90, so wird man schnell feststellen, daß – obwohl kein syntaktischer Programmierfehler vorliegt – die berechneten Werte schon früh nicht mehr stimmen können. Die ersten ausgegebenen Zeilen lauten:

```
 3-tes Feld hat            3 Körner; Gesamtzahl :             6
 4-tes Feld hat            5 Körner; Gesamtzahl :            11
 5-tes Feld hat            8 Körner; Gesamtzahl :            19
 6-tes Feld hat           13 Körner; Gesamtzahl :            32
 7-tes Feld hat           21 Körner; Gesamtzahl :            53
 8-tes Feld hat           34 Körner; Gesamtzahl :            87
 9-tes Feld hat           55 Körner; Gesamtzahl :          -114
10-tes Feld hat           89 Körner; Gesamtzahl :           -25
11-tes Feld hat         -112 Körner; Gesamtzahl :           119
12-tes Feld hat          -23 Körner; Gesamtzahl :            96
13-tes Feld hat          121 Körner; Gesamtzahl :           -39
14-tes Feld hat           98 Körner; Gesamtzahl :            59
15-tes Feld hat          -37 Körner; Gesamtzahl :            22
16-tes Feld hat           61 Körner; Gesamtzahl :            83
17-tes Feld hat           24 Körner; Gesamtzahl :           107
18-tes Feld hat           85 Körner; Gesamtzahl :           -64
19-tes Feld hat          109 Körner; Gesamtzahl :            45
20-tes Feld hat          -62 Körner; Gesamtzahl :           -17
21-tes Feld hat           47 Körner; Gesamtzahl :            30
22-tes Feld hat          -15 Körner; Gesamtzahl :            15
23-tes Feld hat           32 Körner; Gesamtzahl :            47
24-tes Feld hat           17 Körner; Gesamtzahl :            64
```

Eine Nachprüfung ergibt: Die Körneranzahl auf jedem einzelnen Feld wird nur bis zum zehnten Feld, die Gesamtkornanzahl gar nur bis zum achten Feld korrekt ermittelt.

Das Auftreten negativer Größen wird durch für die gewählte Genauigkeitsvariante zu große Zahlen hervorgerufen, die sich ungewollt und leider ohne eine Systemmeldung zur Warnung auf das Vorzeichenbit auswirken (vergleiche auch Kapitel 11.2). Daß diese Genauigkeitsvariante nicht ausreichen kann, läßt sich auch mit Hilfe von Fortran-90-Standardfunktionen feststellen:

Wenn vor der *STOP*-Anweisung noch die Anweisungen

```
WRITE(*, 910) HUGE(Feld)
WRITE(*, 920) RANGE(Feld)
```

mit den zugehörigen Formatanweisungen

```
910 FORMAT(1X,'Größte Zahl, der vertraut werden darf:',I16)
920 FORMAT(1X,'Glaubwürdiger Exponentenbereich:          '&
          ,' bis 10^', I3)
```

eingefügt werden, führt das zu folgender Ausgabe:

```
Größte Zahl, der vertraut werden darf:          127
Glaubwürdiger Exponentenbereich:          bis 10^ 2
```

Solche zusätzlichen Informationen sind gerade dann besonders wichtig, wenn die Wertebereiche einzelner Genauigkeitsvarianten nicht von vornherein bekannt sind; die hier eingesetzten und weitere Fortran-90-Standardfunktionen in diesem Zusammenhang werden zusammenfassend in Abschnitt 3.8 behandelt.

■ Weizenkörner-Schachbrett, 2. Version
Ändern wir im Programm *Schachbrett* zur Erhöhung der Genauigkeit die beiden *INTEGER*-Anweisungen in Vereinbarungen mit *KIND = 2*

um, so hilft uns das nur ein Stückchen weiter. Die Körneranzahl wird
nun bis zum 22. Feld und die Gesamtkornanzahl bis zum 20. Feld richtig ermittelt, wie der folgende Auszug der ausgegebenen Zeilen zeigt:

```
 3-tes Feld hat          3 Körner; Gesamtzahl :              6
 4-tes Feld hat          5 Körner; Gesamtzahl :             11
 5-tes Feld hat          8 Körner; Gesamtzahl :             19
 6-tes Feld hat         13 Körner; Gesamtzahl :             32
 7-tes Feld hat         21 Körner; Gesamtzahl :             53
 8-tes Feld hat         34 Körner; Gesamtzahl :             87
 9-tes Feld hat         55 Körner; Gesamtzahl :            142
10-tes Feld hat         89 Körner; Gesamtzahl :            231
11-tes Feld hat        144 Körner; Gesamtzahl :            375
12-tes Feld hat        233 Körner; Gesamtzahl :            608
13-tes Feld hat        377 Körner; Gesamtzahl :            985
14-tes Feld hat        610 Körner; Gesamtzahl :           1595
15-tes Feld hat        987 Körner; Gesamtzahl :           2582
16-tes Feld hat       1597 Körner; Gesamtzahl :           4179
17-tes Feld hat       2584 Körner; Gesamtzahl :           6763
18-tes Feld hat       4181 Körner; Gesamtzahl :          10944
19-tes Feld hat       6765 Körner; Gesamtzahl :          17709
20-tes Feld hat      10946 Körner; Gesamtzahl :          28655
21-tes Feld hat      17711 Körner; Gesamtzahl :         -19170
22-tes Feld hat      28657 Körner; Gesamtzahl :           9487
23-tes Feld hat     -19168 Körner; Gesamtzahl :          -9681
24-tes Feld hat       9489 Körner; Gesamtzahl :           -192
```

Werden die gleichen Genauigkeitsabfragen wie zuvor zusätzlich in das
Programm eingefügt, so erscheint in diesem Fall:

```
Größte Zahl, der vertraut werden darf:        32767
Glaubwürdiger Exponentenbereich:         bis 10^ 4
```

Dadurch wird klar, daß auch diese Genauigkeitsvariante nicht ausreicht. Die Anzahl der Weizenkörner nimmt auf dem Schachbrett doch
zu rasch erheblich zu.

Weizenkörner-Schachbrett, 3. Version
Ein Programmdurchlauf mit der größten Genauigkeitsvariante *INTE-
GER* mit «Default-kind»-Typparameter führt auch nicht zum Ziel, wie
der folgende Auszug aus der Ausgabe belegt:

```
34-tes Feld hat          9227465 Körner; Gesamtzahl :        24157815
35-tes Feld hat         14930352 Körner; Gesamtzahl :        39088167
36-tes Feld hat         24157817 Körner; Gesamtzahl :        63245984
37-tes Feld hat         39088169 Körner; Gesamtzahl :       102334153
38-tes Feld hat         63245986 Körner; Gesamtzahl :       165580139
39-tes Feld hat        102334155 Körner; Gesamtzahl :       267914294
40-tes Feld hat        165580141 Körner; Gesamtzahl :       433494435
41-tes Feld hat        267914296 Körner; Gesamtzahl :       701408731
42-tes Feld hat        433494437 Körner; Gesamtzahl :      1134903168
43-tes Feld hat        701408733 Körner; Gesamtzahl :      1836311901
44-tes Feld hat       1134903170 Körner; Gesamtzahl :     -1323752225
45-tes Feld hat       1836311903 Körner; Gesamtzahl :       512559678
46-tes Feld hat      -1323752223 Körner; Gesamtzahl :      -811192545
47-tes Feld hat        512559680 Körner; Gesamtzahl :      -298632865
48-tes Feld hat       -811192543 Körner; Gesamtzahl :     -1109825408
49-tes Feld hat       -298632863 Körner; Gesamtzahl :     -1408458271
50-tes Feld hat      -1109825406 Körner; Gesamtzahl :      1776683619
51-tes Feld hat      -1408458269 Körner; Gesamtzahl :       368225350
52-tes Feld hat       1776683621 Körner; Gesamtzahl :      2144908971
53-tes Feld hat        368225352 Körner; Gesamtzahl :     -1781832973
54-tes Feld hat       2144908973 Körner; Gesamtzahl :       363076000
55-tes Feld hat      -1781832971 Körner; Gesamtzahl :     -1418756971
```

Mit den zusätzlichen Genauigkeitsabfragen wie oben

```
Größte Zahl, der vertraut werden darf:      2147483647
Glaubwürdiger Exponentenbereich:            bis 10^ 9
```

kann man (auch unabhängig vom Auftauchen unplausibler negativer Zahlen) feststellen, daß gerade noch das 45. Feld und die Gesamtkornanzahl bis zum 43. Feld präzise berechnet werden.

Obwohl nur ganze Zahlen bei dieser Aufgabenstellung eine Rolle spielen, reichen die INTEGER-Genauigkeiten nicht aus, dem persischen König eine befriedigende Antwort zu geben.

Dieses Verhalten beim Rechnen mit INTEGER-Zahlen heißt aber nicht, daß dem persischen König mit Hilfe eines Fortran-90-Programms keine korrekte Antwort gegeben werden kann. Man wird dazu aber einen – zunächst nicht naheliegenden – anderen numerischen Datentyp verwenden müssen, nämlich den Datentyp REAL, der zwar einen größeren Zahlenbereich überstreichen kann, dafür aber auf die Exaktheit verzichten muß, die beim Umgang mit ganzen Zahlen bei Operationen, deren Ergebnisse im darstellbaren Bereich ganzzahlig sind, immer gegeben ist!

3.3 Der Datentyp *REAL*

■ *REAL*-Konstante

Eine *REAL*-Konstante ist eine in Festpunkt- oder Gleitpunktdarstellung gegebene Zahl. Optional kann hinter einem Unterstrich wieder ein Typparameterwert für eine bestimmte Genauigkeitsvariante angegeben sein.

FTN90 unterscheidet beim Typ *REAL* die zwei Genauigkeitsvarianten *KIND* = *1* und *KIND* = *2*, die als gleiche Varianten bei LF90 die Bezeichnungen *KIND* = *4* und *KIND* = *8* tragen:

KIND-Parameterwert	*1* bzw. *4* (Normaltyp)	*2* bzw. *8*
Anzahl Bits	32 (24 Bit Mantisse, 8 Bit Exponent)	64 (53 Bit Mantisse, 11 Bit Exponent)

KIND = *1* beziehungsweise *KIND* = *4* entspricht dem «Default-kind»-Wert und *KIND* = *2* oder *KIND* = *8* einer schon in früheren Fortran-Versionen bekannten doppelten Genauigkeit, die auch mit dem Schlüsselwort *DOUBLE PRECISION* angesprochen werden kann.

Als Werte können damit neben der Null betragsmäßig die folgenden Bereiche überstrichen werden:

REAL, KIND=1 bzw. *REAL, KIND=4*	von $1.1\,754\,944 \cdot 10^{-38}$ bis $3.4\,028\,235 \cdot 10^{38}$
REAL, KIND=2 bzw. *REAL, KIND=8*	von $2.2\,250\,738\,585\,072\,014 \cdot 10^{-308}$ bis $1.7\,976\,931\,348\,623\,119 \cdot 10^{308}$

Ein zusätzliches Vorzeichenbit läßt dann Werte hieraus positiv wie negativ zu.

Beispiele:

Konstante in Festpunktdarstellung:

Normaltyp *REAL*:

77.0	+386.	-0.01

mit *KIND*-Parameter:

-56.3_1	bzw.	-56.3_4	Normaltyp
0.66649_2	bzw.	0.66649_8	doppelt genau

Konstante in Gleitpunktdarstellung:

Normaltyp *REAL*:

1E-10	entspricht der Zahl $1 \cdot 10^{-10}$
-1.2E-5	entspricht der Zahl $-1.2 \cdot 10^{-5}$

mit *KIND*-Parameter:

1.43E2_1

bzw.   Normaltyp, entspricht der Zahl $1.43 \cdot 10^2$

1.43E2_4

-0.2345E03_2

bzw.   doppelt genau, entspricht $-0.2345 \cdot 10^3$

-0.2345E03_8

DOUBLE PRECISION:

1.71D0   doppelt genau, entspricht $1.71 \cdot 10^0 = 1.71$

unzulässige Konstanten:

0,07	E-5	4E0.5	6.D-2_2

Reelle Größen enthalten einen Dezimal**punkt** und **kein -komma!** Der Buchstabe *E* deutet an, daß die nachfolgende ganze Zahl als Zehnerexponent zu interpretieren ist. Ohne zusätzliche Typparameterwertangabe wird stets die Darstellung als Normaltyp «default kind» (hier: *KIND = 1* bzw. *KIND = 4*), einer sogenannten **einfachen Genauigkeit** (single precision), gewählt.

Der Buchstabe *D* bewirkt genauso eine Interpretation mit Zehnerexponent, nur erfolgt die Abspeicherung in **doppelter Genauigkeit** (double precision, hier wie *KIND = 2* bzw. *KIND = 8*).

■ *REAL*-Variable

Eine *REAL*-Variable stellt eine mit einem Fortran-Namen bezeichnete Größe dar, die reelle Zahlen annehmen kann.

Als explizite Vereinbarungsmöglichkeit steht die *REAL*-Anweisung zur Verfügung:

REAL[([KIND=]*n*)] [::] *Variablenname*[, *Variablenname*[,...]]

Statt *REAL* (*KIND* = *2*) oder *REAL* (*2*) bei FTN90 und andernfalls *REAL* (*KIND* = *8*) oder *REAL* (*8*) bei LF90 darf bei den von uns benutzten Fortran-Systemen auch *DOUBLE PRECISION* als Schlüsselwort verwendet werden; bei anderen Systemen könnte wieder ein anderer Typparameterwert der doppelten Genauigkeit entsprechen.
Außerdem sind auch Wertinitialisierungen in einer Vereinbarung möglich.

Beispiel für Deklarationen:
Die beiden Anweisungen

```
REAL (KIND = 2) :: A = 0.0D0, ALPHA = 45.01D0
REAL (2)        :: A = 0.0_2, ALPHA = 45.01_2
```

und die beiden Anweisungen

```
REAL (KIND = 1) :: C = 25.123,   BETA = 38.1_1, D
REAL            :: C = 25.123_1, BETA = 38.1, D
```

bewirken bei FTN90 jeweils dasselbe.

In Fortran gilt implizit: Alle Variablen, deren Namen mit den Buchstaben von *A* bis *H* und von *O* bis *Z* beginnen, sind (falls sie in keiner Vereinbarung auftauchen) zwangsläufig vom Normaltyp *REAL*.

▨ Weizenkörner-Schachbrett, 4. Version
Zurück zum Problem des persischen Königs: *REAL*-Zahlen scheinen mächtig genug, so große Zahlen wiedergeben zu können, wie sie für die Anzahl der Weizenkörner auf dem Schachbrett gebraucht werden. Und da sich ganze Zahlen auch als besondere *REAL*-Zahlen auffassen lassen (nämlich solche nur mit Nullen nach dem Dezimalpunkt), kann das im letzten Abschnitt beschriebene Struktogramm zur Ermittlung der Weizenkornanzahlen auch mit *REAL*-Rechnung umgesetzt werden:

```
PROGRAM Schachbrett_4
REAL    :: Vorfeld_2 = 1.0, Vorfeld_1 = 2.0, &
            Summe = 3.0, Feld
INTEGER :: i
DO i = 3, 64                        ! Durchlaufen der rest-
                                    ! lichen Felder
    Feld  = Vorfeld_2 + Vorfeld_1 ! Anzahl der Körner auf
                                    ! dem i-ten Feld
    Summe = Summe + Feld            ! Gesamtkornanzahl bis
                                    ! dahin
    WRITE(*, 900) i, Feld, Summe
    Vorfeld_2 = Vorfeld_1           ! Aktualisierung der
                                    ! Werte für den
    Vorfeld_1 = Feld                ! nächsten Schleifen-
                                    ! durchlauf
END DO
STOP
900 FORMAT(1X, I2, '-tes Feld hat ', F16.0, ' Körner; ', &
           'Gesamtzahl : ', F16.0)
END PROGRAM Schachbrett_4
```

Zur Ausgabe von *REAL*-Größen wird hier die Formatspezifikation *F16.0*
verwendet, die solche Zahlen mit maximal 16 Stellen inklusive Dezimalpunkt und keiner Nachkommastelle darstellt (siehe Kapitel 5.2).
Nach Übersetzung und Starten des Programms werden wie vorgegeben
62 Zeilen ausgegeben, aus denen im folgenden eine Auswahl wiedergegeben ist:

```
43-tes Feld hat        701408640. Körner; Gesamtzahl :         1836311680.
44-tes Feld hat       1134903040. Körner; Gesamtzahl :         2971214848.
45-tes Feld hat       1836311680. Körner; Gesamtzahl :         4807526400.
46-tes Feld hat       2971214848. Körner; Gesamtzahl :         7778741248.
47-tes Feld hat       4807526400. Körner; Gesamtzahl :        12586267648.
48-tes Feld hat       7778741248. Körner; Gesamtzahl :        20365008896.
49-tes Feld hat      12586267648. Körner; Gesamtzahl :        32951275520.
50-tes Feld hat      20365008896. Körner; Gesamtzahl :        53316284416.
51-tes Feld hat      32951275520. Körner; Gesamtzahl :        86267559936.
52-tes Feld hat      53316284416. Körner; Gesamtzahl :       139583848448.
53-tes Feld hat      86267559936. Körner; Gesamtzahl :       225851408384.
54-tes Feld hat     139583848448. Körner; Gesamtzahl :       365435256832.
55-tes Feld hat     225851408384. Körner; Gesamtzahl :       591286632448.
56-tes Feld hat     365435256832. Körner; Gesamtzahl :       956721922048.
57-tes Feld hat     591286632448. Körner; Gesamtzahl :      1548008554496.
58-tes Feld hat     956721922048. Körner; Gesamtzahl :      2504730345472.
59-tes Feld hat    1548008554496. Körner; Gesamtzahl :      4052738899968.
60-tes Feld hat    2504730345472. Körner; Gesamtzahl :      6557469245440.
61-tes Feld hat    4052738899968. Körner; Gesamtzahl :     10610208145408.
62-tes Feld hat    6557469245440. Körner; Gesamtzahl :     17167677390848.
63-tes Feld hat   10610208145408. Körner; Gesamtzahl :     27777885536256.
64-tes Feld hat   17167677390848. Körner; Gesamtzahl :     44945561878528.
```

Damit scheint dem König geholfen werden zu können: Er muß insgesamt 44 Billionen 945 Milliarden 561 Millionen 878 Tausend und 528 Weizenkörner hergeben. Auch für die Rechnung mit *REAL*-Zahlen können Fortran-90-Standardfunktionen zur Genauigkeitsprüfung eingesetzt werden: Die in das Programm zusätzlich eingebauten Befehle

```
WRITE(*, 910) PRECISION(Feld)
WRITE(*, 920) RANGE(Feld)
```

```
910 FORMAT(1X,'Größte Stellenzahl, der vertraut werden',  &
           ' darf: ', I2)
920 FORMAT(1X,'Glaubwürdiger Exponentenbereich:         '  &
           '   bis 10^', I3)
```

führen in diesem Fall auf die Ausgabe

```
Größte Stellenzahl, der vertraut werden darf:  6
Glaubwürdiger Exponentenbereich:                bis 10^ 37
```

Dies ist so zu verstehen: Die Größenordnung kann von bis zu 37stelligen Zahlen richtig wiedergegeben werden, wobei nur den ersten 6 (signifikanten) Ziffern vertraut werden darf. Die restlichen unterliegen unter anderem Rundungsfehlern – die übrigens bei Rechnung mit *INTEGER*-Zahlen nicht auftreten können – und dürfen deshalb nicht mehr als korrekt angesehen werden (zu den Genauigkeitsabfragen siehe auch Abschnitt 3.8).

Mit anderen Worten: Insgesamt werden wohl 44 Billionen 945 Milliarden und so weiter Körner gebraucht, aber auf die letzten Weizenkörner genau läßt sich das so nicht angeben.

▦ Weizenkörner-Schachbrett, 5. Version

Zum Glück kann die Genauigkeitsvariante der verwendeten *REAL*-Größen noch erhöht werden. Werden ihre Variablenvereinbarungen mit *REAL* (*KIND* = 2) beziehungsweise *REAL* (*KIND* = 8) vorgenommen, so führt das Programm unter anderem zu folgenden Ausgabezeilen:

```
43-tes Feld hat        701408733. Körner; Gesamtzahl :         1836311901.
44-tes Feld hat       1134903170. Körner; Gesamtzahl :         2971215071.
45-tes Feld hat       1836311903. Körner; Gesamtzahl :         4807526974.
46-tes Feld hat       2971215073. Körner; Gesamtzahl :         7778742047.
47-tes Feld hat       4807526976. Körner; Gesamtzahl :        12586269023.
48-tes Feld hat       7778742049. Körner; Gesamtzahl :        20365011072.
49-tes Feld hat      12586269025. Körner; Gesamtzahl :        32951280097.
50-tes Feld hat      20365011074. Körner; Gesamtzahl :        53316291171.
51-tes Feld hat      32951280099. Körner; Gesamtzahl :        86267571270.
52-tes Feld hat      53316291173. Körner; Gesamtzahl :       139583862443.
53-tes Feld hat      86267571272. Körner; Gesamtzahl :       225851433715.
54-tes Feld hat     139583862445. Körner; Gesamtzahl :       365435296160.
55-tes Feld hat     225851433717. Körner; Gesamtzahl :       591286729877.
56-tes Feld hat     365435296162. Körner; Gesamtzahl :       956722026039.
57-tes Feld hat     591286729879. Körner; Gesamtzahl :      1548008755918.
58-tes Feld hat     956722026041. Körner; Gesamtzahl :      2504730781959.
59-tes Feld hat    1548008755920. Körner; Gesamtzahl :      4052739537879.
60-tes Feld hat    2504730781961. Körner; Gesamtzahl :      6557470319840.
61-tes Feld hat    4052739537881. Körner; Gesamtzahl :     10610209857721.
62-tes Feld hat    6557470319842. Körner; Gesamtzahl :     17167680177563.
63-tes Feld hat   10610209857723. Körner; Gesamtzahl :     27777890035286.
64-tes Feld hat   17167680177565. Körner; Gesamtzahl :     44945570212851.
```

Mit den gleichen Genauigkeitsabfragen wie zuvor läßt sich auch dieses Ergebnis bewerten. Es erscheint dann

```
Größte Stellenzahl, der vertraut werden darf: 15
Glaubwürdiger Exponentenbereich:              bis 10^307
```

Daraus darf geschlossen werden, daß die Gesamtkornanzahl als 14stellige Zahl intern korrekt dargestellt werden kann, also richtig ist. Für den persischen König heißt das: 17 167 680 177 565 Weizenkörner liegen auf dem letzten Feld, und insgesamt muß er 44 945 570 212 851 Körner beschaffen.

Ein Vergleich der Ergebnisse, die mit den beiden *REAL*-Genauigkeitsvarianten erzielt werden, zeigt, daß die ungenauere Variante die Körneranzahl ab dem 36. Feld und die Gesamtkornanzahl ab dem 34. Feld nicht mehr korrekt ermitteln kann.

Bei der Ermittlung von Genauigkeiten mit Fortran-Standardfunktionen ist Vorsicht angebracht! So heißt es bei *REAL*-Rechnung in der höheren Genauigkeitsvariante **nicht,** daß grundsätzlich alle bis zu 15stelligen Ergebnisse korrekt sind. Es kann nur gesagt werden, daß bis zu 15 signifikante Ziffern im Rechner als genau wiedergegeben angesehen werden können. Wenn mit solchen Zahlen weitergerechnet wird, so sind im Ergebnis zusätzliche die Genauigkeit beeinflussende Effekte zu berücksichtigen. Liegt ein sogenannter numerisch stabiler Algorithmus zugrunde (bei unserer Schachbrettbetrachtung ist das der Fall), so wird im Ergebnis die Genauigkeit nicht mehr wesentlich beeinträchtigt sein, andernfalls schon.

3.4 Der Datentyp *COMPLEX*

Eine komplexe Zahl z wird mathematisch als

$$z = a + b \cdot i \qquad \text{oder} \qquad z = (a, b)$$

mit reellen Zahlen a und b geschrieben, wobei a den Realteil von z, b den Imaginärteil von z und i die imaginäre Einheit mit $i^2 = -1$ oder kurz $i = \sqrt{-1}$ bezeichnet.

▨ *COMPLEX*-Konstante

In Fortran wird eine *COMPLEX*-Konstante durch ein Paar ganzer oder reeller Zahlen beschrieben. Intern können solche Zahlen nur als Paare von *REAL*-Zahlen in deren Genauigkeitsvarianten wiedergegeben werden, wobei Real- und Imaginärteil stets mit demselben Typparameterwert referenziert werden, im unterschiedlichen Fall nach dem anspruchsvolleren der beiden.

Beispiele:

Fortran-90- Konstante	mathematische Bedeutung	interne Genauigkeit
(3.14, 2.718)	$3.14 + 2.718\ i$	einfach genau
(9, 385.) oder (9, 385) oder (9., 385) oder (9.0, 385.0)	$9 + 385\ i$	einfach genau
(−2, 1.E-2)	$-2 + 0.01\ i$	einfach genau
(3D-4, 7D-5)	$3 \cdot 10^{-4} + 7 \cdot 10^{-5}\ i$	doppelt genau
(4.1_1, 5.1E3_2) oder (4.1D0, 5.1D3)	$4.1 + 5.1 \cdot 10^3\ i$	doppelt genau (FTN90)

unzulässig: 2.1, 7   Klammern fehlen
               (2.1 7)   ohne Komma als Trennzeichen

FTN90 kennt für die einfache Genauigkeit den Typparameterwert *KIND* = 1 («default kind» oder Normaltyp) und für die doppelte Genauigkeit den Wert *KIND* = 2; bei LF90 entspricht dies genau den Typparameterwerten *KIND* = 4 (Normaltyp) und *KIND* = 8.

▨ *COMPLEX*-Variable

Eine *COMPLEX*-Variable wird über einen Fortran-Namen wiedergegeben, dem komplexe Zahlenwerte zugewiesen werden können. Solche Größen müssen stets vereinbart werden, zum Beispiel mit Hilfe der *COMPLEX*-Anweisung:

`COMPLEX[([KIND=]`*n*`)][::]`*Variablenname*`[,`*Variablenname*`[,...]]`

Die zulässigen *KIND*-Typparameterwerte orientieren sich an den für den Datentyp *REAL* gültigen. Selbstverständlich können auch hier Anfangswertvereinbarungen für *COMPLEX*-Variablen mit vorgenommen werden.

Denken Sie zum Beispiel an die allgemeine Lösung der quadratischen Gleichung

$$ax^2 + bx + c = 0 \qquad (a, b, c \in \mathbb{R})$$

(vergleiche Aufgabe 1.4 in Kapitel 1.6), die für $a \neq 0$ durch

$$x_{1,2} = \frac{-b \pm \sqrt{b^2 - 4ac}}{2a}$$

gegeben ist, so führt dies im Fall $b^2 - 4ac < 0$ auf komplexe Lösungen. Die spezielle Gleichung

$$2x^2 + x + \frac{5}{4} = 0$$

etwa hat demnach keine rein reellen Lösungen, sondern die beiden komplexen Ergebnisse:

$$x_{1,2} = -\frac{1}{4} \pm \frac{3}{4} i$$

Soll ein Fortran-Programm auch unter diesen Umständen zu Resultaten kommen, so eignet sich dafür die Rechnung mit komplexen Größen. Dies wird in den Kapiteln 4.2 und 6.1 noch einmal aufgegriffen.

3.5 Der Datentyp *LOGICAL*

LOGICAL-Konstante
Als *LOGICAL*-Konstante gibt es nur die beiden Wahrheitswerte «wahr» und «falsch», die in Fortran als *.TRUE.* und *.FALSE.* dargestellt werden. (Die Einschließung durch die Punkte ist unverzichtbar.)

LOGICAL-Variable
Eine *LOGICAL*-Variable ist über eine mit einem Fortran-Namen bezeichnete Größe gegeben, die logische Wahrheitswerte annehmen

kann. Will man eine solche Größe in einem Programm verwenden, so muß man das im Vereinbarungsteil festlegen, etwa über die *LOGICAL*-Anweisung

```
LOGICAL [::] Variablenname [, Variablenname [, ...]]
```

Diese Anweisung kann auch wieder Wertinitialisierungen enthalten.

Beispiele:

```
LOGICAL :: x1, x2 = .TRUE.
LOGICAL :: ok = .FALSE.
LOGICAL :: ja, nein
```

■ **Datumsprüfung von Monat und Jahr**
Mit logischen Größen läßt sich dann vorteilhaft arbeiten, wenn nur zwei Möglichkeiten in Betracht kommen. Ist beispielsweise über die *INTEGER*-Variablen *Monat* und *Jahr* ein Monat vorgegeben, der in diesem Jahrhundert liegen soll und auf Korrektheit zu überprüfen ist, so kann diese Angabe ja nur richtig oder falsch sein. Eine einwandfreie Angabe erfüllt

$1 \leq Monat \leq 12$

und

$1900 \leq Jahr < 2000,$

was in Fortran in Form der vier Bedingungen

$1 \leq Monat$	und	$Monat \leq 12$
$1900 \leq Jahr$	und	$Jahr < 2000$

umgesetzt werden kann. Wie in Kapitel 4.3 genau beschrieben wird, leistet *.AND.* (in Punkten eingeschlossen) die logische UND-Verknüpfung, so daß das folgende Programm die oben beschriebene Korrektheitsprüfung eines eingegebenen Monats mit Jahresangabe durchführt:

```
PROGRAM Datum
INTEGER :: Monat, Jahr
LOGICAL :: ok_Monat, ok_Jahr
READ(*,*) Monat, Jahr
ok_Monat = (   1 <= Monat) .AND. (Monat <=  12)  ! Monat
                                                 ! korrekt?
ok_Jahr  = (1900 <= Jahr ) .AND. (Jahr  < 2000)  ! Jahr
                                                 ! korrekt?
IF(ok_Monat .AND. ok_Jahr) THEN
    WRITE(*, 900)
ELSE
    WRITE(*, 910)
END IF
STOP
900 FORMAT(1X, 'Monats- und Jahresangabe sind korrekt.')
910 FORMAT(1X, 'Monats- oder Jahresangabe ist nicht', &
               ' korrekt.')
END PROGRAM Datum
```

Sowohl *1 <= Monat* als auch *Monat <= 12* können im Ergebnis nur wahr oder falsch sein, und *ok_Monat* erhält nur dann den Wert *.TRUE.*, wenn beide Ungleichungen erfüllt sind, andernfalls *.FALSE.*. Gleiches gilt für die logische Variable *ok_Jahr*, und auf die erste *WRITE*-Anweisung gelangt man aufgrund der UND-Verknüpfung nur, wenn beide logischen Variablen gleichzeitig wahr sind.

3.6 Zum Datentyp *CHARACTER*

■ *CHARACTER*-Konstante

Mit dem Begriff *CHARACTER* meint man üblicherweise die Menge aller zulässigen Zeichen (wie Buchstaben, Ziffern und Sonderzeichen) oder genau ein Zeichen aus dieser Menge. Als *CHARACTER*-Konstante versteht Fortran darunter eine Zeichenreihe oder Zeichenkette, die aus mindestens einem Zeichen besteht und in Apostrophe oder Anführungszeichen eingeschlossen ist. Die Anzahl dieser Zeichen wird als Länge der *CHARACTER*-Konstante bezeichnet.

Beispiele:

' Rechteck '	Länge 10 (Leerzeichen am Anfang und Ende zählen mit!)
'Flaeche'	Länge 7
'Katzen von Markus'	Länge 17
'Markus'' Katzen'	Länge 14 (entspricht dem Text: Markus' Katzen)

Damit ein in der Zeichenkette vorkommendes Apostroph nicht als Endezeichen der Zeichenreihe ausgelegt wird, muß es doppelt angegeben werden; es wird bei der Länge aber nur als ein Zeichen berücksichtigt.

Nützlich sind solche Größen zum Beispiel zur Kommentierung von Ausgaben wie in der Anweisung

```
WRITE(*,*) ' Flaeche des Kreises = ', flaeche
```

CHARACTER-Variablen, also mit Fortran-Namen bezeichnete Größen, die Zeichenketten aufnehmen können, sowie deren Verarbeitungsmöglichkeiten werden in Kapitel 9 ausführlich behandelt.

3.7 Typdeklarationen

Ein Datentyp ist deklariert, wenn sein Typ und gegebenenfalls zusätzliche Eigenschaften festgelegt sind.

Man unterscheidet drei Deklarationsarten in folgender Hierarchieordnung:

1. Explizite Deklaration:	Durch eine Typdeklaration wird einem Fortran-Namen ein Datentyp zugeordnet.
2. Implizite Deklaration:	Durch eine *IMPLICIT*-Anweisung wird ein Datentyp für alle Größen, deren Namen mit bestimmten Anfangsbuchstaben beginnen, vereinbart.

3. Standardtypzuordnung: Standardmäßig sind verwendete Größen, deren Namen mit den Buchstaben *I, J, K, L, M* und *N* beginnen, vom Datentyp *INTEGER*, und alle übrigen Größen sind vom Datentyp *REAL*, wenn sie nicht unter eine explizite oder implizite Deklaration fallen.

▦ Explizite Deklarationen

Explizite Deklarationen erfolgen über Typvereinbarungsanweisungen der allgemeinen Form

Datentyp[,Attribut[,Attribut]...]]::Datengröße[=Anfangswert][,...]

Die **Typspezifikation** *Datentyp* steht für einen der folgenden Datentypen:

```
INTEGER [(Typparameter)]
REAL [(Typparameter)]          und  DOUBLE PRECISION
COMPLEX [(Typparameter)]
LOGICAL [(Typparameter)]
CHARACTER [(Typparameter)]
```

Fortran läßt noch die hier nicht weiter behandelten selbstdefinierten Datentypen über

```
TYPE(Typname)
```

zu. Der *Typparameter* (bei *DOUBLE PRECISION* unzulässig) ist eine spezifizierte **Genauigkeitsvariante** der Form

```
[KIND =] kind
```

Über *kind* wird eine nichtnegative Zahl wiedergegeben, die eine interne Darstellung der Werte der Datengrößen auswählt. Dadurch werden der Wertebereich und die Genauigkeit der Datengröße bestimmt. Die zulässigen Werte für *kind* sind systemabhängig. Ist kein Typparameter verfügt, so wird eine vom System festgelegte Voreinstellung («default kind») verwendet.

Obwohl eigentlich nicht zu erwarten, läßt Fortran 90 auch bei logischen Größen verschiedene interne Darstellungen für die beiden denkbaren Werte zu. So ermöglicht FTN90 eine Abspeicherung in einem Byte (*KIND* = *1*) oder einem Speicherwort (*KIND* = *2* und default KIND); bei LF90 entspricht dies den Werten *KIND* = *1* und *KIND* = *4* (default kind).

Attribut spezifiziert **Attribute** der Datengröße, also weitere charakteristische Eigenschaften, welche auch in Attributsdeklarationsanweisungen vereinbart sein können.

Anfangswert definiert den Wert, mit dem die Variable beim (ersten) Aufruf der Programmeinheit initialisiert werden soll.

Beispiele für explizite Typdeklaration:

```
INTEGER :: Stunde, Minute, Sekunde, i, k, n = 0
REAL    :: Zeit, g, F, Kraft, Hoehe, Durchmesser
LOGICAL :: Antwort, IstDatei, IstVerzeichnis, L1 = .TRUE. &
           ,L2, L3
```

Attribute spielen vorwiegend im Zusammenhang mit Feldern und Programmeinheiten (und Zeigern) eine Rolle und werden dabei im einzelnen beschrieben.

▨ Implizite Deklarationen

Implizite Deklarationen haben die allgemeine Gestalt

```
IMPLICIT NONE
```

oder

```
IMPLICIT Typ(Buchstabe[,Buchst.]...)[,Typ(Buchst.[,Buchst.]...)]...
```

Dabei ist *Typ* jeweils eine Typspezifikation (wie bei einer Typdeklarationsanweisung), und *Buchstabe* ist entweder ein einzelner Buchstabe oder ein Buchstabenbereich.

Beispiele mit impliziten Deklarationen:

```
IMPLICIT REAL (a); IMPLICIT REAL (n - o)
IMPLICIT INTEGER (p - r, x - z)
IMPLICIT REAL (KIND = 2) (c, h - k, e)
```

Explizite Typdeklarationen legen Ausnahmen zu impliziten Deklarationen fest. So bewirken die beiden Anweisungen

```
IMPLICIT REAL (k)
COMPLEX Kurve
```

daß verwendete Variablen, deren Namen mit einem *k* oder *K* beginnen, vom Normaltyp *REAL* sind bis auf die Größe *Kurve*, die eine Normaltyp-*COMPLEX*-Variable darstellt.

Die Anweisung *IMPLICIT NONE* bedeutet, daß die Typen der Datengrößen nicht von ihren Anfangsbuchstaben abhängig sind. Das heißt, die Standardkonvention wird außer Kraft gesetzt, und es dürfen keine weiteren *IMPLICIT*-Anweisungen verwendet werden. Alle Datengrößen müssen dann explizit vereinbart werden. Daß man sich Gedanken über die Verwendung jeder Variablen macht, ist als allgemeines Prinzip des Software-Engineering, also beim ingenieurmäßigen Vorgehen in der Software-Entwicklung, anerkannt. Wir werden deshalb durchweg die *IMPLICIT-NONE*-Anweisung einsetzen.

3.8 Systemabhängige Rechengenauigkeiten

Wenn in einem Programm Variablen bestimmten Datentyps und festgelegter Genauigkeitsvarianten benutzt werden, so ist darauf zu achten, daß der zulässige Wertebereich alle möglichen auch als Zwischenergebnisse auftretenden Größen umfaßt.

Dies verlangt zumindest eine Überprüfung der über ein Programm ermittelten Ergebnisse auf Plausibilität. Hinzu kommt, daß ein Rechner arithmetische Operationen bis auf Ausnahmesituationen nur mit *INTEGER*-Größen, wenn sie im vereinbarten Wertebereich verbleiben, exakt durchführen kann. Somit sind Resultate im *REAL*-Bereich durchweg mit Rundungsfehlern behaftet, und die Beurteilung von deren Brauchbarkeit ist um so wichtiger. Dieses «Dilemma» hat man gut an den Versionen des Weizenkörner-Schachbretts in den Abschnitten 3.2 und 3.3 einsehen können. Somit ist die Wahl einer geeigneten Genauigkeit, die systemabhängig ist und deshalb bei unterschiedlichen Fortran-Systemen auch noch verschieden sein kann, stets notwendig und zu begründen.

■ Fortran-90-Genauigkeitsabfragen

Um die Systemabhängigkeit transparent zu machen, stellt Fortran 90 eine Reihe von Standardfunktionen zur Verfügung, von denen im folgenden die bedeutendsten alphabetisch angeführt werden. Argumente dürfen Größen (Konstanten oder Variablen oder arithmetische Ausdrücke) bestimmter Datentypen mit ihren Genauigkeitsvarianten sein, die wir der Übersicht halber mit

I für *INTEGER*
R für *REAL* (inklusive *DOUBLE PRECISION*)
C für *COMPLEX*

abkürzen; so bedeutet *IR* als Argument, daß diese Größe vom Typ *INTEGER* oder *REAL* mit einer zulässigen Genauigkeitsvariante sein darf.

Fortran-90-Standardfunktion	Bedeutung
BIT_SIZE(**I**)	liefert die verwendete Bitzahl, mit der wie **I** vereinbarte Größen intern dargestellt werden
DIGITS(**IR**)	liefert die Anzahl der signifikanten Ziffern zur über *RADIX*(**IR**) ermittelten Basis (fast immer 2) im **IR** enthaltenden Zahlenmodell
EPSILON(**R**)	liefert die kleinste positive Rechnerzahl mit Exponent 0, die im **R** enthaltenden Zahlenmodell noch darstellbar ist (Maschinengenauigkeit!)
HUGE(**IR**)	liefert die größte darstellbare Zahl im **IR** enthaltenden Zahlenmodell
KIND(**IRC**)	liefert den ganzzahligen Typparameterwert vom **IRC** enthaltenden Zahlenmodell
PRECISION(**RC**)	liefert die dezimale Genauigkeit des **RC** enthaltenden Zahlenmodells
RANGE(**IRC**)	liefert den dezimalen Exponentenbereich des **IRC** enthaltenden Zahlenmodells
TINY(**R**)	liefert die kleinste positive darstellbare Zahl im **R** enthaltenden Zahlenmodell

FTN90, wozu bei den entsprechenden Datentypen schon Angaben gemacht wurden, liefert beispielsweise

für	BIT_SIZE(1_2)	den Wert	16
für	EPSILON(1.0_1)	den Wert	1.1920929 E-07
für	EPSILON(1.0_2)	den Wert	2.2204460492503131 E-16
für	HUGE(1)	den Wert	2147483647
für	HUGE(1.0)	den Wert	3.4028235 E+38
für	KIND(1)	den Wert	3
für	KIND(1.0)	den Wert	1
für	PRECISION(1.0_1)	den Wert	6
für	PRECISION(1.0_2)	den Wert	15
für	RANGE(0)	den Wert	9
für	RANGE((0.,0.))	den Wert	37
für	TINY(0.)	den Wert	1.1754944 E-38

Die Werte bei LF90 sind – nach Anpassung der entsprechenden *KIND*-Werte in den Argumenten – praktisch genauso.

Zwei weitere Standardfunktionen können zur Ermittlung geeigneter Typparameterwerte genutzt werden:

Fortran-90-Standardfunktion	Bedeutung
SELECTED_INT_KIND(*n*)	liefert den nichtnegativen Typparameterwert für ein *INTEGER*-Zahlenmodell mit dem minimalen Wertebereich zwischen -10^n und 10^n; gibt es so ein Zahlenmodell nicht, so wird –1 als Wert wiedergegeben
SELECTED_REAL_KIND(*m,e*)	liefert den nichtnegativen Typparameterwert für ein *REAL*-Zahlenmodell mit einer Genauigkeit von mindestens *m* dezimalen Mantissenstellen und Exponentenbereich *e*; der Wert ist negativ, falls das System das nicht leisten kann

Die zweite Funktion kann mit entsprechender Bedeutung auch in den verkürzten Formen

```
SELECTED_REAL_KIND(m)
SELECTED_REAL_KIND(, e)
```

eingesetzt werden. So liefert

```
SELECTED_INT_KIND(4)
```

einen Typparameterwert für ein ganzzahliges Zahlenmodell, das auf jeden Fall Werte von −9999 bis +9999 enthält (bei unseren Fortran-90-Systemen: Wert 2), und

```
SELECTED_REAL_KIND(12,30)
```

einen Wert als Typparameter für ein reelles Zahlenmodell mit Werten, die den Bereich

$$\pm(0.100\,000\,000\,000 \cdot 10^{-30} \text{ bis } 0.999\,999\,999\,999 \cdot 10^{30})$$

umfassen (bei FTN90: Wert 2, bei LF90: Wert 8).
Gewisse Funktionen lassen sich auch in Vereinbarungsanweisungen einsetzen.

Beispiele:

```
REAL (KIND = KIND(0.0D0)) :: a, b   ! doppelt genau
INTEGER (KIND(0))         :: n, p   ! INTEGER-Normaltyp
LOGICAL (KIND(.FALSE.))   :: yes    ! logischer Normaltyp
REAL (KIND(1.0))          :: icks   ! REAL-Normaltyp (ein-
                                    ! fach genau)
```

3.9 Aufgaben

Aufgabe 3.1
Überprüfen Sie die folgenden Konstanten auf Korrektheit, und geben Sie in diesem Fall jeweils den entsprechenden Datentyp an:

```
-20E+2      .0E-1        0D4
.1          TRUE         +10E1
(1., -3)    -17 000 000  0D-44
```

Aufgabe 3.2
Stellen die folgenden Zahlenpaare jeweils dieselbe Fortran-90-Zahl dar?

$$
\begin{array}{rcl}
200 & \text{und} & 2E2 \\
-17000. & \text{und} & -170E+02 \\
176 & \text{und} & +176 \\
1995.0 & \text{und} & 0.001\,995E6 \\
1E-3 & \text{und} & 1.0E-3 \\
(3, -2) & \text{und} & (3.0, -2.) \\
19.1 & \text{und} & 191D-1
\end{array}
$$

0.1_1   und   0.1_2   bzw.   0.1_4   und   0.1_8

Aufgabe 3.3
Welche der folgenden numerischen Konstanten sind bezüglich FTN90 zulässig?

```
200_1                    3.14159265358979_1
-1128_0                  2.718281828459_0
4711_4                   (3.7_2, -1)
(1.5_3, -1._3)           1E-1_2
```

Aufgabe 3.4
Stellen Sie fest, welche der folgenden Typdeklarationen bezüglich der beschriebenen Fortran-90-Systeme falsch sind, und begründen Sie Ihre Einschätzungen:

```
INTEGER(2) : icks, üpsilon
COMPLEX a, b, c
REAL (KIND = 0.0D0) :: eins, zwei, drei = 1.0
INTEGER (KIND = 17000000) :: Zahl = 17000000, weiter
DOUBLE :: hilf_1, hilf_2
REAL (KIND(1D0) :: Rhein = 2, Oder = 4E-120
```

Aufgabe 3.5

Geben Sie zu den folgenden Anforderungen jeweils eine zulässige Vereinbarungsanweisung an:

a) komplexe Variable c mit Typparameter $KIND = 1$ (FTN90) beziehungsweise $KIND = 4$ (LF90) und dem Anfangswert $1 - 2.5i$

b) reelle Größen x, y, z vom Normaltyp mit den Anfangswerten $x = -\frac{3}{2}$ und $z = x + 2$

c) ganzzahlige Variablen k, m vom Normaltyp mit dem Anfangswert $k = -10^2$

d) logische Größe *alles_klar*, die bei ihrer ersten Verwendung wahr sein soll

Aufgabe 3.6

Beurteilen Sie, ob die folgenden Aussagen wahr oder falsch sind:

a) Eine Rechnung kann – bis auf Ausnahmen – im Rechner nur im *INTEGER*-Bereich exakt durchgeführt werden.

b) Die Zahlenwerte von 0.1 in einfacher und 0.1 in doppelter *REAL*-Genauigkeit sind identisch.

c) Es kann stets überprüft werden, mit welcher numerischen Genauigkeit irgendein Fortran-90-System arbeitet.

d) Es kann stets überprüft werden, ob irgendein Fortran-90-System eine geforderte numerische Genauigkeit leisten kann.

e) Die Normaltypen für *INTEGER*- und *REAL*-Variablen besitzen in allen Fortran-90-Systemen dieselbe Genauigkeit.

4 Ausdrücke und Wertzuweisungen

Mit den im letzten Kapitel angesprochenen Datentypen lassen sich grundsätzlich alle Probleme, die über ein Programm zu einer Lösung geführt werden können, angehen. Beim Umgang mit Konstanten und Variablen gerade unterschiedlichen Datentyps sind allerdings Auswirkungen zu beachten, die in Fortran generell festgelegt sind und im folgenden behandelt werden.

4.1 Arithmetische Ausdrücke

Ein arithmetischer Ausdruck besteht aus numerischen Operanden, dafür zulässigen Operatoren und möglichen Klammerungen.

■ Operand und Operator

Als Operanden sind Skalare oder Felder (siehe Kapitel 7), auf die eine numerische Operation angewendet werden soll, zugelassen.

Man unterscheidet hierbei Konstanten (wie *2.123*), Variablen (wie *Summe*), Funktionsausdrücke (wie *SIN(x)*) und Unterausdrücke (wie *(a+b)*).

Operatoren definieren die auf die Operanden auszuführende Funktion. Man kann zwischen ein- und zweiwertigen Operatoren, die eben einen oder zwei Werte für ihre Berechnung benötigen, differenzieren.

Vordefinierte numerische Operatoren unter Fortran 90 sind:

Operator	Beispiel	Bedeutung	Rang (Hierarchie der Verarbeitung)
**	a**b	Exponentiation	3
*	a * b	Multiplikation	4
/	a / b	Division	4
+	+a	Vorzeichen	5
+	a + b	Addition	5
−	−a	Vorzeichen	5
−	a − b	Subtraktion	5

Wie mathematisch üblich, hat die Exponentiation ** Vorrang vor Multiplikation * und Division /, und diese beiden Operationen werden + und − bevorzugt. (Zur Rangfolgenangabe siehe auch Kapitel 11.4.)

Beispiele:

mathematischer Ausdruck	Ausdruck in Fortran
-2^3	−2**3 dies entspricht −(2**3) und **nicht** (−2)**3!
$2.5 \cdot 10^3 + 4 \cdot (k+1)$	2.5 E3 + 4 * (k+1)
$\left(\dfrac{3}{k+1} + 4.7\right)^2$	(3. / (k+1) + 4.7)**2
$^3/_4\, k$	3. / 4. * k dies entspricht **nicht** 3. / (4.*k)!

▦ Arithmetischer Ausdruck

Ein arithmetischer Ausdruck hat als Datentyp für seine Operanden und als Ergebnis die Fortran-90-Standarddatentypen *INTEGER*, *REAL* (inklusive *DOUBLE PRECISION*) und *COMPLEX*. Je nach beteiligten Datentypen an einer Operation findet eine Typumwandlung statt.

Wird eine Operation auf zwei unterschiedliche numerische Datentypen angewendet, so wird als erstes der niederwertige in den höherwertigen umgewandelt (Typumwandlung) und die Funktion danach ausgeführt. Es gilt:

Standarddatentyp	Rangfolge
COMPLEX	hoch
REAL (inklusive DOUBLE PRECISION)	mittel
INTEGER	gering

Haben die beteiligten Operanden (nach einer möglichen Datentypumwandlung) unterschiedliche Typparameterwerte, so erfolgt eine (weitere) Umwandlung nach folgendem Muster:

Datentypen	Umwandlung	Ergebnistyp
zwei INTEGER-Werte mit unterschiedlichen Zahlenbereichen	Umwandlung zu gleichwertigen Größen im größeren Zahlenbereich	Wert im größeren Zahlenbereich
zwei REAL- oder zwei COMPLEX-Werte mit unterschiedlichen Genauigkeiten	Umwandlung zu gleichwertigen Größen mit der höheren Genauigkeitsvariante	genauerer Datentyp

Beispiele:
1) Operationen mit Operanden gleichen Datentyps und gleicher Genauigkeitsvariante (mit «Default-kind»-Parameterwert):

Operation	Ergebnis	Erläuterung
2.7 * 1.E-3	0.0027	Operanden und Ergebnis vom REAL-Normaltyp
4 * 3	12	Operanden und Ergebnis vom INTEGER-Normaltyp
1. / 2.	0.5	Operanden und Ergebnis vom REAL-Normaltyp
1 / 2	0	Operanden und Ergebnis vom INTEGER-Normaltyp
5 / 2	2	Operanden und Ergebnis vom INTEGER-Normaltyp
– 4 / 3	–1	Operanden und Ergebnis vom INTEGER-Normaltyp
5 / 0	nicht definiert	Operanden vom INTEGER-Normaltyp
0 / 0	nicht definiert	Operanden vom INTEGER-Normaltyp

Besondere Vorsicht ist bei der sogenannten **INTEGER-Division**, also der Division zweier *INTEGER*-Zahlen geboten: Das Ergebnis ist vom gleichen Datentyp; deshalb hat in Fortran der Ausdruck *1/2* den Wert 0 (ganzzahliger Anteil von 0.5), der Ausdruck *5/2* den Wert 2 (ganzzahliger Anteil von 2.5) und der Ausdruck *−4/3* den Wert −1 (ganzzahliger Anteil von −1.3333...).

2) Operationen mit Operanden gleichen Datentyps und unterschiedlicher Genauigkeitsvariante (mit *KIND*-Parameterwerten von FTN90):

Operation	Ergebnis	Erläuterung
2._1 * 100._2	200._2	einfach und doppelt genauer Operand vom Typ *REAL* führt zu doppelt genauem Ergebnis
12_1 * 3	36	*INTEGER*-Operanden vom Typ *KIND = 1* und Normaltyp (*KIND = 3*) ergeben ein Resultat vom Normaltyp
17 000_2 * 2_1	«Fehler» (−31 536)	*INTEGER*-Operanden vom Typ *KIND = 1* und *KIND = 2* führen auf ein Ergebnis vom Datentyp *INTEGER*, *KIND = 2*; allerdings ist 34 000 damit nicht darstellbar
20 000_2 + 20 000_2	«Fehler» (−25 536)	*INTEGER*-Operanden vom Typ *KIND = 2* lassen nur ein Resultat vom Datentyp *INTEGER*, *KIND = 2* zu; damit ist 40 000 nicht darstellbar

Besondere Vorsicht ist in den letzten beiden Fällen geboten: Wenn nicht Konstanten, sondern Variablen mit diesen Werten verknüpft werden, liefert der Rechner das in Klammern angegebene Ergebnis (die Zahlenbereichsüberschreitung wirkt sich auf das Vorzeichenbit aus). Diese Inkorrektheit kann das System aber nicht erkennen; es würde mit solchen Werten weiterarbeiten!

Ein umfassender Ausdruck wird nach folgenden Regeln ausgewertet:
– Geklammerte Ausdrücke werden zuerst, verschachtelte Klammerstrukturen von innen nach außen abgearbeitet.
– Abhängig vom Rang des Operators (höherrangige zuerst) werden die

Operanden diesen zugeordnet. Treten mehrere gleichrangige Operatoren nebeneinander auf, so werden sie von links nach rechts umgesetzt.

Ausnahme: Bei der Exponentiation wird das Ergebnis (mathematisch korrekt) von rechts nach links ermittelt. Beispielsweise bedeutet 2^{3^2} als mathematischer Ausdruck $2^{(3^2)}$, was dem Wert 2^9, also 512 entspricht; eine Auslegung als $(2^3)^2 = 8^2 = 64$ wäre mathematisch falsch! Der Fortran-Ausdruck *2**3**2* muß folgerichtig ausnahmsweise als *2**(3**2)*, also in der Auswertung von rechts nach links interpretiert werden.

Beispiel:

Der folgende arithmetische Ausdruck bedingt in der angegebenen Reihenfolge sieben numerische Operationen:

```
3 * 2. + 3.5**2 * 1.5 - 4 * (6 + 3.5)
\____/   \____/             \_____/
  1.       2.                  5.
        _____/   _____/
            3.            6.
_____/
         4.
_____/
                 7.
```

Im ersten Schritt erhält man das Zwischenergebnis 6.0, das im vierten Schritt zum im zweiten und dritten Schritt ermittelten weiteren Zwischenergebnis 18.375 hinzuaddiert wird. Das Ergebnis 9.5 der Klammer wird dann mit 4 multipliziert und dieser Wert 38.0 im letzten Schritt vom Zwischenergebnis des vierten Schrittes abgezogen. Der arithmetische Ausdruck liefert somit den Wert −13.625.

Dazu waren in den Schritten 1, 5 und 6 Datentypumwandlungen erforderlich.

Es dürfen weder zwei Operanden noch zwei Operatoren unmittelbar nebeneinanderstehen:

unzulässig	richtig
3 * –1	3 * (–1)
4 / –3	4. / (–3.)
5.**–2	5.**(–2)
5k	5 * k

Beispiel:
Der mathematische Ausdruck

$$d \cdot \left(\sqrt[3]{15} - \frac{\rho}{1-\rho} \left[\frac{1}{r^2} + \frac{2}{3}(r+1) \right]^3 \right)$$

entspricht dem Fortran-Ausdruck

```
d*(15.0**(1.0/3.0)-rho/(1.0- rho)* &
   (1.0/r**2+2.0/3.0*(r+1))**3)
```

Am schnellsten bei der Auswertung von arithmetischen Ausdrücken werden

Addition + und Subtraktion – ,
dann Multiplikation * ,
dann Division / und
dann Exponentiation * *

abgearbeitet.

Beispiel
Das Polynom $\frac{1}{2} x^3 + \frac{1}{4} x^2 - x$ entspricht dem Fortran-Ausdruck

```
x**3 / 2.0 + x**2 / 4.0 - x,
```

der zur Vermeidung von Divisionen auch als

```
0.5 * x**3 + 0.25 * x**2 - x
```

geschrieben werden kann. Gemäß dem Horner-Schema läßt sich auch die aufwendige Exponentiation umgehen, da dieser Ausdruck zu

```
((0.5 * x + 0.25) * x - 1.0) * x
```

gleichwertig ist.

Für ein allgemeines Polynom 3. Grades heißt das

$$P_3(x) = a_3x^3 + a_2x^2 + a_1x + a_0$$
$$= ((a_3x + a_2) * x + a_1) * x + a_0$$

▨ Typumwandlungsfunktionen

Mit Ausnahme der Exponentiation, bei der

```
REAL ** INTEGER              (ergibt REAL)
COMPLEX ** INTEGER           (ergibt COMPLEX)
```

ohne Typumwandlung sinnvoll ist, sollte man bei der Programmierung arithmetischer Ausdrücke bestrebt sein, notwendige Datentyp- und Typparameterwertumwandlungen zu vermeiden, da sie einen erhöhten Aufwand bedeuten. Fortran stellt zur explizit vorzugebenden Typanpassung eine Reihe von Typumwandlungsfunktionen als Standardfunktionen zur Verfügung. So wandelt beispielsweise

```
INT(IRC [, kind])
```

den ganzzahligen, reellen oder komplexen Ausdruck **IRC** einer zulässigen Genauigkeitsvariante in den Datentyp *INTEGER* mit angegebener Genauigkeitsvariante (*KIND*-Parameter) oder, falls diese Angabe fehlt, in den Normaltyp *INTEGER* um.

Der optionale *KIND*-Parameter *kind* kann ein ganzzahliger Konstantenausdruck sein. Die Umwandlung erfolgt dabei durch Abrunden, das heißt, vorhandene Nachkommastellen werden abgeschnitten!

Im Gegensatz dazu rundet

```
NINT(IRC [, kind])
```

entsprechend auf die nächstliegende ganze Zahl (**N**earest **INT**EGER).

Beispiel:

Ausdruck	Wert
INT(2.99)	2
NINT(2.99)	3
NINT(−2.5)	−3
INT((−2.3, 5.8))	−2

Bei der Umwandlung einer komplexen Zahl wird ihr Imaginärteil ignoriert!

Eine weitere wichtige Typenumwandlungsfunktion ist

REAL(**IRC** [, *kind*]),

die eine entsprechende Umwandlung in den Datentyp *REAL* bewirkt.

Beispiel:

Ausdruck	Wert	Erläuterung
REAL(1 / 2)	0.0	zunächst wird der Ausdruck *1/2* berechnet, dessen Ergebnis vom Typ *INTEGER* den Wert 0 hat (!); anschließend erfolgt die Typumwandlung
1 / REAL(2)	0.5	
REAL(10, 2)	10.0	doppelt genau (entsprechend *KIND = 2*)
REAL(3.1 415 926 535D0)	3.1 415 926 535E0	einfach genau bzw. Normaltyp
REAL((-2.5,7.1))	-2.5	einfach genau
REAL((-2.5,7.1D0))	-2.5	doppelt genau (!)
REAL((-2.5,7.1D0),1)	-2.5	einfach genau (entsprechend *KIND = 1*)

Die *KIND*-Parameterwerte beziehen sich wieder auf FTN90.

Statt *REAL*(**IRC**, *2*) (FTN90) beziehungsweise *REAL*(**IRC**, *8*) (LF90) ist auch *DBLE*(**IRC**) zur Erzielung doppelter Genauigkeit möglich. Typumwandlungen in den Datentyp *COMPLEX* sind über

CMPLX(***IRC*** [, *kind*])

und

CMPLX(***IR$_1$***, ***IR$_2$*** [, *kind*])

möglich.

Beispiel:

Mit den bei FTN90 gemachten Vereinbarungen

```
INTEGER       :: i = -2
REAL          :: r1 = -8.0, r2 = 9.0
REAL (KIND=2) :: d = 7.5_2
```

gilt:

Ausdruck	Ergebnis	Erläuterung
CMPLX(r1)	(–8.0, 0.0)	einfach genau bzw. Normaltyp
CMPLX(r1, r2)	(–8.0, 9.0)	einfach genau
CMPLX(d,9.0,2)	(7.5, 9.0)	doppelt genau
CMPLX(d,i)	(7.5, -2.0)	einfach genau

Als eine weitere Standardumwandlungsfunktion liefert *AIMAG(C)* den Imaginärteil der komplexen Größe *C* in gleicher Genauigkeitsvariante; ihr Realteil in gleicher Genauigkeitsvariante wäre über *REAL(C, KIND(C))* verfügbar.

4.2 Arithmetische Wertzuweisungen

▪ Wertzuweisungsanweisung

In einer Zuweisungsanweisung wird einer Variablen ein Wert wie folgt zugewiesen:

Variablenname = arithmetischer_Ausdruck

Variablenname bezeichnet eine Variable beliebigen numerischen Datentyps, und *arithmetischer_Ausdruck* ist ein Ausdruck, der als Ergebnis einen numerischen Wert liefert. Bei der Wertzuweisung auf die Variable mit dem links vom Gleichheitszeichen stehenden Variablennamen erfolgt gegebenenfalls eine Datentyp- und Typparameterumwandlung, wie sie die im letzten Abschnitt beschriebenen Typumwandlungsfunktionen vollbringen.

Beispiele:

1. Im folgenden seien die Größen *k* und *m* vom Datentyp *INTEGER* und *p* und *q* vom Typ *REAL*.

```
k = 3 ;  m = 5
p = 2 + 3 * (k - m)         ! Ergebnis p = -4.0
q = REAL(4 / k) * REAL(m)**k  ! Ergebnis q = 125.0
k = k + 1                   ! Ergebnis k = 4
```

2. Unzulässig wäre:

```
K + 1 = K
```

da auf der linken Seite kein arithmetischer Ausdruck stehen darf. Das Gleichheitszeichen hat in Fortran also **nicht** die Bedeutung wie in der Mathematik (bei der man rechte und linke Seite ohne Sinnänderung stets vertauschen darf), sondern darf nur in eine Richtung von rechts nach links interpretiert werden!

3. Sind *a* und *b* vom Datentyp *REAL* mit den Werten *4.0* bzw. *20.0* und ist *x* vom Typ *INTEGER*, so ergibt sich für die folgende Anweisung:

```
x = 2  * b + 3.5**2 * 1.5 - 3 * (6  + a)
    \___/                       \___/
    2. * b                      6. + a
    _____/
                  28.375
```

Die ganzzahlige Variable *x* enthält infolgedessen nach dieser Anweisung den Wert 28.

In arithmetischen Ausdrücken und in Wertzuweisungen werden erforderliche Datentypumwandlungen und Typparameterumwandlungen vorgenommen. Man sollte zur Vermeidung unnötigen Aufwands und zur Verhinderung möglicher Wertebereichsüberschreitungen sinnvolle Genauigkeitsvarianten von vornherein auswählen und so programmieren, daß notwendige Typparameterumwandlungen so gering wie möglich gehalten werden.

▨ Funktionstabelle

Wie kann man beispielsweise mit dem bisher Behandelten zum Polynom $P(x) = \frac{1}{2}x^3 + \frac{1}{5}x^2 - x + \frac{7}{4}$ eine Wertetabelle $(x, P(x))$ für beliebig viele einzulesende x-Werte erstellen, ihre Anzahl feststellen und die entsprechende Nummer mit dem Wertepaar ausgeben?

Diese Anforderung erfüllt das folgende Struktogramm:

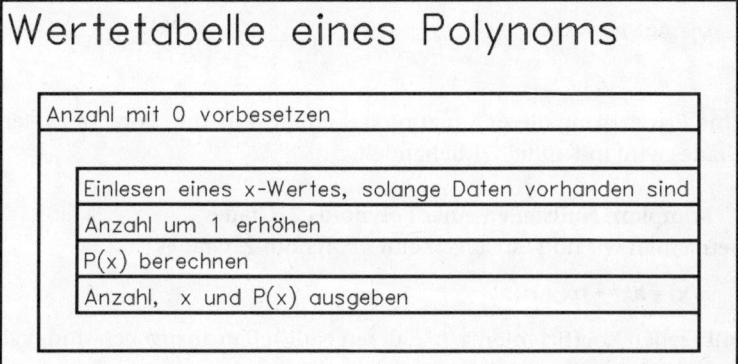

Bei der Wahl der Datentypen sind keine Besonderheiten zu beachten, so daß eine programmtechnische Umsetzung so lauten kann:

```
PROGRAM Kubisches_Polynom
IMPLICIT NONE
INTEGER :: Anzahl
REAL    :: x, p
Anzahl = 0
DO
    READ(*, *, END = 999) x
    Anzahl = Anzahl + 1
    p = ((0.5 * x + 0.2) * x - 1.) * x + 7. / 4.
    WRITE(*, *) Anzahl, '.ter Wert: P(', x, ') = ', p
```

```
END DO
999 STOP
END PROGRAM Kubisches_Polynom
```

Lassen Sie dieses Programm ablaufen, und überprüfen Sie Ihre Version etwa mit folgenden Werten

$$x = 0 \quad \Rightarrow \quad P(x) = \frac{7}{4} = 1.75 \qquad\qquad x = 1 \quad \Rightarrow \quad P(x) = \frac{29}{20} = 1.45$$

$$x = -1 \quad \Rightarrow \quad P(x) = \frac{49}{20} = 2.45 \qquad\qquad x = 10 \quad \Rightarrow \quad P(x) = \frac{2047}{4} = 511.75$$

Eine Erweiterung dieser Situation auf ein allgemeines Polynom n-ten Grades wird in Kapitel 7.1 behandelt.

▨ Komplexe Nullstellen eines Polynoms 2. Grades

Betrachten wir nun ein allgemeines Polynom 2. Grades

$$P(x) = ax^2 + bx + c$$

mit reellen Koeffizienten a, b, c, deren Nullstellen anzugeben sind (vgl. Aufgabe 1.4 in Kapitel 1.6). Für $a \neq 0$ und $b^2 - 4ac < 0$ sind diese Nullstellen komplex (siehe auch Kapitel 3.4) und durch

$$-\frac{b}{2a} \pm i \; \frac{\sqrt{4ac - b^2}}{2a}$$

mit der imaginären Einheit $i = \sqrt{-1}$ gegeben. Man könnte in diesem Fall so vorgehen:

- Berechne den Realteil $x_r = -\dfrac{b}{2a}$ als reelle Größe.

- Berechne den Imaginärteil $x_i = \dfrac{\sqrt{4ac - b^2}}{2a}$ als reelle Größe.

- Füge diese beiden reellen Werte gemäß

  ```
  CMPLX(x_r, x_i)
  CMPLX(x_r, -x_i)
  ```

zu den beiden Lösungen als komplexe Größe zusammen.

Ein anderer Weg wäre es, für $a \neq 0$ die Nullstellen gemäß der allgemeinen Formel

$$\frac{-b \pm \sqrt{b^2 - 4ac}}{2a}$$

berechnen zu lassen, wobei zu berücksichtigen ist, daß im Fall $b^2 - 4ac$ < 0 der Wurzelausdruck nur über eine Rechnung mit komplexen Größen ausgewertet werden kann. Fortran unterstützt dies mit seiner Quadratwurzel-Standardfunktion

    SQRT(*RC*)

(**Square root**), die zu einer Konstanten, Variablen oder einem arithmetischen Ausdruck *RC* von Datentyp *REAL* oder *COMPLEX* mit einer zulässigen Genauigkeitsvariante die bekannte Wurzel berechnet; das Ergebnis ist vom gleichen Typ und *KIND*-Wert wie das Argument. Folglich führen, wenn a, b und c Variablen vom Datentyp *REAL* sind, denen Werte mit $a \neq 0$ zugewiesen wurden, die Anweisungen

```
z1 = (-b + SQRT(CMPLX(b * b - 4. * a * c))) / (2. * a)
z2 = (-b - SQRT(CMPLX(b * b - 4. * a * c))) / (2. * a)
```

auf die allgemeinen komplexen Nullstellen ($z1$ und $z2$ sind vom Datentyp *COMPLEX*) des entsprechenden Polynoms 2. Grades. Bei rein reellen Nullstellen wird der Imaginärteil der Größen $z1$ und $z2$ Null sein. Vervollständigen Sie diesen Weg zu einem lauffähigen Programm, und testen Sie es zum Beispiel mit $a = 2$, $b = 1$ und $c = \frac{5}{4}$; in diesem Fall sind

$-\frac{1}{4} \pm \frac{3}{4}i$ die beiden komplexen Nullstellen.

4.3 Logische Ausdrücke und Wertzuweisungen

▪ Logischer Ausdruck

Ein logischer Ausdruck besteht aus «logischen Operanden» und gegebenenfalls «logischen Operatoren», verknüpft also «logische Werte» miteinander und liefert ein «logisches Ergebnis». Als logische Werte sind Vergleichsausdrücke, logische Konstanten und logische Variablen zulässig.

Ein Vergleichsausdruck kann numerische Datentypen (oder Zeichenreihen, siehe Kapitel 9) miteinander verbinden. Als Ergebnisdatentyp erhält man einen logischen Wahrheitswert, der angibt, ob der Vergleich wahr (.TRUE.) oder falsch (.FALSE.) ist.

■ Fortran-90-Vergleichsoperatoren

Operator	Beispiel	mathematische Bedeutung	Rang (in der Verarbeitungshierarchie)
== oder .EQ.	a == b oder a.EQ.b	gleich	7
>= oder .GE.	a >= b oder a.GE.b	größer oder gleich	7
> oder .GT.	a > b oder a.GT.b	größer als	7
<= oder .LE.	a <= b oder a.LE.b	kleiner oder gleich	7
< oder .LT.	a < b oder a.LT.b	kleiner als	7
/= oder .NE.	a /= b oder a.NE.b	ungleich	7

Der Rang in der Verarbeitungshierarchie bezieht sich auf die in Kapitel 11.4 zusammengestellte komplette Übersicht aller Fortran-90-Operationen.

Beispiele:

17 .LE. 13	Ergebnis: .FALSE.
17 <= 13	Ergebnis: .FALSE.
y - yEnd < eps / 2	Ergebnis hängt von den aktuellen Werten der Variablen y, yEnd und eps ab.

Sind bei einem numerischen Vergleichsausdruck Datentyp oder Typparameterwert der beiden Operanden, die durch einen Vergleichsoperator verbunden sind, verschieden, dann findet (genauso wie bei arithmetischen Ausdrücken) eine Typanpassung statt.

▓ Logischer Operator

Zur Verknüpfung logischer Größen gibt es noch die folgenden logischen Operatoren:

Operator	Beispiel	mathematische Bedeutung	Rang (in der Verarbeitungshierarchie)
.NOT.	.NOT. a	logische Negation ($\neg$ a)	8
.AND.	a .AND. b	Konjunktion (a $\wedge$ b)	9
.OR.	a .OR. b	Disjunktion (a $\vee$ b)	10
.EQV.	a .EQV. b	Äquivalenz (a $\Leftrightarrow$ b)	11
.NEQV.	a .NEQV. b	Antivalenz oder exklusives ODER (a<$\neq$>b, a XOR b)	11

Die angegebenen Rangfolgen beziehen sich wieder auf die allgemeine Fortran-Vorgabe (vergleiche Kapitel 11.4).

▓ Zuweisungsanweisung

Die Wertzuweisung zu einer logischen Variablen erfolgt über eine Anweisung der Form:

Variablenname = *logischer_Ausdruck*

Die rechte Seite liefert als *logischer_Ausdruck* einen der beiden möglichen Wahrheitswerte *.TRUE.* oder *.FALSE.*, und bei einer möglichen Verwendung unterschiedlicher Typparameterwerte (siehe Kapitel 3.7) wird bei der Zuweisung gleichzeitig der *KIND*-Wert mit angepaßt.

Beispiel:
Sind *l1*, *l2*, *l3* und *Antwort* vom Datentyp *LOGICAL* und hat man folgendes Programmsegment

```
l1 = i >= -l2 ;   l2 = i < 16 ;   l3 = i == 0
Antwort = (l1 .AND. l2) .OR. (.NOT. l3)
```

so hat in Abhängigkeit des Wertes von *i* die Größe *Antwort* folgenden Wahrheitswert:

Wert von *i*	Wert von *Antwort*
−6	.TRUE.
2	.TRUE.
0	.TRUE.
18	.TRUE.

▨ Datumsprüfung vom Tag

In Kapitel 3.6 ist die Überprüfung einer Monats- und Jahresangabe bezüglich

$$1 \leq Monat \leq 12$$
$$1900 \leq Jahr < 2000$$

behandelt worden. Wenn eine komplette Datumsangabe, die über die *INTEGER*-Variablen *Tag*, *Monat* und *Jahr* vorgegeben ist, in diesem Sinne geprüft werden soll, so muß man für die Tagesüberprüfung noch mehrere Fälle unterscheiden: Es gilt

$1 \leq Tag \leq 31$	für	$Monat \in \{1, 3, 5, 7, 8, 10, 12\}$
$1 \leq Tag \leq 30$	für	$Monat \in \{4, 6, 9, 11\}$
$1 \leq Tag \leq 28$	für	$Monat = 2$

mit der Ausnahme, daß für *Monat* = 2 im Schaltjahr auch *Tag* = 29 zugelassen ist. Schaltjahre kommen, 1904 beginnend, alle 4 Jahre vor.
Wenn über die logische Variable *ok_Tag* die Korrektheit der Tagesangabe wiedergegeben werden soll, so werden bis auf den Monat Februar über die folgenden Anweisungen die notwendigen Überprüfungen vorgenommen:

```
IF (Monat ==  1 .OR. Monat ==  3 .OR. Monat ==  5 .OR. &
    Monat ==  7 .OR. Monat ==  8 .OR. Monat == 10 .OR. &
    Monat == 12) THEN
    ok_Tag = 1 <= Tag .AND. Tag <= 31
END IF
IF (Monat ==  4 .OR. Monat ==  6 .OR. Monat ==  9 .OR. &
    Monat == 11) THEN
    ok_Tag = 1 <= Tag .AND. Tag <= 30
END IF
```

Aufgrund der Hierarchie der Operatoren können sowohl bei den *IF*-Anweisungen als auch bei den Zuweisungen zur logischen Größe *ok_Tag* Klammerungen entfallen.

Es verbleibt die Tagesprüfung im Monat Februar, wobei ein Schaltjahr als Ausnahme festgestellt werden muß. Charakteristisch dafür ist, daß die Jahresangabe größer als 1900 und durch 4 teilbar ist. Die Teilbarkeitsprüfung kann mit der Fortran-Standardfunktion

$$\text{MOD}(I\!R_1, I\!R_2)$$

durchgeführt werden, die zu zwei Konstanten, Variablen oder arithmetischen Ausdrücken $I\!R_1$ und $I\!R_2$ von gleichem Datentyp *INTEGER* oder *REAL* mit gleicher Genauigkeitsvariante den Rest der Division von $I\!R_1$ durch $I\!R_2$ angibt. Das Ergebnis ist vom gleichen Typ wie die beiden Eingabegrößen.

Auf die betrachtete Situation übertragen heißt das:

```
IF (Monat == 2) THEN
    ok_Tag = 1 <= Tag .AND. Tag <= 28
END IF
IF (Jahr > 1900 .AND. MOD(Jahr, 4) == 0 .AND. &
    Monat == 2 .AND. Tag == 29) THEN
    ok_Tag = .TRUE.
END IF
```

Die Anweisungen in dieser Reihenfolge führen dazu, daß ein 29. Februar im Schaltjahr nachträglich die logische Variable *ok_Tag* korrigiert.

Erweitern Sie mit diesen Zusätzen das in Kapitel 3.6 angegebene Programm *Datum* zu einem Programm, das eine komplette Datumsangabe aus diesem Jahrhundert wie beschrieben überprüft, und testen Sie es beispielsweise mit folgenden Daten:

Tag	Monat	Jahr	
1	1	1900	zulässig
31	12	1999	zulässig
31	11	1994	unzulässig
29	2	1990	unzulässig
29	2	1994	unzulässig
29	2	1996	zulässig
8	9	1850	unzulässig
2	3	2040	unzulässig

Beachten Sie, daß *ok_Tag* mit *.FALSE.* vorbesetzt sein muß, denn wenn *Monat* nicht im zulässigen Bereich liegt, wird keine Wertzuweisung für *ok_Tag* angesprochen.

4.4 Aufgaben

Aufgabe 4.1
Unter welchen Bedingungen an die vorkommenden Variablen sind welche der folgenden Ausdrücke arithmetisch, welche logisch und welche keines von beiden?

```
2 <= i**3 - (x + 2) / 6.0
i = 2
x1**2 + x2**2 - SQRT(x1 * x2)
-1.7 <= x < 1.6
(ok .OR. .FALSE.) .AND. (.TRUE. .OR. ok)
```

Aufgabe 4.2
Formulieren Sie die folgenden Ausdrücke als Fortran-Anweisungen:

$$y = \frac{c + 2}{x + \dfrac{b}{3x + d}} + \frac{a^{k+1}}{\pi \cdot x}$$

$$y = \sqrt{\left|\frac{ab}{a + b}\right|}$$

$$z = \frac{1}{\sqrt[3]{t}} \cdot e^{-\frac{x^{2k}}{4at}}$$

$$\alpha = \sin\left(\sqrt{2|x|}\right) \cdot 10^{-2}$$

Verwenden Sie dazu die Fortran-Standardfunktionen

SQRT(*RC*)	für die Quadratwurzel,
ABS(*IRC*)	für den Absolutbetrag,
EXP(*RC*)	für die Exponentialfunktion,
SIN(*RC*)	für den Sinus im Bogenmaß.

Aufgabe 4.3

Wie werden mit den Vereinbarungen

```
REAL(2)    :: a = 1.0_2  ,  b = 2.2D0
REAL(1)    :: c = 33.123 ,  d = -18.2  ,  z
INTEGER(1) :: i = 126_1  ,  j = 120
INTEGER(3) :: k = 1001   ,  m = 6565_3 ,  p
```

bei FTN90 die beiden Anweisungen

```
z = (a - d) / 1.05_1 - b * c / (a - 87D0)
p = (i - j) * 12345_2 + (k + 123_1) / m
```

abgearbeitet (Umwandlungs- und Rechenschritte), und welche Werte enthalten danach die Variablen *z* und *p*?

Aufgabe 4.4

Welche Ausgabe erzeugt das folgende Programm?

```
PROGRAM mal_sehen
IMPLICIT NONE
INTEGER :: i, j = 7
LOGICAL :: gilt, ok = .TRUE.
```

```
DO i = 5, 10
    gilt = i < j
    IF (ok .AND. gilt .OR. i == j) THEN
        WRITE(*,*) i, 'ist kleiner gleich', j
    END IF
END DO
STOP
END PROGRAM mal_sehen
```

Aufgabe 4.5

In Aufgabe 1.5 in Kapitel 1.6 sollte ein Struktogramm entwickelt werden, über das der Ausdruck mit m Quadratwurzeln

$$a_m = 2^m \sqrt{2 - \sqrt{2 + \sqrt{2 + \ldots + \sqrt{2}}}}, \quad m \geq 1$$

für wachsende Werte von m bis höchstens $m = 100$ auf möglichst ökonomische Weise so lange berechnet werden kann, bis $|a_m - a_{m-1}| \leq 10^{-10}$ erfüllt ist. (Es gilt: $\lim_{m \to \infty} a_m = \pi$)

Setzen Sie Ihr Struktogramm in ein Fortran-Programm um, und geben Sie neben dem zuletzt berechneten Wert a_m auch m und $|a_m - \pi|$ aus. (Die Zahl π läßt sich im Rechner unter Ausnutzung der Beziehung

$\frac{\pi}{4} = \arctan 1$ berechnen über

```
4.0 * ATAN(1.0)              in einfacher Genauigkeit,
4.0D0 * ATAN(1.0D0)          in doppelter Genauigkeit.)
```

Aufgabe 4.6

Die als goldener Schnitt bezeichnete Größe φ ist eine Zahl, die als Strecke so gewählt ist, daß die Gesamtstrecke zum größeren Streckenabschnitt im gleichen Verhältnis steht wie der größere zum kleineren Streckenabschnitt:

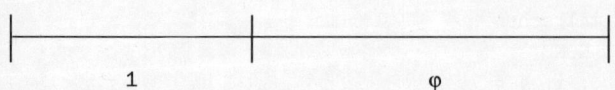

1   φ

Es gilt also:

$$\frac{\varphi + 1}{\varphi} = \frac{\varphi}{1}$$

Der genaue Zahlenwert ist gegeben durch:

$$\varphi = \frac{1}{2}\left(1 + \sqrt{5}\right) = 1.6180339887498948482045868343656381177203091798057 6 \ldots$$

a) Berechnen Sie φ näherungsweise iterativ über die «Kettenwurzel»-Darstellung

$$\varphi = \sqrt{1 + \sqrt{1 + \sqrt{1 + \ldots}}} = \lim_{n \to \infty} x_n \text{ mit } \quad x_1 = 1 \quad x_n = \sqrt{1 + x_{n-1}}, \qquad n \geq 2,$$

bis die Bedingung $|x_n - x_{n-1}| < 10^{-10}$ erfüllt ist, und geben Sie dann n, den zugehörigen Wert x_n sowie den Fehler $x_n - \varphi$ aus.

a) Berechnen Sie φ näherungsweise iterativ über die «Kettenbruch»-Darstellung

$$\varphi = 1 + \cfrac{1}{1 + \cfrac{1}{1 + \cfrac{1}{1 + \ldots}}} = \lim_{n \to \infty} y_n \text{ mit } \quad y_1 = 1 \quad y_n = 1 + \frac{1}{y_{n-1}}, \quad n \geq 2,$$

bis die Bedingung $|y_n - y_{n-1}| < 10^{-10}$ erfüllt ist, und geben Sie dann n, den zugehörigen Wert y_n sowie den Fehler $y_n - \varphi$ aus.

Aufgabe 4.7

In der Kombinatorik und der Wahrscheinlichkeitsrechnung taucht der Binomialkoeffizient auf, der zu vorgegebenen ganzen Zahlen n, $k \geq 0$ mit $n \geq k$ durch

$$\binom{n}{k} = \frac{n!}{k! \, (n - k)!}$$

festgelegt ist. Hierbei ist $m! = 1 \cdot 2 \cdot \ldots \cdot m$ die Fakultät einer nichtnegativen ganzen Zahl m mit $0! = 1$. Beispielsweise gibt

$$\binom{49}{6} = 13983816$$

die Anzahl der Ziehungsergebnisse beim Zahlenlotto «6 aus 49» und dementsprechend der Kehrwert die Wahrscheinlichkeit für 6 Richtige bei einer Tipreihe an.

Wegen

$$\binom{n}{k} = \binom{n}{n-k}$$

und unter Berücksichtigung des Kürzens in der Definition des Binomialkoeffizienten kann die Berechnung mit möglichst minimalem Aufwand erfolgen, wenn auf die kleinere der Zahlen k und $n-k$ Bezug genommen wird. Sie darf allerdings nicht durch getrennte Zähler- und Nennerberechnung durchgeführt werden. (Warum?)

Nutzen Sie für Ihre Lösung die Rekursionsformel

$$\binom{n}{i} = \binom{n}{i-1} \cdot \frac{n-i+1}{i} \qquad \text{für} \qquad i = 1, \ldots, k \qquad \text{mit} \qquad \binom{n}{0} = 1,$$

das heißt, berechnen Sie hierüber aus $\binom{n}{0}$ den Koeffizienten $\binom{n}{1}$, damit dann $\binom{n}{2}$ und so weiter.

Ermitteln Sie speziell $\binom{40}{5}$, $\binom{40}{8}$, $\binom{40}{10}$, $\binom{40}{15}$, $\binom{40}{20}$, $\binom{40}{25}$ und $\binom{49}{6}$.

5 Interaktive Ein- und Ausgabe

Fortran bietet einige Möglichkeiten, Informationen bei einem Programmablauf ein- oder auszugeben. Je nachdem, wie übersichtlich (tabellarisch) dies geschehen soll, wird vorher einiger Aufwand betrieben werden müssen. Wir betrachten im folgenden nur die interaktive Ein- und Ausgabe numerischer Werte; die Besonderheiten für das Einlesen oder Ausgeben von Zeichenketten oder mit Hilfe von Dateien werden in den Kapiteln 9 und 10 behandelt.

5.1 Listengesteuerte Ein- und Ausgabe

Für jede einzulesende oder auszugebende Größe wird in Abhängigkeit vom aktuellen Wert ein Standardformat gewählt. Verschiedene Fortran-Systeme können sich dabei unterschiedlich verhalten.

■ Listengesteuerte Eingabe
Für die interaktive Eingabe über Tastatur lautet die Anweisung allgemein:

    READ(UNIT = *, FMT = *) *Liste_von_Variablen*

beziehungsweise kurz

    READ(*, *) *Liste_von_Variablen*

Jeder der aufgeführten Variablen werden der Reihe nach die eingegebenen Werte zugeordnet, wobei unzulässige Datentypzuordnungen (wie Zahl mit Dezimalpunkt zur *INTEGER*-Variablen) zu Fehlern führen. Als Trennzeichen für die einzugebenden Werte dienen ein oder mehrere Leerzeichen (Blank), ein Komma oder ein Tastendruck auf die ⏎-Taste.

Beispiel:

Sind die Variablen *a* und *b* vom Normaltyp *REAL* und *k* und *m* vom Normaltyp *INTEGER*, so finden mit den Anweisungen

```
READ(*,*) a, m, b
READ(*,*) k
```

und den Eingabezeilen

```
12,-221 -13, 26.5
17   +12.5
```

folgende Wertzuordnungen statt:

```
a = 12.0
m = -221
b = -13.0
k = 17
```

Jede *READ*-Anweisung bewirkt den Sprung auf eine neue Eingabezeile, so daß der Wert 26.5 der ersten Eingabezeile und die durch das Leerzeichen als zweiter Wert in der zweiten Eingabezeile interpretierte Zahl +12.5 nicht zur Wirkung kommen.

▨ Listengesteuerte Ausgabe

Für die listengesteuerte Ausgabe auf den Bildschirm hat die allgemeine Anweisung folgende Gestalt:

```
WRITE(UNIT = *, FMT = *) Liste_von_Ausdrücken
```

oder vereinfacht

```
WRITE(*, *) Liste_von_Ausdrücken
```

Bei der aufgeführten Liste von Ausdrücken kann es sich um Konstanten, Variablen oder daraus gebildete Ausdrücke handeln, die alle durch Leerzeichen getrennt in einer Zeile ausgegeben werden. Werden mehr als die 80 Zeichen einer Bildschirmzeile gebraucht, so wird dort in der nächsten Zeile fortgefahren. Der Befehl

```
WRITE(*, *)
```

bewirkt demnach eine Leerzeile.

Beispiel:

```
PROGRAM Ausgabe
INTEGER          :: k, m
REAL             :: a, b
REAL (KIND(1.0D0)) :: d
a = 1.0 / 3.0
b = 2
d = a
k = 3
m = 17.5 - 12.9
WRITE(*,*) a, d, m, b, k
WRITE(*,*) k*a, b/3, 2*7+1
STOP
END PROGRAM Ausgabe
```

Dieses Programm bewirkt die Ausgabe (FTN90)

```
0.3333333   0.3333334326744408 4   2.0000000 3
1.0000000   0.6666667 15
```

Das verwendete Fortran-90-System gibt über unterschiedliche Stellenanzahlen auch die Genauigkeitsvariante von *REAL*-Größen wieder. Obwohl der Wert von *a* (einfach genau) auf *d* (doppelt genau) zugewiesen wurde, weist *d* aufgrund des größeren Stellenumfangs einen im zusätzlichen Speicherbereich mehr zufälligen «Ziffernsalat» auf! Wollte man $\frac{1}{3}$ doppelt genau der Variablen *d* zuweisen, so wird dies über

```
d = 1.0_2 / 3.0_2
```

oder allgemein

```
d = 1.0D0 / 3.0D0
```

(und nicht etwa *d = 1.0 / 3.0*, was das gleiche wie zuvor bewirken würde!) erreicht.

▪ Währungstabelle, 1. Version

Erinnern wir uns an die kleineren Programme in Kapitel 2, die sich mit der einmaligen Umrechnung von DM in Lire, Peseten, Drachmen und Escudos befaßten (siehe auch Aufgabe 2.5 in Kapitel 2.4). Das läßt sich natürlich auch in einer Übersicht zusammenstellen.

Aus den gegebenen Abhängigkeiten

	Verkauf: 1 DM wird umgetauscht in	Ankauf: zum Rücktausch in 1 DM führen
Italien	1086 Lire	1212 Lire
Spanien	82 Peseten	91 Peseten
Griechenland	154 Drachmen	189 Drachmen
Portugal	99 Escudos	120 Escudos

kann jeweils eine Umtauschtabelle zum Verkauf und zum Ankauf ermittelt werden. Soll sich die Aufstellung auf die DM-Beträge 1, 5, 10, 50, 100, 500, 1000, 5000 beziehen, so wird man bestrebt sein, das in einer Wiederholungsschleife erledigen zu lassen, was allerdings wegen des unterschiedlichen Aufbaus dieser Beträge (die Differenz oder der Quotient zweier benachbarter Werte ist nicht konstant) noch einer Überlegung bedarf: Ab dem dritten Betrag läßt sich jeder durch Multiplikation des vorvorherigen Wertes mit 10 bestimmen. Daher ist es sinnvoll, jeweils zwei Posten zusammenzufassen und so insgesamt vier Wiederholungsfälle aufzubauen.

Dann leistet das folgende Programm die notwendigen Umrechnungen:

```fortran
PROGRAM Verkauf_Ankauf
IMPLICIT NONE
INTEGER :: Betrag_1, Betrag_2, Lire_1, Lire_2, Peseten_1, &
           Peseten_2, Drachmen_1, Drachmen_2, Escudos_1, &
           Escudos_2, i
WRITE(*,*) ' Umrechnungstabelle: Verkauf'
WRITE(*,*) ' DM Lire Peseten Drachmen Escudos'
Betrag_1 = 1 ;  Betrag_2 = 5
DO i = 1, 4
    Lire_1     = 1086 * Betrag_1
    Lire_2     = 1086 * Betrag_2
    Peseten_1  =   82 * Betrag_1
    Peseten_2  =   82 * Betrag_2
    Drachmen_1 =  154 * Betrag_1
    Drachmen_2 =  154 * Betrag_2
    Escudos_1  =   99 * Betrag_1
    Escudos_2  =   99 * Betrag_2
    WRITE(*,*) Betrag_1, Lire_1, Peseten_1, Drachmen_1, &
               Escudos_1
    WRITE(*,*) Betrag_2, Lire_2, Peseten_2, Drachmen_2, &
               Escudos_2
    Betrag_1 = Betrag_1 * 10 ;  Betrag_2 = Betrag_2 * 10
END DO
WRITE(*,*)
WRITE(*,*) ' Umrechnungstabelle: Ankauf'
WRITE(*,*) ' DM Lire Peseten Drachmen Escudos'
Betrag_1 = 1 ;  Betrag_2 = 5
DO i = 1, 4
    Lire_1     = 1212 * Betrag_1
    Lire_2     = 1212 * Betrag_2
    Peseten_1  =   91 * Betrag_1
    Peseten_2  =   91 * Betrag_2
    Drachmen_1 =  189 * Betrag_1
    Drachmen_2 =  189 * Betrag_2
    Escudos_1  =  120 * Betrag_1
    Escudos_2  =  120 * Betrag_2
    WRITE(*,*) Betrag_1, Lire_1, Peseten_1, Drachmen_1, &
               Escudos_1
```

```
    WRITE(*,*) Betrag_2, Lire_2, Peseten_2, Drachmen_2, &
               Escudos_2
    Betrag_1 = Betrag_1 * 10 ;  Betrag_2 = Betrag_2 * 10
END DO
STOP
END PROGRAM Verkauf_Ankauf
```

Ohne viel Aufhebens wird als einfachste Ausgabeform die listengesteuerte Ausgabe gewählt. Übersetzen und Starten dieses Programms führt mit LF90 zu:

```
Unrechnungstabelle: Verkauf
DM Lire Peseten Drachmen Escudos
         1      1086        82       154        99
         5      5430       410       770       495
        10     10860       820      1540       990
        50     54300      4100      7700      4950
       100    108600      8200     15400      9900
       500    543000     41000     77000     49500
      1000   1086000     82000    154000     99000
      5000   5430000    410000    770000    495000

Unrechnungstabelle: Ankauf
DM Lire Peseten Drachmen Escudos
         1      1212        91       189       120
         5      6060       455       945       600
        10     12120       910      1890      1200
        50     60600      4550      9450      6000
       100    121200      9100     18900     12000
       500    606000     45500     94500     60000
      1000   1212000     91000    189000    120000
      5000   6060000    455000    945000    600000
```

und mit FTN90 zu:

```
Umrechnungstabelle: Verkauf
 DM Lire Peseten Drachmen Escudos
1 1086 82 154 99
5 5430 410 770 495
10 10860 820 1540 990
50 54300 4100 7700 4950
100 108600 8200 15400 9900
500 543000 41000 77000 49500
1000 1086000 82000 154000 99000
5000 5430000 410000 770000 495000

 Umrechnungstabelle: Ankauf
 DM Lire Peseten Drachmen Escudos
1 1212 91 189 120
5 6060 455 945 600
10 12120 910 1890 1200
50 60600 4550 9450 6000
100 121200 9100 18900 12000
500 606000 45500 94500 60000
1000 1212000 91000 189000 120000
5000 6060000 455000 945000 600000
```

Jetzt wird deutlich, daß die Ausgabe mehrerer Werte nebeneinander (je nach verwendetem Compiler) schnell unübersichtlich sein kann: Welcher Drachmen-Betrag ist 100 DM bei An- und Verkauf zugeordnet? Will man den Überblick nicht verlieren, so wird eine spaltengerechte Ausgabe gebraucht, die im folgenden behandelt wird.

5.2 Formatgesteuerte Ein- und Ausgabe

Bei einer formatgesteuerten Ein- und Ausgabe legt man die äußere Form der Darstellung fest. Dabei muß man dann unterscheiden, ob es sich um eine ganze, eine reelle oder eine komplexe Zahl handelt.

Formatgesteuerte Eingabe

Eine über ein Format gesteuerte Eingabe erfolgt durch die Anweisung

READ(UNIT=*,FMT=n_1,ERR=n_2,END=n_3) *Liste_von_Variablen*

mit den optionalen Angaben *ERR*=n_2 und *END*=n_3, also in der einfachsten Form durch

READ(*, n_1) *Liste_von_Variablen*

weil in dieser Reihenfolge auch die Schlüsselbezeichnungen *UNIT=* und *FMT=* entfallen dürfen.

UNIT=* verweist auf die interaktive Eingabe, also die Tastatur.

FMT steht für *FORMAT*, das in einer eigenen Anweisung mit der Anweisungsnummer n_1 angegeben ist und für die aufgeführten Variablen die Einleseform spezifiziert.

Im Falle eines Fehlers bei der Eingabe (ERROR) wird auf die Anweisung mit der Nummer n_2 verzweigt; fehlt diese Angabe im *READ*-Befehl, so führt ein Fehler (zum Beispiel Buchstabe statt Zahl oder Angabe eines Dezimalpunktes bei einer *INTEGER*-Zahl) normalerweise zu einem Laufzeitfehler und Programmabbruch.

Wird das Datenende erreicht, so bewirkt END=n_3 einen Sprung auf die Anweisung mit der Nummer n_3. Beim Lesen von Datei bewirkt dies die Dateiendemarke; interaktiv kann man dies durch das gleichzeitige Drücken der Tasten ⌨Strg und ⌨Z simulieren.

▧ Formatgesteuerte Ausgabe

Für eine allgemeine über ein Format gesteuerte Ausgabe lautet die Anweisung

    WRITE(UNIT=*,FMT=n_1,ERR=n_2) *Liste_von_Ausdrücken*

oder wieder in einfacher Form

    WRITE(*, n_1) *Liste_von_Ausdrücken*

wenn der Fehlerfall nicht besonders abgefangen zu werden braucht.

Unter der Nummer n_1 muß dann in einer Formatangabe die Ausgabeform für die aufgeführten numerischen Größen spezifiziert sein. Werden keine auszugebenden Ausdrücke aufgelistet und enthält das zugeordnete Format auch keinen auszugebenden Kommentar, so erscheint eine Leerzeile.

▧ *I*-Formatangabe für *INTEGER*-Zahlen

Für ganze Zahlen steht die Formatspezifikation

    Iw

zur Verfügung, wobei *w* als positive ganze Zahl die Feldweite (Anzahl der Spalten) angibt, die der ein- oder auszugebenden ganzen Zahl insgesamt zur Verfügung steht; bei negativen Zahlen gehört auch das Vorzeichen dazu.

Bei der **Eingabe** heißt das, daß w Zeichen gelesen und als eine ganze Zahl interpretiert werden. Leerzeichen werden ignoriert; werden nur Leerzeichen angegeben, so ordnet man dieser Eingabe die Zahl 0 zu.

Bei der **Ausgabe** wird die darzustellende ganze Zahl in w Spalten rechtsbündig mit eventuellem negativen Vorzeichen wiedergegeben. Werden weniger als w Stellen dazu gebraucht, erscheinen führende Leerzeichen. Reicht der angegebene Platz zur Wiedergabe der ganzen Zahl nicht aus, so erscheinen w Sternchen (*) in der Ausgabe.

Beispiel:

```
PROGRAM EinAus_1
INTEGER :: i, k, m
READ(*,800)  i, k, m
WRITE(*,900) i, k, m
WRITE(*,900) 2 * i + k, 10, -(m + 2)**2
STOP
800 FORMAT(I5, 2X, I5, 2X, I5)
900 FORMAT(1X, I3, 2X, I2, I4)
END PROGRAM EinAus_1
```

Als Eingabezeile sei vorgegeben:

```
  1 2 3 + 133 1-    021
```

Dies wird folgendermaßen interpretiert:

```
  1 2 3   + 133  1-    021
 |  I5  | 2X |  I5  | 2X |   I5   |      ← Formatspezifikation
```

Dann werden den Variablen nacheinander die Werte

```
i = 12
k = 133
m = 0
```

zugewiesen, und die durch die beiden *WRITE*-Anweisungen bedingte
Ausgabe sieht folgendermaßen aus:

```
12  **   0
157 10  -4
```

Dabei werden die Formatangaben so umgesetzt:

```
 12      **    0
157     10    -4
```

| I3 | 2X | I2 | I4 | ← Formatspezifikation

Die Formatangaben zu Ausgabebefehlen begannen bisher durchweg
mit *1X*. Dies ist für die Ausgabe auf einem Drucker wichtig und wird dabei als Druckersteuerzeichen interpretiert (vergleiche Kapitel 10.1).
Oft wird, wie in diesem Beispiel, als Formatsteuerung

nX

eingesetzt, was ein Vorrücken um n Spalten bewirkt.

▦ Währungstabelle, 2. Version
Nun ist klar, wie sich die Währungstabellen des letzten Abschnitts
übersichtlich darstellen lassen: Überschriften und Beträge werden formatiert ausgegeben, wobei die Formatspezifizierungen für die einzelnen Werte auf die größte vorkommende Stellenanzahl Rücksicht nehmen müssen. Da läßt sich ein wenig Ab- und Auszählen nicht
vermeiden, aber dann gelangt man schließlich jeweils anstelle der
Währungsüberschrift und der Ausgabe der einzelnen Beträge zu den
Anweisungen

```
WRITE(*, 900)
```

```
   WRITE(*, 910) Betrag_1, Lire_1, Peseten_1, Drachmen_1, &
                 Escudos_1
   WRITE(*, 910) Betrag_2, Lire_2, Peseten_2, Drachmen_2, &
                 Escudos_2
```

mit den Formatangaben

```
900 FORMAT(8X, 'DM', 9X, 'Lire', 5X, 'Peseten', 4X, &
           'Drachmen', 5X, 'Escudos')
910 FORMAT(6X, I4, 6X, I7, 6X, I6, 6X, I6, 6X, I6)
```

die nun die Umrechnungsübersicht (bei allen von uns verwendeten
Compilern) folgendermaßen erscheinen lassen:

```
Umrechnungstabelle: Verkauf
    DM       Lire    Peseten   Drachmen   Escudos
     1       1086         82        154        99
     5       5430        410        770       495
    10      10860        820       1540       990
    50      54300       4100       7700      4950
   100     108600       8200      15400      9900
   500     543000      41000      77000     49500
  1000    1086000      82000     154000     99000
  5000    5430000     410000     770000    495000

Umrechnungstabelle: Ankauf
    DM       Lire    Peseten   Drachmen   Escudos
     1       1212         91        189       120
     5       6060        455        945       600
    10      12120        910       1890      1200
    50      60600       4550       9450      6000
   100     121200       9100      18900     12000
   500     606000      45500      94500     60000
  1000    1212000      91000     189000    120000
  5000    6060000     455000     945000    600000
```

▓ F-Formatangabe für *REAL*-Zahlen

Als Formatangaben für reelle Zahlen kann man Fest- und Gleitpunktdarstellung unterscheiden. Für **Festpunktzahlen** dient die Formatspezifikation

F*w.d*

wobei *w* als positive ganze Zahl die gesamte Feldweite (inklusive Dezimalpunkt und möglichen negativen Vorzeichens) für die betrachtete Zahl und *d* deren Stellenanzahl hinter dem Dezimalpunkt angibt.

Bei der **Eingabe** heißt das, daß *w* Zeichen gelesen und als eine reelle Zahl (Zahl mit Dezimalpunkt) interpretiert werden. Nur dann, wenn die eingegebene Zahl keinen Dezimalpunkt enthält, kommt die Angabe .*d* zur Wirkung, und es werden *d* Stellen als Dezimalstellen der Zahl angesehen. Das heißt zum Beispiel, wenn mit der Angabe *F5.2* einmal die Zahl *123* und einmal die Zahl *123.* eingegeben werden, so wird im ersten Fall daraus der Zahlenwert 1.23 und im zweiten Fall der Zahlenwert 123.0!

Bei der **Ausgabe** wird mit *Fw.d* die darzustellende reelle Zahl in *w* Spalten auf *d* Nachkommastellen gerundet rechtsbündig wiedergegeben, den Dezimalpunkt und ein mögliches negatives Vorzeichen eingeschlossen. Wie bei ganzen Zahlen mit der Angabe *Iw* werden bei zu großem Wert für *w* führende Leerzeichen und bei zu kleinem Wert für *w* nur Sternchen (*) produziert.

Beispiel:

```
PROGRAM EinAus_2
REAL :: a, b, c
READ(*, 800) a, b, c
WRITE(*, 900) a - b, a * b, c
STOP
800 FORMAT(F4.1, 1X, F5.0, F7.2)
900 FORMAT(1X, F10.1, 3X, F7.0, 2X, F6.4)
END PROGRAM EinAus_2
```

Mit der Eingabe

```
3.141592654 2.718281828459
```

die folgendermaßen interpretiert wird:

```
  3.141592654 2.718281828459
```
| F4.1 | F5.0 | F7.2 | ← Formatspezifikation

erfolgt eine Zuweisung von Werten zu den Variablen gemäß

```
a = 3.14
b = 59265.0
c = 42.718
```

und mit den Werten

```
a - b = -59261.86
a · b = 186092.1
```

sieht die Ausgabezeile folgendermaßen aus:

```
  -59261.9   186092.  ******
```

Dies wird durch die Formatangaben folgendermaßen erzeugt:

```
  -59261.9    186092.   ******
```
| F10.1 | 3X | F7.0 | 2X | F6.4 | ← Formatspezifikation

Der Wert für *c* kann nicht mit vier Dezimalstellen und Dezimalpunkt in insgesamt sechs Spalten wiedergegeben werden.

■ *E*-Formatangabe für *REAL*-Zahlen

Die Festpunktformatangabe hat den Nachteil, betragsmäßig sehr kleine oder sehr große reelle Zahlenwerte nicht übersichtlich wiedergeben zu können. In solchen Fällen greift man gerne auf die für **Gleitpunktzahlen** gedachte Formatspezifikation

E*w.d*

zurück; *w* gibt als positive ganze Zahl wieder die gesamte zu berücksichtigende Feldweite an, und *d* weist auf *d* Ziffern als Dezimalstellen hin.

Gleitpunktzahlen werden mit einem Mantissen- und einem Exponentenanteil dargestellt, also zum Beispiel

-10 E-1   für die Zahl $-10.0 \cdot 10^{-1} = -1.0$

und

1.527 E2   für die Zahl $1.527 \cdot 10^2 = 152.7$.

Bei der **Eingabe** kommt die Dezimalstellenangabe nur zur Wirkung, wenn die eingegebene Zahl vor dem Exponentenbereich (der üblicherweise mit dem Großbuchstaben E beginnt) keinen Dezimalpunkt enthält.

Bei der **Ausgabe** muß w ein mögliches Vorzeichen, den Dezimalpunkt und die d Mantissenstellen, die gerundet wiedergegeben werden, sowie den Exponentenanteil, der den Buchstaben E und drei weitere Stellen umfaßt, berücksichtigen, so daß sinnvollerweise

$$w \geq d + 6$$

erfüllt sein sollte. Die Gleitpunktdarstellung ist so gewählt, daß in der Mantisse die erste Ziffer hinter dem Dezimalpunkt von Null verschieden ist – es sei denn, es handelt sich um die Zahl Null (normalisierte Gleitpunktdarstellung).

Reicht der angegebene Platz nicht aus (was für $w \geq d + 6$ nie passieren kann!), so erscheinen wiederum nur Sternchen (*) in der Ausgabe.

Der Zwischenstandard Fortran 95 läßt bei der formatgesteuerten Ausgabe erstmals 0 als Feldweitenangabe w zu, woraufhin sich das Fortran-System die benötigte minimale Feldweite selbst bestimmt (und keine Sternchen mehr produziert).

Beispiel:

```
PROGRAM EinAus_3
REAL :: a, b, c
READ(*,800) a, b, c
WRITE(*,900) a - b, a * b, c
STOP
800 FORMAT(E6.2, E6.2, 2X, E6.2)
900 FORMAT(1X, E9.2, 2X, E7.2, 2X, E10.4)
END PROGRAM EinAus_3
```

Die Eingabezeile

```
1234  1. E 10 1.12
```

die entsprechend der zugeordneten Formatangaben folgendermaßen interpretiert wird

```
1234  1. E 10   1.12
```
| E6.2 | E6.2 | 2X | F6.2 | ← Formatspezifikation

bewirkt folgende Zuweisung zu den Variablen:

$$a = 1234 \cdot 10^{-2} = 12.34$$
$$b = 1. E1 = 10.0$$
$$c = 1.12$$

Wegen $a - b = 2.34$ und $a \cdot b = 123.4$ erscheint dann als Ausgabe auf dem Bildschirm:

```
0.23E+01  .12E+03  0.1120E+01
```

Dies ergibt sich aus den Formatangaben wie folgt:

```
0.23E+01    .12E+03   0.1120E+01
```
| E9.2 | 2X | E7.2 | 2X | E10.4 | ← Formatspezifikation

Ein negativer Zahlenwert für $a \cdot b$ hätte mit der angegebenen Formatspezifikation *E7.2* keinen ausreichenden Platz gehabt.
Ist der Exponent dreistellig, so fehlt der Buchstabe *E* in der Ausgabe, das heißt, daß zum Beispiel

```
0.27+101
```

als eine ausgegebene Zahl $0.27 \cdot 10^{101}$ bedeutet; dies kann bei den von uns verwendeten Fortran-90-Systemen nur bei doppelt genauen reellen Zahlen (*KIND* = 2 bzw. *KIND* = 8) auftreten.

◼ *G*-Formatangabe für *REAL*-Zahlen

Bei der Eingabe wirken die *F*- und die *E*-Formatspezifikationen völlig gleich; mit *F*-Formatangaben lassen sich auch reelle Zahlen in Gleitpunktdarstellung einlesen, und umgekehrt werden mit *E*-Formatangaben auch Zahlen in Festpunktdarstellung genauso behandelt.

Einen sinnvollen Kompromiß zwischen der *E*- und der *F*-Formatspezifikation kann man bei der Ausgabe über die Angabe

    Gw.d

erreichen; in Abhängigkeit von der Größe des Wertes wird dann weitestgehend auf *Ew.d* oder auf *Fw.d* zurückgegriffen. Diese Kombination der Vorteile der Gleitpunkt- und der Festpunktdarstellung ist allerdings systemabhängig implementiert.

◼ Tabelle mathematischer Funktionen, 1. Version

Soll beispielsweise im Intervall $0 \leq x \leq 1$ im Abstand von 0,1 eine Tabelle von Werten mathematischer Funktionen wie $\sqrt{x}$, $\cos x$, $\arcsin x$ und $\ln x$ erstellt werden, so kann dies mit Hilfe der Fortran-Standardfunktionen

SQRT(***RC***)	für die Quadratwurzel
COS(***RC***)	für den Kosinus im Bogenmaß
ASIN(***R***)	für den Arkussinus im Bogenmaß
LOG(***RC***)	für den natürlichen Logarithmus

geschehen, wobei jeweils als Argument Konstanten, Variablen oder arithmetische Ausdrücke vom Datentyp *REAL* oder – bis auf den Arkussinus – *COMPLEX* einer zulässigen Genauigkeitsvariante auftreten dürfen. Das Ergebnis hat dann den gleichen Datentyp mit gleichem *KIND*-Parameter. Dabei sind allerdings mathematische Einschränkungen zu beachten:

SQRT(x)	mit x reell erfordert $x \geq 0$,
ASIN(x)	ist nur für $\lvert x \rvert \leq 1$ erlaubt, und
LOG(x)	verlangt bei reellem x einen positiven Wert und bei komplexem x nicht $x = (0, 0)$

In unserem Fall betrifft dies nur den Logarithmus für $x = 0$; bei diesem Ereignis soll *NICHT DEF* erscheinen. Zur besseren Übersicht seien die Wurzelwerte und die des Arkussinus in Festpunktdarstellung mit sechs Stellen hinter dem Dezimalpunkt und die anderen Werte in Gleitpunktdarstellung mit sechs Mantissenstellen wiedergegeben. Bei einer möglichen Stelle vor dem Dezimalpunkt und eventuellem Vorzeichen bei der Festpunktausgabe leistet dies schon *F9.6*, und die Gleitpunktausgabe wird auf jeden Fall durch *E12.6* erreicht. Damit kann die Tabelle über folgendes Programm aufgebaut werden (zur Bewahrung des Spaltenüberblicks kommt man auch hier an konkretem Abzählen leider nicht vorbei):

```
PROGRAM Tabelle_1
IMPLICIT NONE
REAL    :: x
INTEGER :: i
WRITE(*, 900)
WRITE(*, 910)
DO i = 0, 10
    x = 0.1 * REAL(i)
    IF (i == 0) THEN
        WRITE(*, 920) x, SQRT(x), COS(x), ASIN(x)
    ELSE
        WRITE(*, 930) x, SQRT(x), COS(x), ASIN(x), LOG(x)
    END IF
END DO
STOP
900 FORMAT(4X, 'x', 4X, 'Wurzel x', 6X, 'cos x', 6X, &
          'arcsin x', 6X, 'ln x')
910 FORMAT(1X, &

'=======================================================')
920 FORMAT(2X, F4.2, 2X, F9.6, 2X, E12.6, 2X, F9.6, 4X, &
          'NICHT DEF')
930 FORMAT(2X, F4.2, 2X, F9.6, 2X, E12.6, 2X, F9.6, 2X, &
          E12.6)
END PROGRAM Tabelle_1
```

Die damit erzeugte Tabelle hat dann die Gestalt

```
    x    Wurzel x     cos x      arcsin x     ln x
 =======================================================
  0.00   0.000000  0.100000E+01  0.000000    NICHT DEF
  0.10   0.316228  0.995004E+00  0.100167   -.230259E+01
  0.20   0.447214  0.980067E+00  0.201358   -.160944E+01
  0.30   0.547723  0.955337E+00  0.304693   -.120397E+01
  0.40   0.632456  0.921061E+00  0.411517   -.916291E+00
  0.50   0.707107  0.877583E+00  0.523599   -.693147E+00
  0.60   0.774597  0.825336E+00  0.643501   -.510826E+00
  0.70   0.836660  0.764842E+00  0.775397   -.356675E+00
  0.80   0.894427  0.696707E+00  0.927295   -.223144E+00
  0.90   0.948683  0.621610E+00  1.119770   -.105360E+00
  1.00   1.000000  0.540302E+00  1.570796    0.000000E+00
```

Einer weiteren kosmetischen Bearbeitung sind kaum Grenzen gesetzt. Beispielsweise könnte man auch noch senkrechte Spaltenstriche integrieren und so weiter.

▓ Formatangaben für *COMPLEX*-Zahlen

Eine komplexe Zahl wird bei der Ein- und Ausgabe als ein Paar reeller Zahlen angesehen, es bedarf also hierfür zweier Formatangaben für *REAL*-Zahlenwerte, wobei sich die erste Angabe auf den Realteil und die zweite auf den Imaginärteil der komplexen Zahl bezieht.

▓ Integrierte Formatangabe

Zur Vereinfachung kann ein überschaubares Format auch in Apostrophen in der *READ*- oder *WRITE*-Anweisung mit angegeben werden. So ist beispielsweise

```
READ(*, 800) k
800 FORMAT(I6)
```

gleichbedeutend mit

```
READ(*, '(I6)') k
```

und entsprechend

```
WRITE(*, 900) a**k
900 FORMAT(1X, 'Ergebnis:', E12.6)
```

gleichwertig mit

```
WRITE(*, '(1X, ''Ergebnis:'', E12.6)') a**k
```

wobei zu beachten ist, daß nun in Apostrophe eingeschlossener Ausgabekommentar durch je zwei Apostrophe zu Beginn und am Ende markiert werden muß, damit keine Verwechslung zum durch ein Apostroph kenntlich gemachten Formatangabenende möglich ist. Gleiches gilt bei ausschließlicher Verwendung von Anführungszeichen.

▨ Wiederholungsfaktoren bei Formatangaben
Nützlich ist auch die erlaubte Zusammenfassung gleicher Formatangaben mit Wiederholungsfaktoren:

```
3F10.3
```

steht dann für

```
F10.3, F10.3, F10.3
```

und

```
2(I2, 2X, E8.2)
```

für

```
I2, 2X, E8.2, I2, 2X, E8.2
```

▨ Nicht angeglichene Formatangaben
Eine kritische Situation ist dann gegeben, wenn zwischen Formatanforderung und Formatspezifizierung keine direkte Korrespondenz besteht, weil zu viele oder zuwenig Formatangaben gemacht werden. In dem einen Fall hat man eine Situation wie

```
i = -12 ;  j = 10 ;  k = i + 2 * j
WRITE(*, 900) i, j, k
900 FORMAT(1X, I3, ';', 2(1X, I4, ';'), 2X, I5)
```

und – wie zu erwarten – werden überflüssige Angaben ignoriert:

```
 -12;   10;    8;
```

Sind im anderen Fall zu wenig Angaben vorhanden, so bewirkt die letzte «Klammer zu» wie ein neuer *WRITE*-Befehl einen Zeilenvorschub, und die Formatangaben werden – eventuell ab dem letzten im Inneren geklammerten Anteil inklusive möglichen Wiederholungsfaktors – von neuem genutzt. Somit bewirkt

```
i = -12 ;  j = 10 ;  k = i + 2 * j
WRITE(*, 900) i, j, k, i-j, i/j, j*k
900 FORMAT(1X, I3, ';', 2(1X, I4, ';'), 2X, I5)
```

die folgende Ausgabe:

```
 -12;   10;    8;    -22
  -1;   80;
```

5.3 Stromorientierte Ein- und Ausgabe

Normalerweise bewirkt ein *READ*- oder ein *WRITE*-Befehl einen Sprung zur nächsten Zeile. Dadurch ist eine zeilenweise (oder allgemein datensatzweise) Ein-/Ausgabe festgelegt. Für die formatgesteuerte Ein- und Ausgabe kann diese Übereinkunft mit Hilfe des *ADVANCE*-Pa-

rameters ausgeschaltet und ein nur noch stromorientierter, das heißt
zeichenweiser Zugriff ermöglicht werden. Gerade bei kommentierter
Eingabe kann dies zweckmäßig eingesetzt werden.

Beispiel:
Der Programmausschnitt

```
PROGRAM EinAus_4
INTEGER :: k
WRITE(*, 900, ADVANCE = 'NO')
READ(*, *) k
900 FORMAT(1X, 'Bitte eine ganze Zahl eingeben: ')
   .
   .
   .
```

bewirkt, daß die Zahl auf dem Bildschirm direkt hinter dem Kommentar eingegeben wird:

```
Bitte eine ganze Zahl eingeben:  _
```

↑
Cursor-Position

▪ *ADVANCE*-Parameter
Allgemein lauten die Anweisungen zur stromorientierten Ein- und Ausgabe

    READ(*, *n*, ADVANCE = 'NO') *Liste_von_Variablen*

und

    WRITE(*, *n*, ADVANCE = 'NO') *Liste_von_Ausdrücken*

Die Angabe *ADVANCE = 'NO'* unterdrückt den üblichen Vorschub auf
die nächste Zeile (den nächsten Datensatz); die zweite mögliche Angabe *ADVANCE = 'YES'* entspricht dem Standard oder der Voreinstellung.
Bei stromorientierter Eingabe muß das Zeilenendezeichen (*EOR*: **E**nd
Of **R**ecord) gesondert behandelt werden, worauf wir hier nicht weiter
eingehen.

Bemerkung: Folgt bei LF90 ein *READ*-Befehl unmittelbar auf einen *WRITE*-Befehl, so ist automatisch *ADVANCE* = 'NO' eingestellt.

■ Tabelle mathematischer Funktionen, 2. Version

Das im letzten Abschnitt behandelte Programm zum Aufbau einer mathematischen Tabelle kann auch gut die stromorientierte Ausgabeform verwenden, denn die einzige Fallunterscheidung ist bei der Logarithmusfunktion für $x = 0$ zu treffen. Mit dem oben Besprochenen wird das Programm

```
PROGRAM Tabelle_2
IMPLICIT NONE
REAL    :: x
INTEGER :: i
WRITE(*, 900)
WRITE(*, 910)
DO i = 0, 10
    x = 0.1 * REAL(i)
    WRITE(*, '(2X, F4.2 )', ADVANCE = 'NO') x
    WRITE(*, '(2X, F9.6 )', ADVANCE = 'NO') SQRT(x)
    WRITE(*, '(2X, E12.6)', ADVANCE = 'NO') COS(x)
    WRITE(*, '(2X, F9.6 )', ADVANCE = 'NO') ASIN(x)
    IF (i == 0) THEN
        WRITE(*, '(4X, ''NICHT DEF'')')
    ELSE
        WRITE(*, '(2X, E12.6)') LOG(x)
    END IF
END DO
STOP
900 FORMAT(4X, 'x', 4X, 'Wurzel x', 6X, 'cos x', 6X, &
           'arcsin  x', 6x, 'ln x')
910 FORMAT(1X, 56('='))
END PROGRAM Tabelle_2
```

ebenfalls eine Werteübersicht zeilenweise aufbauen, da die *WRITE*-Anweisungen im *IF*- und im *ELSE*-Block ohne die Angabe *ADVANCE* = 'NO' immer zum Schluß einen Zeilenvorschub bewirken. Lassen Sie auch dieses Programm ablaufen, und überzeugen Sie sich davon, daß dadurch die schon auf andere Weise erstellte Tabelle detailgetreu reproduziert wird.

5.4 Aufgaben

Aufgabe 5.1

Entwickeln Sie ein Programm, das mit den Angaben aus Abschnitt 5.1 eine Umrechnungstabelle zum Ankauf jeder der vier Fremdwährungen so erstellt, wie man es gewohnt ist: Zu glatten Lire-, Peseten-, Drachmen- und Escudos-Werten soll der entsprechende Rückkaufswert in DM wiedergegeben werden. Die Größe der einzelnen Fremdwährungsbeträge ist dabei so zu wählen, daß DM-Werte bis zur Größenordnung von etwa 5000 Berücksichtigung finden.

Aufgabe 5.2

Erstellen Sie über ein Fortran-Programm eine Tabelle in übersichtlicher Form, die die Werte der Funktionen

$$\arccos x,\ \sinh x,\ \tanh x,\ \cot x,\ \log_{10} x$$

im Bereich $-2 \leq x \leq 2$ in Schritten von 0.1 wiedergibt. Nutzen Sie hierzu die Fortran-Standardfunktionen

ACOS(R)	für die Arkuskosinusfunktion,
SINH(R)	für den Hyperbelsinus (sinus hyperbolicus),
TANH(R)	für den Hyperbeltangens (tangens hyperbolicus),
TAN(R)	für den Tangens im Bogenmaß,
LOG10(R)	für den dekadischen Logarithmus.

die mit Größen R vom Typ *REAL* einer zulässigen Genauigkeitsvariante aufgerufen werden können und einen Wert entsprechenden Typs berechnen.

Beachten Sie die Einschränkungen

ACOS(x)   ist nur für $|x| \leq 1$ definiert,

$$\cot x = \frac{1}{\text{TAN}(x)}$$ ist nicht für $x \in \{0, \pm \pi, \pm 2\pi \dots\}$ berechenbar,

LOG10(x)   verlangt $x > 0$.

Geben Sie in solchen Fällen *NICHT DEF* aus. Wählen Sie für die Funktionen arccos x, tanh x und $\log_{10} x$ ein Festpunktformat mit 4 Stellen hinter dem Dezimalpunkt und für die übrigen Funktionen ein Gleitpunktformat mit 3 Mantissenstellen.

Verwenden Sie einmal den **Skalierungsfaktor** *1P* vor dem Gleitpunktformat, der dafür sorgt, daß eine signifikante Stelle in der Mantisse **vor** dem Dezimalpunkt erscheint, und einmal nicht. Hat das auch Konsequenzen für die anderen ausgegebenen Werte?

Versuchen Sie, die gleiche Wirkung bei den Gleitpunktausgaben durch eine *ES*-**Formatangabe** anstelle der *E*-Formatangabe zu erzielen. Das *ES*-Format erzeugt eine Ausgabe in wissenschaftlicher Schreibweise, also mit einer signifikanten Stelle vor dem Dezimalpunkt.

Wie verhält sich das *G*-Format, wenn man hierüber die Logarithmus- und Kotangenswerte ausgeben läßt?

6 Kontrollstrukturen

Strukturelemente, mit denen man den Ablauf eines Programmes kontrollieren und in Abhängigkeit bestimmter auftretender Situationen steuern kann, machen eine wesentliche Stärke höherer Programmiersprachen aus. Fortran hat hierbei durch seine Aktualisierung zu Fortran 90 mächtig dazugewonnen und erfüllt nun mehr als üblich die Anforderungen an eine strukturierte Programmierung. Wir werden im folgenden Verzweigungen in Abhängigkeit von logischen Bedingungen, Fallunterscheidungen, bestimmte Wiederholungen von Anweisungsgruppen sowie – der Vollständigkeit halber und kurz – den meist vermeidbaren unbedingten Sprung behandeln.

6.1 Verzweigungen (*IF*- und Block-*IF*-Struktur)

▨ Logische *IF*-Anweisung
Die einfachste Form der Ausführung einer bestimmten Anweisung in einer festgelegten Situation stellt die logische *IF*-Anweisung dar. Sie dient dazu, in Abhängigkeit von einem logischen Ausdruck eine Fortran-90-Anweisung auszuführen oder nicht. Ihre allgemeine Gestalt ist

    IF (*logischer_Ausdruck*) *ausführbare_Anweisung*

Liefert der *logische_Ausdruck* als Ergebnis den Wert wahr (*.TRUE.*), so wird die *ausführbare_Anweisung* (siehe auch Kapitel 11.3) ausgeführt, ansonsten nicht. Als Strukturelement entspricht die logische *IF*-Anweisung einer einfachen Verzweigung ohne Alternative:

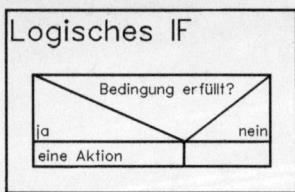

In einfachen Situationen ist die logische *IF*-Anweisung oft hilfreich. So wurde in Kapitel 4.3 bei der Datumsüberprüfung

```
IF(Monat == 2) THEN
    ok_Tag = 1 <= Tag .AND. Tag <= 28
END IF
```

verwendet, was auch gleichwertig durch die eine Anweisung

```
IF(Monat == 2) ok_Tag = 1 <= Tag .AND. Tag <= 28
```

wiedergegeben werden kann.

Beispiel:
Zu entwickeln sei ein Programm, das beliebig viele ganze Zahlen einliest und den prozentualen Anteil der dabei vorkommenden geraden Zahlen ermittelt und ausgibt. Über ein Struktogramm formuliert heißt das:

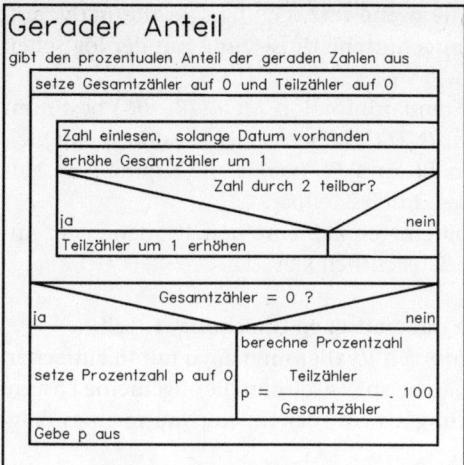

Gerader Anteil
gibt den prozentualen Anteil der geraden Zahlen aus

Eine Umsetzung in ein Fortran-Programm kann dann so aussehen:

```fortran
PROGRAM gerader_Anteil

IMPLICIT NONE
INTEGER :: Gesamt_Zaehler = 0, Teil_Zaehler = 0, Zahl
REAL    :: p

DO
    READ(*, *, END = 100) Zahl
    Gesamt_Zaehler = Gesamt_Zaehler + 1
    IF (MOD(Zahl, 2) == 0) Teil_Zaehler = Teil_Zaehler + 1
END DO
100 p = 0
IF (Gesamt_Zaehler /= 0) p = Teil_Zaehler * 100. / &
                             Gesamt_Zaehler
WRITE(*, *) ' Prozentzahl p = ', p
STOP
END PROGRAM gerader_Anteil
```

Obwohl im Struktogramm die zweite Verzweigung eine Alternative aufweist, kommt die programmtechnische Umsetzung mit der logischen *IF*-Anweisung aus!

Die hier benutzte Fortran-Standardfunktion $MOD(\mathbb{R}_1, \mathbb{R}_2)$ bestimmt den Divisionsrest der beiden *INTEGER*- oder *REAL*-Ausdrücke mit gleichen Genauigkeitsvarianten $\mathbb{R}_1$ und $\mathbb{R}_2$ (vergleiche Kapitel 4.3). Nur eine gerade Zahl ist ohne Rest durch 2 teilbar.

Testen Sie das Programm mit einigen Zahlenreihen, bei denen der Anteil gerader Zahlen für Sie offensichtlich klar ist.

■ **Allgemeine Lösung einer quadratischen Gleichung, 1. Teil**

Diese simple Fallunterscheidung hilft allerdings auch nur in einfachen Situationen weiter. Wenn man beispielsweise an die allgemeine Lösung einer quadratischen Gleichung als Nullstellenberechnung eines Polynoms zweiten Grades

$$P(x) = ax^2 + bx + c$$

mit reellen Koeffizienten a, b und c denkt, so müssen doch eine ganze Reihe von Fällen abgesondert werden (vergleiche Aufgabe 1.4 in Kapitel 1.6 sowie die Kapitel 3.4 und 4.2):

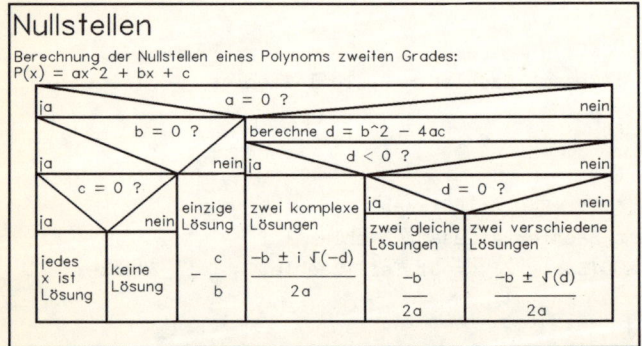

Für solche Gegebenheiten stellt Fortran als mächtiges Werkzeug **Block-IF-Strukturen** zur Verfügung. Sie sind wesentlich flexibler als die logische *IF*-Anweisung und dienen dazu, mehrere zusammenhängende Bedingungen zu behandeln und in der Regel in Abhängigkeit davon auf genau einen auszuführenden Anweisungsblock zu gelangen.

▨ Einfacher *IF*-Block

```
IF (logische_Bedingung) THEN
   .
   .  ! IF_Block
   .
END IF
```

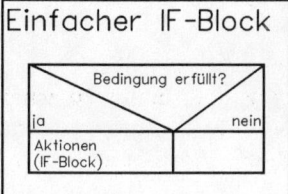

▨ Alternative Verzweigung

```
IF (logische_Bedingung) THEN
   .
   .  ! IF_Block
   .
ELSE
   .
   .  ! ELSE_Block
   .
END IF
```

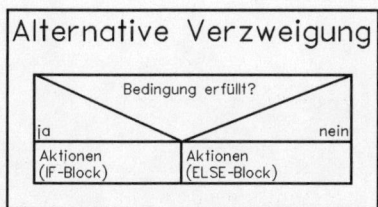

■ Mehrfache Verzweigung

```
IF (logische_Bedingung_0) THEN
   .
   .   ! IF_Block
   .
ELSE IF (logische_Bedingung_1) THEN
   .
   .   ! ELSE_IF_Block_1
   .
ELSE IF (logische_Bedingung_2) THEN
   .
   .   ! ELSE_IF_Block_2
   .


.
.
.


ELSE IF (logische_Bedingung_n) THEN
   .
   .   ! ELSE_IF_Block_n
   .
ELSE
   .
   .   ! ELSE_Block
   .
END IF
```

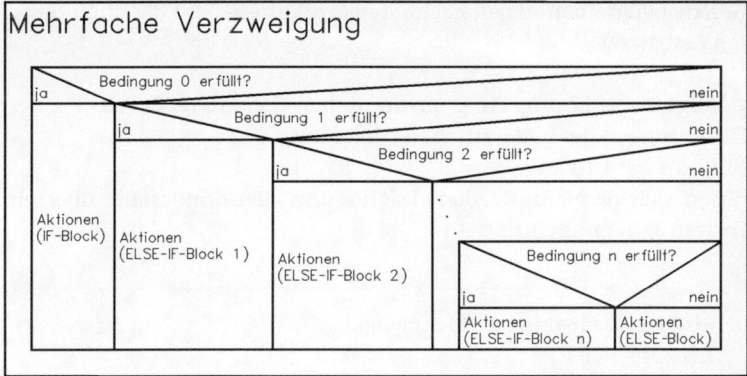

Sollte eine endgültige Alternative entfallen, so braucht die *ELSE*-Anweisung mit dem (dann leeren) *ELSE*-Anweisungsblock nicht aufgeführt zu werden.

Man kann die ersten beiden Situationen als Sonderfälle der mehrfachen Verzweigung auffassen, die folgendermaßen abgearbeitet wird: Die *logischen Bedingungen 0, 1, ..., n* werden der Reihe nach bis zu der Bedingung, die als erste wahr (*.TRUE.*) ist, ausgewertet. Gibt es eine erste Bedingung, die wahr ist, so wird der zugehörige Anweisungsblock ausgeführt und anschließend hinter die *ENDIF*-Anweisung verzweigt. Ist keine der *logischen Bedingungen 0, 1, ..., n* wahr, wird der *ELSE*-Anweisungsblock vollzogen und mit der dem *ENDIF* folgenden Anweisung die Programmausführung fortgesetzt; fehlt die *ELSE*-Anweisung mit einem Anweisungsteil, so kommt in diesem Fall kein Anweisungsblock zum Zuge. Jeder der beteiligten Anweisungsblöcke kann eine oder mehrere ausführbare Fortran-90-Anweisungen einschließen, die auch eine weitere *IF*-Block-Struktur enthalten können, so daß *IF*-Block-Strukturen auch geschachtelt verwendet werden dürfen.

Block-*IF*-Strukturen können mit Fortran-Namen gekennzeichnet sein. Dies betrifft in erster Linie die erste und letzte Anweisung in folgender Weise:

If_Name: IF (*logische_Bedingung*) THEN
        .
        .
        .
        END IF *If_Name*

Gerade bei ineinandergeschachtelten Strukturen dient das einer besseren Lesbarkeit.

▨ Allgemeine Lösung einer quadratischen Gleichung, 2. Teil

Die Lösungen der quadratischen Gleichung

$$P(x) = ax^2 + bx + c = 0$$

lassen sich damit unter Berücksichtigung aller Sonderfälle über ein Fortran-Programm ermitteln:

```
PROGRAM Quadratische_Gleichung
IMPLICIT NONE
REAL    :: a, b, c, d, zweia, x, x1, x2, Wurzel
COMPLEX :: z1, z2
WRITE(*, 900, ADVANCE = 'NO')
READ(*, *) a, b, c                    ! Eingabe der Koeffi-
                                      ! zienten
Fall_1: IF (a == 0.0) THEN
            IF (b == 0.0) THEN
                IF (c == 0.0) THEN
                    WRITE(*, 910)     ! jedes x ist Lösung
                ELSE
                    WRITE(*, 920)     ! keine Lösung
                END IF
            ELSE
                x = - c / b
                WRITE(*, 930) x       ! einzige Lösung
            END IF
        ELSE
            d = b * b - 4 * a * c
            zweia = 2 * a
    Fall_2: IF (d < 0.0) THEN
                Wurzel = SQRT(-d)
                z1 = CMPLX(-b, Wurzel) / zweia
                z2 = CONJG(z1)
                WRITE(*, 940) z1, z2  ! zwei komplexe Lö-
                                      ! sungen
            ELSE IF (d == 0.0) THEN
                x1 = -b / zweia
```

```
                    x2 = x1
                    WRITE(*, 950) x1, x2   ! zwei gleiche Lö-
                                             sungen
              ELSE
                    Wurzel = SQRT(d)
                    x1 = (-b + Wurzel) / zweia
                    x2 = (-b - Wurzel) / zweia
                    WRITE(*, 960) x1, x2   ! zwei verschiedene
                                           ! Lösungen
              END IF Fall_2
        END IF Fall_1
STOP
900 FORMAT(1X, 'Geben Sie die Koeffizienten ein: ')
910 FORMAT(1X, 'Jedes x ist Lösung.')
920 FORMAT(1X, 'Keine Lösung. Bitte Eingabe überprüfen!')
930 FORMAT(1X, 'Die einzige Lösung ist ', E11.4)
940 FORMAT(1X, 'Die Lösung ist komplex: ', E11.4, &
            ' + i *', E11.4, 2X, E11.4, ' + i * ', E11.4)
950 FORMAT(1X, 'Zwei gleiche Lösungen: ', E11.4, 2X, E11.4)
960 FORMAT(1X, 'Zwei verschiedene Lösungen: ', E11.4, 2X, &
            E11.4)
END PROGRAM Quadratische_Gleichung
```

Ein Programmablauf könnte dann so aussehen:

```
Geben Sie die Koeffizienten ein: 2, 8, 2
Zwei verschiedene Lösungen: -0.2679E+00  -0.3732E+01
```

Das zugehörige Polynom wäre nämlich $2x^2 + 8x + 2$, und für dessen Nullstellen ergibt sich bekanntlich:

$$x^2 + 4x + 1 = 0 \quad \Leftrightarrow \quad x_{1,2} = -2 \pm \sqrt{(4-1)} = -2 \pm \sqrt{3} = \begin{cases} -2+\sqrt{3} = -0.2679 \\ -2-\sqrt{3} = -3.7321 \end{cases}$$

Beispiel:

Es soll eine Meßreihe mit einer unbekannten Anzahl von reellen Zahlen als Meßwerte eingelesen und die Anzahl der Werte sowie die darin enthaltene größte und kleinste Zahl bestimmt und ausgegeben werden.

```fortran
PROGRAM Messreihe
IMPLICIT NONE
INTEGER :: Anzahl = 0
REAL    :: groesste_Zahl, kleinste_Zahl, Zahl
READ(*, *) Zahl                        ! 1. Zahl einlesen
Anzahl = Anzahl + 1
kleinste_Zahl = Zahl                   ! Werte
groesste_Zahl = Zahl                   ! vorbesetzen
DO
    READ(*, *, END = 100) Zahl         ! weitere Zahlen
                                       ! einlesen
    Anzahl = Anzahl + 1
    IF (Zahl > groesste_Zahl) THEN     ! bisher größten
        groesste_Zahl = Zahl           ! Wert ermitteln
    ELSE IF (Zahl < kleinste_Zahl) THEN ! bisher kleinsten
        kleinste_Zahl = Zahl           ! Wert ermitteln
    END IF
END DO
100 WRITE(*,*) ' Es wurden ', Anzahl, ' Werte eingelesen'
WRITE(*,*) ' Der größte eingelesene Wert ist    ', &
            groesste_Zahl
WRITE(*,*) ' Der kleinste eingelesene Wert ist ', &
            kleinste_Zahl
STOP
END PROGRAM Messreihe
```

Die Block-IF-Struktur läßt sich in diesem Fall übrigens unter Ausnutzung von Fortran-Standardfunktionen umgehen: gleichwertig ist

```
groesste_Zahl = MAX(groesste_Zahl, Zahl)
kleinste_Zahl = MIN(kleinste_Zahl, Zahl)
```

Die Funktionen *MAX* und *MIN* ermitteln zu mindestens zwei Argumenten den größten beziehungsweise kleinsten der als Argumente aufgeführten Werte. Dies können Konstanten, Variablen oder arithmetische Ausdrücke und müssen alle vom gleichen Datentyp *INTEGER* oder REAL einer zulässigen Genauigkeitsvariante sein. Die Höchstzahl der Argumente ist systemabhängig (aber sicherlich größer, als man es übersichtlich anwenden kann).

Lautet die Eingabe

```
100
2.5
-12345
-23.5678
34567
```

so liefert das Programm die Ausgabe

```
Es wurden 5 Werte eingelesen
Der größte eingelesene Wert ist    3.4567000E+04
Der kleinste eingelesene Wert ist  -1.2345000E+04
```

6.2 Fallunterscheidungen (*CASE*-Struktur)

Die Block-*IF*-Strukturen sind sehr allgemein gehalten. Bezüglich der aufgeführten Bedingungen gibt es keine Einschränkungen (außer eben, daß sie auf einen der beiden möglichen logischen Werte führen müssen), und die zuerst erreichte wahre Bedingung leitet die Ausführung des entsprechenden Anweisungsblockes ein. Danach kommt keine weitere Bedingung dieser Block-IF-Struktur mehr zum Zuge (unabhängig davon, ob sie wahr oder falsch wäre). Insofern lassen sich damit alle möglichen Fallunterscheidungen behandeln.

Fortran 90 stellt für bestimmte Gegebenheiten eine weitere Möglichkeit, Fälle zu unterscheiden, zur Verfügung. Die Verwendung dieser sogenannten *CASE*-Struktur zwingt zu einer »sauberen« Programmierung, das heißt, sie vermeidet vage Eventualitäten (die bei Bedingungen in Block-*IF*-Strukturen, die Rechnungen im *REAL*-Bereich enthalten, ungewollt auftreten können) und verlangt die Abschätzung aller zu berücksichtigenden Ereignisse im vorhinein. Insofern hat sie ihre Berechtigung und sollte auch zur besseren Übersichtlichkeit verwendet werden, wenn es zulässig ist.

▨ Allgemeine *CASE*-Struktur

Soll beispielsweise ein Programm die Umrechnung der Längeneinheit «Meter» in eine andere Längeneinheit, die der Benutzer im Bereich «internationale Seemeile», «inch», «foot», «Meilen» und «Kilometer» frei wählen kann, vornehmen, so läßt sich dies vorteilhaft mit einer *CASE*-Struktur umsetzen, die allgemein zur Behandlung gewisser sich ausschließender Fälle geeignet ist. Mit ihr ist es möglich, in Abhängigkeit von einem Auswahlausdruck und mehreren Wertelisten einen bestimmten von angegebenen Anweisungsblöcken auszuführen.

Eine allgemeine *CASE*-Struktur ist gegeben durch

```
SELECT CASE (Auswahlausdruck)
    CASE (Werteliste_1)
        .

        ·   ! CASE_Block_1
        .

    CASE (Werteliste_2)
        .

        ·   ! CASE_Block_2
        .



        ·

        ·

        ·


    CASE (Werteliste_n)
        .
```

```
   ·   ! CASE_Block_n
   ·

   CASE DEFAULT
   ·

   ·   ! DEFAULT_Block
   ·
END SELECT
```

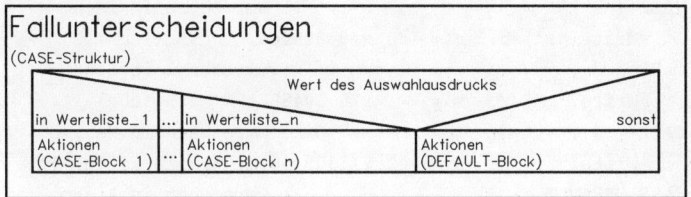

Kommt eine zusätzliche Betrachtung für «Sonstiges» (*DEFAULT*) nicht in Frage, so darf die *CASE-DEFAULT*-Anweisung mit dem *DEFAULT*-Block entfallen.

Das Längenumrechnungsprogramm kann damit folgendermaßen aussehen:

```
PROGRAM Umrechnung
IMPLICIT NONE
INTEGER :: w
REAL    :: x
WRITE(*,*) ' Wahl    --> Bedeutung'
WRITE(*,*)                                              &
'======================================================'
WRITE(*,*) ' 1       --> Umrechnung von Meter in int.', &
                        ' Seemeilen'
WRITE(*,*) ' 2       --> Umrechnung von Meter in inch'
WRITE(*,*) ' 3       --> Umrechnung von Meter in foot'
WRITE(*,*) ' 4       --> Umrechnung von Meter in Meilen'
WRITE(*,*) ' beliebig --> Umrechnung von Meter in Kilometer'
WRITE(*,*)                                              &
'======================================================'
```

```
WRITE(*,*) ' Geben Sie ''Wahl'' und ''x'' ein:'
READ(*,*) w, x
WRITE(*,*)
SELECT CASE ( w )
    CASE ( 1 )                                ! Umrechnen in int.
                                              ! Seemeilen
        Write(*,*) x, 'm => ', x/1852.222,  &
                       ' sm (int. Seemeilen) !'
    CASE ( 2 )                                ! Umrechnen in inch
        Write(*,*) x, 'm => ', x/0.025444,  ' in (inch) !'
    CASE ( 3 )                                ! Umrechnen in foot
        Write(*,*) x, 'm => ', x/0.304888,  ' ft (foot) !'
    CASE ( 4 )                                ! Umrechnen in Meilen
        Write(*,*) x, 'm => ', x/1609.3444, ' mile (mile) !'
    CASE DEFAULT                              ! Umrechnen in Kilome-
                                              ! ter
        Write(*,*) x, 'm => ', x/1000.0,      ' km !'
END SELECT
STOP
END PROGRAM Umrechnung
```

Ein Durchlauf mit dem uns vertrauten FTN90 sieht dann so aus:

```
 Wahl     --> Bedeutung
 ======================================================
 1        --> Umrechnung von Meter in int. Seemeilen
 2        --> Umrechnung von Meter in inch
 3        --> Umrechnung von Meter in foot
 4        --> Umrechnung von Meter in Meilen
 beliebig --> Umrechnung von Meter in Kilometer
 ======================================================
 Geben Sie 'Wahl' und 'x' ein:
3 1.237

   1.2370000 m =>    4.0572276  ft (foot) !
```

Auch eine *CASE*-Struktur darf mit einem Fortran-Namen gekennzeichnet sein; dies betrifft dann die erste und die letzte Anweisung wie folgt:

Case_Name: SELECT CASE (*Auswahlausdruck*)
.
.
.

    END SELECT *Case_Name*

Als *Auswahlausdruck* ist eine *INTEGER*- oder *LOGICAL*-Variable beziehungsweise allgemein ein ganzzahliger oder logischer Ausdruck zugelassen, das heißt, als Ergebnis muß sich eine ganze Zahl oder ein logischer Wert ergeben. (Die noch zulässige Möglichkeit einer Zeichenreihe wird in Kapitel 9.2 erläutert.)
Jede der in Klammern angegebenen *Wertelisten 1, ..., n* ist von der Form

    Wert_Ausdruck [, *Wert_Ausdruck*, ...]

Dabei ist *Wert_Ausdruck* vom gleichen Datentyp wie *Auswahlausdruck* und entweder ein einzelner konstanter Wert oder ein Intervall von konstanten Werten. Die Intervallangaben sind für ganze Zahlen (und Zeichen) gedacht und werden durch folgende Schreibweise definiert:

Schreibweise	Zugehörige Intervallwerte
Grenzwert	Alle Werte, die kleiner oder gleich dem *Grenzwert* sind.
Grenzwert:	Alle Werte, die größer oder gleich dem *Grenzwert* sind.
Untergrenze:Obergrenze	Alle Werte, die zwischen der *Untergrenze* und der *Obergrenze* (einschließlich der beiden Grenzen) liegen.

Innerhalb aller *Wertelisten* einer *CASE*-Struktur darf ein Wert nicht mehrfach vorkommen.
Jeder in einer *CASE*-Struktur enthaltene Anweisungsblock steht für eine oder mehrere ausführbare Anweisungen (siehe auch Kapitel 11.3). In Abhängigkeit von dem *Auswahlausdruck* wird der *CASE*-Block ausgeführt, der zu der *Werteliste* gehört, die den Wert des *Auswahlausdrucks* enthält. Nur wenn der Wert des *Auswahlausdrucks* in keiner der angegebenen *Wertelisten* auftritt, wird ein eventueller *DEFAULT*-Anweisungsblock abgearbeitet.

Nach Abarbeitung eines Anweisungsblockes in der *CASE*-Struktur wird die Programmausführung hinter der *END SELECT*-Anweisung fortgesetzt.

Beispiele:

1. *Alter* gebe das Alter einer Person als ganze Zahl an:

```
AltersGruppen: SELECT CASE (Alter)
    CASE (  : 0)
        WRITE(*, *) ' Altersangabe unzulässig!'
    CASE ( 1: 9)
        WRITE(*, *) ' Altersgruppe 1: ', Alter
    CASE (10:21)
        WRITE(*, *) ' Altersgruppe 2: ', Alter
    CASE (22:35)
        WRITE(*, *) ' Altersgruppe 3: ', Alter
    CASE (36:45)
        WRITE(*, *) ' Altersgruppe 4: ', Alter
    CASE (46:65)
        WRITE(*, *) ' Altersgruppe 5: ', Alter
    CASE DEFAULT
        WRITE(*, *) ' Altersgruppe 6: ', Alter
END SELECT AltersGruppen
```

2. *x* sei eine reelle Zahl, aus der eine reelle Wurzel gezogen werden soll. Dann ist alternativ zu einer *IF-THEN-ELSE*-Struktur zulässig:

```
Wurzel: SELECT CASE (x < 0.0)
        CASE (.TRUE.)
           WRITE (*,*) ' reelle Wurzel aus ', x, &
                       ' existiert nicht'
        CASE (.FALSE.)
           WRITE (*,*) ' reelle Wurzel aus ', x, ' : ', &
                       SQRT(x)
        END SELECT Wurzel
```

▩ Gaußsche Osterbestimmung

Ein Problem kann es sein, Rücksicht auf bestimmte Feiertage nehmen zu müssen, die nicht das aktuelle Jahr betreffen und deshalb kalendermäßig oft nicht direkt abrufbar sind. Eine Reihe von Feiertagen wie Karfreitag, Ostermontag, Pfingsten und so weiter orientieren sich am Ostersonntag. Insofern kann ein Programm, das den Ostersonntag für in unseren Zeithorizont passende Jahre ermittelt, Abhilfe leisten. Darüber hat sich schon das große Genie Karl Friedrich Gauß Gedanken gemacht:

Bezeichnet *Jahr* das vorgegebene Jahr, das zwischen 1700 und 2199 liegen muß, so ist mit den Größen

$m = 23$ und $n = 3$, falls *Jahr* = 17xx
$m = 23$ und $n = 4$, falls *Jahr* = 18xx
$m = 24$ und $n = 5$, falls *Jahr* = 19xx oder 20xx
$m = 24$ und $n = 6$, falls *Jahr* = 21xx

$a = Jahr \bmod 19$
$b = Jahr \bmod 4$
$c = Jahr \bmod 7$
$d = (19a + m) \bmod 30$
$e = (2b + 4c + 6d + n) \bmod 7$

mit der mathematischen Modulo-Funktion *mod* nach der Gaußschen Osterbestimmung der Ostersonntag des Jahres *Jahr* am

$(22 + d + e)$ten März, falls $22 + d + e \leq 31$ ist,

beziehungsweise am

$(d + e - 9)$ten April,

wenn man zusätzlich noch berücksichtigt, daß statt des 26. April der 19. April und im Fall $a \geq 11$ statt des 25. April der 18. April zu wählen ist. Die Schritte zur Ermittlung des Ostersonntag-Datums «Tag.Monat. Jahr» sind damit eindeutig vorgegeben und bauen auf folgende Struktur auf:

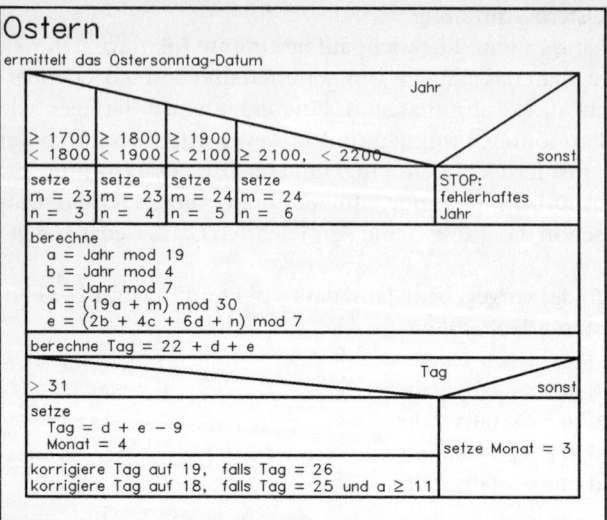

Die erforderlichen Werte für die Größen *a* bis *e* lassen sich mit der Modulofunktion *MODULO*(IR_1, IR_2) berechnen, die allgemein zu zwei Konstanten, Variablen oder arithmetischen Ausdrücken IR_1 und IR_2 vom gleichen Datentyp *INTEGER* oder *REAL* einer zulässigen Genauigkeitsvariante den Wert IR_1 mod IR_2 (IR_1 modulo IR_2) ermittelt; das Ergebnis ist vom gleichen Typ. (Die Standardfunktionen *MODULO* und *MOD* liefern für Argumente mit unterschiedlichen Vorzeichen verschiedene Ergebnisse!) Als Fortran-90-Programm folgt daraus:

```
PROGRAM Ostern
IMPLICIT NONE
INTEGER a, b, c, d, e, m, n, Tag, Monat, Jahr
READ(*, *, END = 100) Jahr
SELECT CASE (Jahr)
    CASE (1700:1799)
        m = 23; n = 3
    CASE (1800:1899)
        m = 23; n = 4
    CASE (1900:2099)
        m = 24; n = 5
```

```
      CASE (2100:2199)
          m = 24; n = 6
      CASE DEFAULT
          WRITE(*, *) ' Jahreszahl unzulässig'
          STOP 'falsche Jahreszahl'
END SELECT
a = MODULO(Jahr, 19)
b = MODULO(Jahr,  4)
c = MODULO(Jahr,  7)
d = MODULO(19 * a + m, 30)
e = MODULO(2 * b + 4 * c + 6 * d + n, 7)
Tag = 22 + d + e
SELECT CASE (Tag)
    CASE (32: )
        Tag = d + e - 9
        Monat = 4
        IF (Tag == 26) Tag = 19
        IF (a >= 11 .AND. Tag == 25) Tag = 18
    CASE DEFAULT
        Monat = 3
END SELECT
WRITE(*, *) ' Ostern ist am ', Tag, '.', Monat, '.', Jahr
100 STOP
END PROGRAM Ostern
```

Wie muß eine Erweiterung aussehen, die hiermit das Datum des Karfreitags und des Ostermontags ausgibt (vergleiche auch Aufgabe 6.5 in Abschnitt 6.5)?

6.3 Wiederholungen (*DO*-Schleife)

Bisher haben wir nur eine Möglichkeit kennengelernt, wiederholte Durchläufe eines Anweisungsblocks ausführen zu lassen. Fortran 90 stellt unter dem Begriff *DO*-Schleife jedoch ein mächtiges Werkzeug zur Verfügung. Sie dient generell dazu, eine oder mehrere Fortran-90-Anweisungen bis zur Erfüllung einer Abbruchbedingung wiederholt abzuarbeiten. Dabei sind drei Schleifenarten möglich.

Zählschleife

```
[Do_Name:] DO Zählvorschrift
   .
   .   ! Schleifenrumpf
   .
END DO [Do_Name]
```

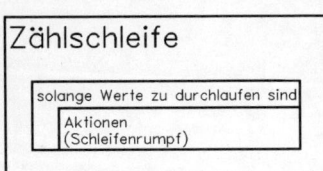

Die *Zählvorschrift* hat allgemein die Form

Laufvariable = *Anfangswert, Endwert* [, *Schrittweite*]

Laufvariable ist eine *INTEGER*-Variable, die im zu durchlaufenden Anweisungsblock (Schleifenrumpf) **nicht** verändert werden darf (das heißt: nicht links von einem Gleichheitszeichen auftreten darf), *Anfangswert* und *Endwert* sowie *Schrittweite*, falls angegeben, sind numerische Ausdrücke, die ein ganzzahliges Ergebnis liefern. Zu Beginn wird *Laufvariable* mit *Anfangswert* vorbesetzt und nach jedem Durchlauf des Schleifenrumpfs um *Schrittweite* oder um 1, falls diese Angabe fehlt, verändert. Die Anweisungsgruppe zwischen der *DO*- und der *END-DO*-Anweisung wird so oft durchlaufen, bis durch die jeweilige Änderung der *Laufvariable*n erstmals der *Endwert* überschritten wird.

DO-WHILE-Schleife

```
[Do_Name:] DO WHILE (logische_Bedingung)
   .
   .   ! Schleifenrumpf
   .
END DO [Do_Name]
```

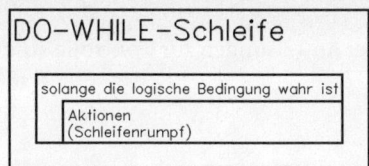

Dies gibt ebenfalls eine Schleife mit vorausgehender Prüfung der Abbruchbedingung wieder: Die Anweisungen im Schleifenrumpf werden immer wieder ausgeführt, solange die *logische_Bedingung* erfüllt ist, also den Wahrheitswert *.TRUE.* annimmt.

Im Gegensatz zur Zählschleife wird hierbei vor Eintritt in den Schleifenblock die Anzahl der Durchläufe noch nicht endgültig feststehen.

■ **Endlosschleife**

```
[Do_Name:] DO
    .
    .   ! Schleifenrumpf
    .
END DO [Do_Name]
```

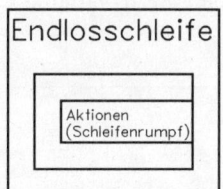

Die Anweisungen im Schleifenrumpf werden quasi unendlich oft wiederholt. Um eine Endlosschleife zu verlassen, muß innerhalb der *DO*-Anweisungsgruppe eine Abbruchbedingung formuliert werden, die zu gegebener Situation greift.

Der mit eckigen Klammern angedeutete und deshalb optionale *Do_Name* einer Schleife dient der besseren Lesbarkeit etwa bei der Verwendung mehrerer Schleifen. Wenn eine Schleife mit einem *Do_Namen* versehen wird, so muß diese Benennung zu Beginn und am Ende auftreten.

■ *EXIT*- und *CYCLE*-Anweisung

Nützlich sind noch die folgenden zwei Anweisungen zur Kontrolle von Schleifendurchläufen: Mit

```
EXIT [Do_Name]
```

wird die Ausführung der Schleife mit dem Namen *Do_Name*, in deren Rumpf sich diese Anweisung befinden muß, beendet. Fehlt die Angabe des Namens, so bezieht sich diese Anweisung auf die nächstliegende Schleife. Durch die Anweisung

```
CYCLE [Do_Name]
```

wird der aktuelle Schleifendurchlauf der DO-Schleife mit dem Namen *Do_Name* oder – falls diese Benennung fehlt – derjenige der nächstliegenden Schleife beendet und der nächste Schleifendurchlauf initiiert.

■ Vorsicht bei Bedingungen mit *REAL*-Zahlen

Jede der Schleifenarten hat spezielle Vorteile; es gibt Situationen, bei denen alle diese Arten verwendbar sind, wenn auch Vorsicht geboten ist: Beispielsweise wurden im letzten Kapitel Tabellen für mathematische Funktionen erzeugt, die sich auf x-Werte im Abstand von 0.1 bezogen. Man hätte dazu auch andere Schleifentypen als die Zählschleife verwenden können. Diese Situation läßt sich für eine *REAL*-Variable x auf ein Programmsegment der Form

```
x = -1.6
DO WHILE (x < -1.0)
    x = x + 0.1
    WRITE(*,*) 'x = ', x
END DO
```

herunterbrechen, das die folgende Ausgabe bewirkt:

```
x =   -1.5000000
x =   -1.4000000
x =   -1.3000000
x =   -1.1999999
x =   -1.0999999
x =   -0.9999999
```

Die Formulierung der Bedingungsanweisung

```
DO WHILE (x /= -1.0)
```

hätte **nicht** zum Abbruch geführt, genauso wie die folgende Schleife
mit formulierter Abbruchbedingung:

```
x = -1.6
DO
    x = x + 0.1
    WRITE(*,*)'x = ', x
    IF (x == -1.0) EXIT
END DO
```

In beiden Fällen würden zu den eigentlich gewünschten sechs Ausgabe-
bezeilen beliebig viele weitere entsprechend

```
x =   -1.5000000
x =   -1.4000000
x =   -1.3000000
x =   -1.1999999
x =   -1.0999999
x =   -0.9999999
x =   -0.8999999
       .
       .
       .
```

folgen. Dies liegt daran, daß sich *REAL*-Zahlen bis auf Ausnahmen im
Rechner nicht exakt darstellen lassen, das heißt mit Rundungsfehlern
behaftet sind. Dies betrifft gerade Zahlen wie 0.1, 0.01 und so weiter,
wie schon obige listengesteuerte Ausgaben vermuten lassen (formatiert
ist so etwas zu unterdrücken!). Deshalb wird die exakte Gleichheit mit
einer theoretisch stimmigen Dezimalzahl praktisch nie im Rechner
erfüllt sein!

Bei der Endlosschleife kann das über eine andere Formulierung der Abbruchbedingung wie etwa

```
IF (x >= - 1.0) EXIT
```

abgefangen werden. Aber auch das ist nicht ganz sicher: Je nachdem, ob die rechnerinterne Wiedergabe der Zahl 0.1 ein ganz kleines bißchen unterhalb oder oberhalb der genauen Zahl 0.1 liegt, wird unter Umständen ein Durchlauf mehr als gedacht erzeugt.

Diesen Schwierigkeiten geht die Zählschleife aus dem Weg. Ganze Zahlen werden im zulässigen Darstellungsbereich stets exakt rechnerintern reproduziert. Der folgende Programmausschnitt mit einer Zählschleife

```
DO i = -15, -10
    x = 0.1 * REAL(i)
    WRITE(*,*) 'x = ', x
END DO
```

führt deshalb unabhängig von internen Zahlendarstellungsmängeln immer zur gewollten Anzahl von Durchläufen:

```
x =   -1.5000000
x =   -1.4000000
x =   -1.3000001
x =   -1.2000000
x =   -1.1000000
x =   -1.0000000
```

■ Schachtelung von Kontrollstrukturen

DO-Schleifen oder allgemein Kontrollstrukturen (Block-*IF*-Strukturen, *CASE*-Strukturen, *DO*-Schleifen) können beliebig ineinandergeschachtelt werden, sie dürfen sich nur nicht überschneiden. Ein Anweisungsblock einer Kontrollstruktur darf also einen kompletten anderen strukturierten Anweisungsblock enthalten.

Gerade bei geschachtelten Kontrollstrukturen kann dann mit Benen-
nungen übersichtlich gearbeitet werden.

■ Zur Schleifenkontrolle mit *CYCLE* und *EXIT*

Die Wirkungsweisen der *CYCLE*- und der *EXIT*-Anweisung lassen sich
mit Hilfe der folgenden vier Programme gut veranschaulichen:

```
PROGRAM eins
IMPLICIT NONE
INTEGER :: i, j, k
aussen: DO i = 1, 3
    innen: DO j = 2, 4
        k = 10 * i + j
        WRITE(*,*) k
        IF (j == 3) CYCLE innen
        WRITE(*,*) 'Jetzt geht''s los!'
    END DO innen
END DO aussen
STOP 'alles durch'
END PROGRAM
```

PROGRAM zwei unterscheidet sich neben der *PROGRAM*-Anweisung
nur in einer einzigen Zeile hiervon, und zwar durch *EXIT* anstelle von
CYCLE in der Anweisung

```
IF (j == 3) EXIT innen
```

Bei *PROGRAM drei* sei diese Anweisung ersetzt durch

```
IF (j == 3) CYCLE aussen
```

und bei *PROGRAM vier* durch

```
IF (j == 3) EXIT aussen
```

Nun überlegen Sie sich, was bei den einzelnen Programmen heraus-
kommt. Wir schlagen Ihnen folgende Ergebnisse vor (die sich leicht
überprüfen lassen):
Von *PROGRAM eins* wird ausgegeben

```
12
Jetzt geht's los!
13
14
Jetzt geht's los!
22
Jetzt geht's los!
23
24
Jetzt geht's los!
32
Jetzt geht's los!
33
34
Jetzt geht's los!
STOP: alles durch
```

PROGRAM zwei liefert

```
12
Jetzt geht's los!
13
22
Jetzt geht's los!
23
32
Jetzt geht's los!
33
STOP: alles durch
```

PROGRAM drei führt zur gleichen Ausgabe und *PROGRAM vier* zu

```
12
Jetzt geht's los!
13
STOP: alles durch
```

CYCLE innen und *EXIT innen* in den ersten beiden Programmen haben übrigens die gleiche Wirkung wie nur *CYCLE* oder nur *EXIT*.

Beispiel:
Es gibt (neben den trivialen Lösungen 0 und 1) nur fünf natürliche Zahlen n mit der Eigenschaft, daß die Quersumme ihres Kubus n^3 gleich n ist. Diese fünf Zahlen sollen über ein Programm ermittelt werden.
Deren Bestimmung gliedert sich in die folgenden Schritte:

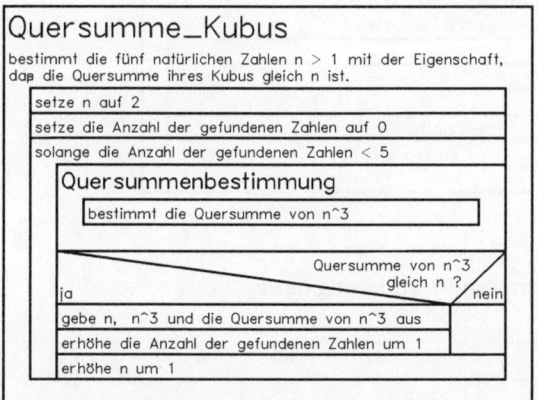

Die einzig verbleibende Schwierigkeit ist die Bestimmung der Quersumme einer natürlichen Zahl n. Da die Ziffernanzahl eine Rolle spielt und bei unterschiedlichen natürlichen Zahlen auch verschieden ist, bietet sich keine *DO*-Zählschleife an. Ziffern einer Zahl lassen sich

nacheinander über den Divisionsrest durch 10 und die *INTEGER-Division* mit 10 bestimmen: Hat man beispielsweise die Zahl 134, so führt die wiederholte Aufspaltung

134
↓
13 , 4 : Ziffer
↓
1 , 3 : Ziffer
↓
0 , 1 : Ziffer
↓
Stop: alle Ziffern ermittelt

zu den Ziffern 4, 3 und 1 dieser Zahl, die man leicht aufaddieren kann. Auf eine allgemeine Zahl k (= n^3) übertragen, heißt das für die »Quersummenbestimmung«:

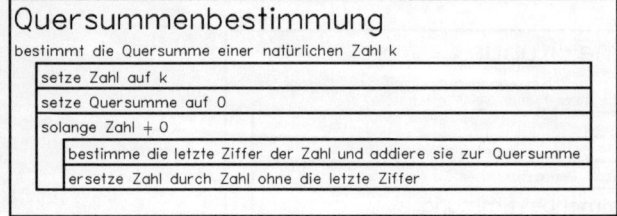

Quersummenbestimmung
bestimmt die Quersumme einer natürlichen Zahl k

| setze Zahl auf k |
| setze Quersumme auf 0 |
| solange Zahl ≠ 0 |
| bestimme die letzte Ziffer der Zahl und addiere sie zur Quersumme |
| ersetze Zahl durch Zahl ohne die letzte Ziffer |

Eine Fortran-90-Programmformulierung dazu wäre:

```
PROGRAM Quersumme_Kubus
IMPLICIT NONE
INTEGER :: n, k, Quersumme, Zahl, Anzahl
n = 2
Anzahl = 0
DO WHILE (Anzahl < 5)
    k = n * n * n
    Zahl = k
```

```
      Quersumme = 0                              ! Quersumme
      DO WHILE (Zahl /= 0)                       ! von
          Quersumme = Quersumme + MOD(Zahl, 10)  ! k = n ^ 3
          Zahl = Zahl / 10                       ! bestimmen
      END DO
      IF (Quersumme == n) THEN
          WRITE(*, 900) n, k, Quersumme
          Anzahl = Anzahl + 1
      END IF
      n = n + 1
  END DO
  STOP 'alle Zahlen gefunden'
  900 FORMAT (1X, 'n = ', I4, ' ,  n**3 = ', I9, &
              ' ,  Quersumme = ', I4)
  END PROGRAM Quersumme_Kubus
```

Das Programm bewirkt die folgende Ausgabe:

```
n =   8 , n**3 =     512 , Quersumme =   8
n =  17 , n**3 =    4913 , Quersumme =  17
n =  18 , n**3 =    5832 , Quersumme =  18
n =  26 , n**3 =   17576 , Quersumme =  26
n =  27 , n**3 =   19683 , Quersumme =  27
STOP: alle Zahlen gefunden
```

Zu den drei möglichen Schleifentypen bleibt festzuhalten:
- Wenn die Anzahl der Schleifendurchläufe schon feststeht, bietet sich die Verwendung der Zählschleife an, die dies exakt nachvollziehen kann (und auch rechnerintern am schnellsten umgesetzt wird).
- Hängen Schleifendurchläufe von einer Anfangsbedingung ab, wird die *DO-WHILE*-Schleife zum Zuge kommen. Führen ein oder mehrere Bedingungen in einem Anweisungsblock dazu, daß dieser nicht mehr zu durchlaufen ist, so wird man die Endlosschleife einsetzen.
- Bedingungen, die die Schleifendurchläufe einer *DO-WHILE*- und einer Endlosschleife steuern, sind mit Vorsicht zu formulieren, wenn sie sich auf arithmetische Ausdrücke beziehen, die *REAL*- oder *COMPLEX*-Größen enthalten.

6.4 Sprünge

Ein unbedingter Sprung kann mit der Anweisung

```
GOTO n
```

festgelegt werden. Dadurch verzweigt die Programmausführung zu der Anweisung mit der Nummer n; dies muß eine ausführbare Anweisung sein (vergleiche auch Kapitel 11.3).

Tritt diese Anweisung in einer der vorher behandelten Kontrollstrukturen auf, so darf der Sprung nur in die gleiche oder eine höhere Programmebene erfolgen. Mit anderen Worten: Ein Sprung in eine *IF*-, *CASE*- oder *DO*-Struktur hinein ist **nicht** erlaubt.

Im Zusammenhang mit Sprüngen wird oft die *CONTINUE*-Anweisung

```
n CONTINUE
```

eingesetzt, die als ausführbare Anweisung zählt, aber bis auf die Aufnahme von Sprüngen keinerlei Wirkung ausübt.

Aus Sicht der strukturierten Programmierung sind Sprünge möglichst zu vermeiden, da sie einem übersichtlichen Programmaufbau widersprechen (wie soll ein zugeordnetes Struktogramm aussehen?). Vordergründige Programmlösungen mit Sprüngen lassen sich quasi ausnahmslos durch Verwendung anderer Kontrollstrukturen erheblich verbessern und leichter nachvollziehen. Ein Beispiel anzugeben, das die unbedingte Sprunganweisung unverzichtbar beinhaltet, scheint undenkbar.

6.5 Aufgaben

Aufgabe 6.1

Wird ein Darlehen von K DM bei einer Verzinsung von p % in n Jahren mit einem jährlich gleichbleibenden Betrag von A DM nachschüssig zurückgezahlt, so spricht man von der **Annuitätentilgung.** Die Größen stehen über die folgenden Beziehungen in Zusammenhang:

Annuität: $$A = K \cdot q^n \, \frac{q-1}{q^n - 1} \qquad \left(q = 1 + \frac{p}{100} \right)$$

Tilgung (in DM) im k-ten Jahr: $\quad T_k = (A - K \cdot r) \cdot q^{k-1} \qquad \left(r = \frac{p}{100} \right)$

Zinsen (in DM) im k-ten Jahr: $\quad Z_k = A - T_k$

Laufzeit (in Jahren): $$n = \frac{\log(A) - \log(A - K \cdot r)}{\log(q)}$$

Ein Tilgungsplan gibt in einer jahresweisen Übersicht die Restschuld, den Zins- und Tilgungsanteil sowie die Annuität wieder.

a) Entwickeln Sie ein Programm, das für einen Bauherrn diesen Plan erstellt, wenn er ein Darlehen von 200000,– DM bei einer Verzinsung von 8 % in 10 Jahren zurückzahlen will.

b) Erweitern Sie Ihr Programm so, daß es auch zu folgender Situation einen Tilgungsplan anfertigt:

Eine Schuld von 60000,– DM, die mit 6 % verzinst wird, kann mit einer jährlichen Annuität von 12000,– DM zurückgezahlt werden. (Beachten Sie, daß im letzten Jahr nicht mehr die volle Annuität fällig wird!)

Aufgabe 6.2
Eine Schnecke sitzt auf dem Grund eines 15 Meter tiefen Brunnens. Sie kriecht täglich von 08:00–13:00 Uhr und von 15:00–18:00 Uhr mit einer Geschwindigkeit von 1 m pro Stunde die Brunnenwand senkrecht hoch. In der Mittagspause und über Nacht rutscht sie pro Stunde 0,2 m nach unten.
Ermitteln Sie über ein Programm, am wievielten Tag und um wieviel Uhr die Schnecke den Brunnenrand erreicht, wenn die Beobachtung morgens um 08:00 Uhr beginnt.
Erweitern Sie Ihre Lösung so, daß der Zeitpunkt der Ausgangssituation vorher eingelesen werden kann.

Aufgabe 6.3
Eine natürliche Zahl N heißt eine **magische Zahl,** wenn eine Zahl, die mit der Zifferngruppe N endet, durch N teilbar ist. Beispielsweise ist 25 eine magische Zahl, da jede mit 25 endende Zahl durch 25 teilbar ist.

Versuchen Sie, über ein Programm alle magischen (Verdachts-)Zahlen N zwischen 1 und 999 zu bestimmen, indem Sie als Zahlen, die auf die Zifferngruppe N enden, alle Werte zwischen 1 und 1 000 000 zulassen. Sind die so ermittelten Zahlen tatsächlich magische Zahlen?

Aufgabe 6.4

Alle Studierenden eines Semesters wollen sich, da sie zur Zeit nur 10 Liegestütze nacheinander schaffen, auf folgende Weise fitmachen:
Am nächsten Tag (Tag 1) machen sie 11 Liegestütze, an den beiden folgenden Tagen jeweils 12, an den darauffolgenden drei Tagen jeweils 13 und so weiter.

Vollziehen Sie dieses Training in einem Programm nach, das am 7., 14., 21. ... Tag folgende Daten angibt:
a) Anzahl der Liegestütze, die an diesem Tag geschafft werden,
b) Anzahl der Liegestütze, die bis zu diesem Tage insgesamt geschafft wurden,
c) benötigte Tage, um erstmals die Traumgrenze von 50 Liegestütze zu erreichen,
d) Liegestütze, die bis zum Erreichen der Traumgrenze geleistet werden.

Aufgabe 6.5

Erweitern Sie das Osterprogramm aus Abschnitt 6.2 so, daß es auch das Datum von Karfreitag, Ostermontag sowie Pfingstsonntag und -montag (7 Wochen nach Ostern) bestimmt.

Aufgabe 6.6

Beurteilen Sie, ob die folgenden Aussagen wahr oder falsch sind:
a) In einer Block-*IF*-Struktur wird stets genau ein Anweisungsblock durchlaufen.
b) In einer *CASE*-Struktur wird mindestens ein Anweisungsblock durchlaufen.
c) Die Zähl- und die *DO-WHILE*-Schleife sind abweisende Schleifen, das heißt, bei nicht zugelassenen Gegebenheiten wird ihr Schleifenrumpf nicht durchlaufen.
d) Die Endlosschleife ist keine abweisende Schleife.
e) Eine Zählschleife kann stets auch als eine *DO-WHILE*-Schleife geschrieben werden.

f) Jede *CASE*-Struktur kann auch über eine Block-*IF*-Struktur wiedergegeben werden.

g) Wenn eine *REAL*-Größe *x* auf den Wert 0 zu überprüfen ist, so erreicht man dies mit folgendem Anweisungsteil:

```
IF (x == 0.0) ...
```

7 Felder – Indizierte Variablen

Programme dienen im allgemeinen dazu, viele Daten möglichst schnell und fehlerfrei (von Rundungsfehlern abgesehen) systematisch zu verarbeiten – Tätigkeiten, die der Mensch so nicht leisten kann und eher als eintönig abtut.

▪ Kaufhaus mit Filialen, 1. Teil

Stellen Sie sich vor, Sie hätten für ein Kaufhaus, das 7 Filialen hat und in jeder Filiale (der Einfachheit halber die gleichen) 230 Artikel führt, täglich den Umsatz auszurechnen. Dazu müßten Sie wissen, wieviel von jedem Artikel in jeder einzelnen Filiale verkauft wurde und wie teuer jeder Artikel ist. Übersichtlicherweise wird man dabei auf Zahlenschemata wie Vektoren und Matrizen zurückgreifen:

Für die i-te Filiale ($i = 1, 2, ..., 7$) bezeichnen

$$a_{i,1}, a_{i,2}, ..., a_{i,230}$$

die täglichen Absätze der einzelnen 230 Artikel, so daß die Situation für die gesamte Kaufhauskette über die **Matrix**

$$\begin{pmatrix} a_{1,1} & a_{1,2} & \cdots & a_{1,230} \\ a_{2,1} & a_{2,2} & \cdots & a_{2,230} \\ \vdots & \vdots & & \vdots \\ a_{7,1} & a_{7,2} & \cdots & a_{7,230} \end{pmatrix}$$

beschrieben wird. Kennzeichnend hierfür ist, daß alle $7 \cdot 230 = 1610$ Elemente dieser Matrix Vergleichbares beschreiben, in der Sprache der Programmierung also von demselben Datentyp sind. Gleiches gilt für die Preise der einzelnen Artikel, die sich zu einem **Vektor**

$$\begin{pmatrix} p_1 \\ p_2 \\ \vdots \\ p_{230} \end{pmatrix}$$

zusammenfassen lassen. Wie allgemein a_{ij} den Absatz des j-ten Artikels in der i-ten Filiale wiedergibt, benennt p_k den Verkaufswert des k-ten Artikels.

▉ Rang, Gestalt und Größe eines Feldes

Solche Zusammenfassungen von Daten bezeichnet man in Fortran als **Felder** [*arrays*]. Es handelt sich dabei um sogenannte **indizierte Größen**, da auf eine einzelne Information nur über die zusätzliche Angabe von Indizes zugegriffen werden kann; so weist der Index 17 im Preisvektor auf den Preis p_{17} des 17-ten Artikels hin. Aus Sicht einer Programmiersprache sind

– der **Datentyp** (eventuell mit einer zulässigen Genauigkeitsvariante),
– der **Rang**: Anzahl der Indizes oder Dimension,
– die **Gestalt**: Ausdehnungen der einzelnen Indizes und
– die **Größe**: Anzahl der Feldelemente

Kennzeichen eines Feldes. Auf die Absatzmatrix des Kaufhauses bezogen heißt das: Datentyp *INTEGER*, Rang 2, Gestalt [7, 230] und Größe 1610.

Allgemein werden Meßreihen, Vektoren, Matrizen und so weiter mathematisch als indizierte Variablen geschrieben:

$$x_0, x_1, \ldots, x_n: \quad \text{Vektor} \quad \begin{pmatrix} x_0 \\ x_1 \\ \vdots \\ x_n \end{pmatrix}$$

(Rang 1, Gestalt [n+1], Größe n+1).

$$a_{ij}, \ i = 1(1)m \text{ und } j = 1(1)n: \quad \text{Matrix} \quad \begin{pmatrix} a_{11} & a_{12} & \cdots & a_{1n} \\ a_{21} & a_{22} & \cdots & a_{2n} \\ \vdots & \vdots & & \vdots \\ a_{m1} & a_{m2} & \cdots & a_{mn} \end{pmatrix}$$

(Rang 2, Gestalt [m, n], Größe $m \cdot n$).

Schreibweise in Fortran:

```
x(0), x(1), ..., x(n)
A(i, j)
```

Jedes ist eine Menge von gleichartigen Elementen (skalare Daten gleichen Typs). Sie werden jeweils unter einem Fortran-Namen zu einem Feld zusammengefaßt. Jedes Element eines Feldes ist eindeutig durch den Feldnamen und die zugeordneten Indizes identifiziert. Felder müssen grundsätzlich vereinbart werden!

7.1 Deklaration von Feldern

Ein Feld wird mit der Typdeklaration und Feldspezifikation definiert. Mit der Typdeklaration wird der Datentyp eines Feldes, möglicherweise bezogen auf eine Genauigkeitsvariante, vereinbart. Die Feldspezifikation legt den Rang und die Gestalt und damit die Größe eines Feldes fest.

Für die Kaufhausanwendung kann dies so aussehen (wenn man wegen der Exaktheit der Rechnung im *INTEGER*-Bereich die Preise über Pfennigangaben wiedergibt – sofern der Umsatz in Pfennigen in den ganzzahligen Darstellungsbereich paßt!):

```
INTEGER :: Absatz(1:7, 1:230), Preis(1:230)
```

Die gleiche Wirkung wird auch über

```
INTEGER    :: Absatz, Preis
DIMENSION  :: Absatz(1:7, 1:230), Preis(1:230)
```

oder über die Anweisungen

```
INTEGER, DIMENSION(1:7, 1:230) :: Absatz
INTEGER, DIMENSION(1:230)      :: Preis
```

erzielt.

In der Deklaration müssen Feldname, Datentyp, Anzahl der Dimensionen (= Rang) des Feldes sowie jeweilige untere und obere Dimensionsgrenze vereinbart werden. Der Rang darf den Wert 7 nicht überschreiten. Wie oben beispielhaft angedeutet, stehen für Felddeklarationen allgemein die folgenden Möglichkeiten zur Verfügung:

▨ Typdeklarationsanweisung für Felder

Datentyp [::] *Feldname*(*Feldspezifikation*)[, ...]

▨ *DIMENSION*-Anweisung für Felder

DIMENSION [::] *Feldname*(*Feldspezifikation*)[, ...]

Wenn der Datentyp nicht zuvor extra vereinbart wird, nimmt Fortran diese Zuordnung nach dem Anfangsbuchstaben zu *INTEGER* oder *REAL* vor (vergleiche Kapitel 3.7).

▨ *DIMENSION*-Attribut für Felder

Datentyp,DIMENSION(*Feldspezifikation*)[, ...]::*Feldname*[, ...]

Attribute bezeichnen in Fortran weitere Eigenschaften, die über Typ, Typparameter und Namen hinausgehen. Dies spielt beispielsweise auch bei der Verwendung von Unterprogrammen eine wichtige Rolle (vergleiche insbesondere Kapitel 8.4).

▨ Statisches Feld

Bei einem Feld mit sogenannter expliziter Gestalt, deren Detailangaben also bei der Vereinbarung feststehen und somit während der Programmausführung statisch sind, legt die Feldspezifikation für die bis zu sieben Dimensionen Anfangsindex und Endindex wie folgt fest:

[*Anfangsindex$_1$*:] *Endindex$_1$*[, ..., [*Anfangsindex$_7$*:] *Endindex$_7$*]

Anfangsindex und *Endindex 1* bis *7* sind ganzzahlige Werte. Fehlt der *Anfangsindex*, so ist dieser 1.

Die verschiedenen Möglichkeiten zu Felddeklarationen können auch kombiniert auftreten. So vereinbart die Anweisung

```
INTEGER, DIMENSION(10, 10, 0:10) :: A, B(8, 0:2), C
```

drei *INTEGER*-Felder mit den Namen *A*, *B* und *C*, wobei *A* und *C* den Rang 3 und die Gestalt [10, 10, 11] haben, *B* den Rang 2 und die Gestalt [8, 3].

Die Gestalt eines Feldes kann übrigens mit der Standardfunktion *SHAPE(Feldname)* abgefragt werden.

Um mit Feldelementen arbeiten zu können, spricht man sie mit dem Feldnamen und den in Klammern aufgeführten Feldindizes an. Als Indizes kommen Konstanten, Variablen oder arithmetische Ausdrücke vom Typ *INTEGER* in den vorgegebenen Indexgrenzen in Frage.

◼ Kaufhaus mit Filialen, 2. Teil

Damit läßt sich die Umsatzberechnung in dem Kaufhaus mit 7 Filialen und 230 Artikeln folgendermaßen bewerkstelligen, wenn über ein weiteres Feld auch der Umsatz in jeder einzelnen Filiale festgehalten werden soll:

```
PROGRAM Kaufhaus
IMPLICIT NONE
INTEGER :: Preis(1:230), Absatz(1:7, 1:230), Umsatz(1:7) &
          ,GesamtUmsatz, i, j
    .
    .                        ! Eingabe der Werte für
    .                        ! Preis und Absatz
    .
GesamtUmsatz = 0
Gesamt: DO i = 1, 7
    Umsatz(i) = 0
    Filiale: DO j = 1, 230
        Umsatz(i) = Umsatz(i) + Absatz(i, j) * Preis(j)
```

```
    END DO Filiale
    GesamtUmsatz = GesamtUmsatz + Umsatz(i)
END DO Gesamt
    .
    .                              ! Ausgabe der Werte
    .
STOP
END PROGRAM Kaufhaus
```

In der inneren Schleife wird sukzessive die Summe

$$a_{i,1} \cdot p_1 + a_{i,2} \cdot p_2 + \dots + a_{i,230} \cdot p_{230}$$

berechnet, die den Umsatz der i-ten Filiale wiedergibt. Dazu wird fort-
während ein Summand auf die Variable *Umsatz(i)* addiert, die deshalb
zu Beginn mit dem Wert 0 vorbesetzt sein muß; gleiches gilt für *Ge-
samtUmsatz*.

▦ Sieb des Eratosthenes, 1. Version

Zur Bestimmung aller Primzahlen $\leq n$ geht das Sieb des Eratosthenes
folgendermaßen vor:

1. Einem Feld mit Rang 1 und der Ausdehnung $1:n$ wird als Element
   mit Index i die Zahl i zugeordnet. Die Feldelemente hintereinander
   enthalten so die Zahlen von 1 bis n.
2. Das zweite Feldelement mit dem Wert 2 enthält die erste (echte)
   Primzahl. Alle weiteren Feldelemente, deren Indizes Vielfache von 2
   sind, werden nun auf 0 gesetzt.
3. Dann enthält das nächste von 0 verschiedene Feldelement (also
   zunächst das dritte) eine weitere Primzahl, und alle weiteren Feldelemente, deren Indizes Vielfache des aktuellen Feldindexes sind, werden auf 0 gesetzt.

Dies braucht nur für die Feldelemente durchgeführt werden, deren Indizes $\sqrt{n}$ nicht überschreiten. Oberhalb dieses Indexes sind alle weiteren Feldelemente ungleich 0 dann ebenfalls Primzahlen.
Nennt man das Feld *prim*, so liegt dem folgenden grobe Struktur zugrunde:

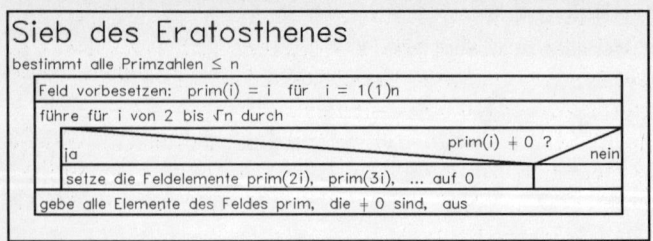

Sollen auf diese Weise alle Primzahlen bis 100 ermittelt werden, so leistet dies das folgende Programm:

```fortran
PROGRAM Eratosthenes_1
IMPLICIT NONE
INTEGER, DIMENSION(1:100) :: prim
INTEGER                   :: i, k
DO i = 1, 100
    prim(i) = i                              ! Feld vor-
                                             ! besetzen
END DO
DO i = 2, INT(SQRT(100.0))
    IF (prim(i) /= 0) THEN                   ! Element
                                             ! ungleich 0?
        DO k = 2 * i, 100, i                 !
            prim(k) = 0                      ! alle Vielfachen
        END DO                               ! auf 0 setzen
                                             !
    END IF
END DO
DO i = 2, 100
    IF (prim(i) /= 0) WRITE(*, *) prim(i)    ! Primzahlen
                                             ! ausgeben
END DO
STOP
END PROGRAM Eratosthenes_1
```

Durch den *WRITE*-Befehl wird jeweils eine ganze Zahl als Feldelement wie eine gewöhnliche *INTEGER*-Variable ausgegeben. Folglich erscheinen alle Primzahlen bis 100 untereinander.

Probieren Sie dieses Programm, das zur Primzahlbestimmung jegliche Division vermeidet, aus, und überprüfen Sie das Ergebnis (es müßten die Zahlen 2, 3, 5, 7, 11, 13, 17, 19, 23, 29, 31, 37, 41, 43, 47, 53, 59, 61, 67, 71, 73, 79, 83, 89 und 97 herauskommen).

Dynamisches Feld

Dieses Beispiel zur Primzahlbestimmung hat den Nachteil, daß es an mehreren Stellen geändert werden muß, wenn nicht alle Primzahlen bis 100, sondern bis zu einer anderen vorgegebenen Zahl zu ermitteln sind. Für solche Situationen stellt Fortran 90 dynamische Felder zur Verfügung, deren Größen im Gegensatz zu den bisher verwendeten statischen Feldern zu Programmbeginn noch nicht festzustehen brauchen.

Ein dynamisches Feld muß als *ALLOCATABLE* vereinbart sein, was durch die *ALLOCATABLE*-Anweisung

```
ALLOCATABLE [::] Feldname[(Feldspezifikation)][, ...]
```

oder eine entsprechende Attributsdeklaration

```
Datentyp,ALLOCATABLE[, ...]::Feldname[(Feldspezifikation)][, ...]
```

erfolgen kann. Die *Feldspezifikation* besteht aus bis zu 7 Doppelpunkten, die durch Komma voneinander getrennt sind. Damit wird zwar der Rang eines dynamischen Feldes schon vorgegeben, nicht aber seine Gestalt oder Größe.

Beispiele für die Deklaration von dynamischen Feldern:

```
INTEGER, ALLOCATABLE, DIMENSION( : ) :: iPivot, Ecken, &
                                        Kanten, Punkte
```

```
REAL        :: Weg, Zeit, Beschleunigung
ALLOCATABLE :: Weg, Zeit, Beschleunigung
DIMENSION   :: Weg( : ,  : ), Zeit( : ,  : ), &
               Beschleunigung( : ,  : )
```

Wird im Ablauf des Programms die benötigte Gestalt des Feldes bekannt, so kann sie mit der *ALLOCATE*-Anweisung festgelegt werden. Dadurch sind dann die oberen und unteren Indexgrenzen ausgewiesen und entsprechender Speicherplatz reserviert. Diese Anweisung lautet syntaktisch

```
ALLOCATE (Feldname(Feldspezifikation) [,...] &
         [,STAT=Statusvariable])
```

Feldname ist der Name eines dynamischen Feldes.

Die *Feldspezifikation* sieht genauso aus wie bisher bei den Feldern mit expliziter Gestalt; sie muß zum vorgegebenen Rang für das dynamische Feld passen.

Die optionale *Statusvariable* ist eine gewöhnliche *INTEGER*-Variable, mit der die erfolgreiche Ausführung der *ALLOCATE*-Anweisung überprüft werden kann: Ist ihr Wert danach gleich null, so steht das Feld nun zur Verfügung. Ein systemabhängiger ganzzahliger positiver Wert weist auf einen Fehler hin; beispielsweise führt die Allozierung eines bereits existierenden dynamischen Feldes auf einen solchen Fehler.

Nicht mehr benötigter Speicherbereich von dynamischen Feldern wird mit der *DEALLOCATE*-Anweisung

```
DEALLOCATE (Feldname[,Feldname,...] [,STAT=Statusvariable])
```

wieder freigegeben; die aufgeführten Felder sind im weiteren Programmablauf nicht mehr existent.

Beispiele:
Die folgenden Anweisungen

```
ALLOCATE(iPivot(1:i), Ecken(0:k), Kanten(0:KZahl), &
         Punkte(0:PZahl), STAT = Fehler)
ALLOCATE(Weg(1:n, 1:n), Zeit(1:10*n, 1:n), &
         Beschleunigung(1:10*n, 1:n))
ALLOCATE(NamensListen(1:l, 1:j), STAT = Error)
   .
   .
   .
DEALLOCATE(iPivot, Ecken, Kanten)
```

```
DEALLOCATE(Zeit, Beschleunigung, STAT = Fehler)
DEALLOCATE(NamensListen, Weg, Punkte, STAT = Fehler)
```

stellen in einem Programm insgesamt 8 dynamische Felder zeitweise zur Verfügung. Den bei der Festlegung benutzten ganzzahligen Variablen *i, k, KZahl, PZahl, n, l* und *j* müssen jeweils vor ihrer Verwendung in den *ALLOCATE*-Anweisungen Werte zugewiesen worden sein.

▨ Sieb des Eratosthenes, 2. Version

Wenn das Programm zum Sieb des Eratosthenes für beliebige Zahlen *n* als Obergrenze funktionieren soll, so muß man neben der Verwendung eines dynamischen Feldes *prim* auch die Schleifendurchläufe anpassen:

```
PROGRAM Eratosthenes_2
IMPLICIT NONE
INTEGER, DIMENSION( : ), ALLOCATABLE :: prim
INTEGER                              :: i, k, n
WRITE(*, 900, ADVANCE = 'NO')
READ(*, *) n
ALLOCATE(prim(1:n))
DO i = 1, n
    prim(i) = i                      ! Feld vorbesetzen
END DO
DO i = 2, INT(SQRT(REAL(n)))
    IF (prim(i) /= 0) THEN           ! Element ungleich
                                     ! null?

        DO k = 2 * i, n, i           !
            prim(k) = 0              ! alle Vielfachen
        END DO                       ! auf 0 setzen
                                     !
    END IF
END DO
DO i = 2, n
    IF (prim(i) /= 0) WRITE(*, *) prim(i)   ! Primzahlen
                                            ! ausgeben
END DO
```

```
DEALLOCATE(prim)
STOP
900 FORMAT(1X, 'Obere Schranke für die Primzahlen: ')
END PROGRAM Eratosthenes_2
```

Ermitteln Sie mit diesem Programm für verschiedene n (zum Beispiel auch $n = 100$, für das Sie die Ergebnisse leicht überprüfen können) alle Primzahlen bis n.

▇ Allgemeine Polynomauswertung

In Kapitel 4.2 hatten wir die Auswertung eines Polynoms 3. Grades mit Hilfe des Horner-Schemas vorgenommen, die sich aufgrund der wenigen Koeffizienten sogar in einer Anweisung formulieren ließ. Wenn man das auf beliebige Polynome n-ten Grades

$$P_n(x) = a_n x^n + a_{n-1} x^{n-1} + \dots + a_1 x + a_0$$

erweitern will, so wird man wegen der universellen Handhabbarkeit die Koeffizienten a_n bis a_0 in einem entsprechenden Feld hinterlegen. Das Horner-Schema zur Auswertung von P_n an einer gegebenen Stelle x lautet:

Setze $s_n = a_n$ und berechne $s_{n-1}, s_{n-2}, \dots, s_0$ über $s_k = x \cdot s_{k+1} + a_k$.
Dann ist $P_n(x) = s_0$.

Umgesetzt in ein Programm, das die Polynomkoeffizienten zuvor einliest und zu einzugebenden x-Werten die Polynomberechnung durchführt, heißt das:

```
PROGRAM allgemeines_Polynom
IMPLICIT NONE
REAL, DIMENSION( : ), ALLOCATABLE :: a
REAL                              :: x, s
INTEGER                           :: i, n
WRITE(*, 900, ADVANCE = 'NO')
READ(*, *) n
ALLOCATE(a(0:n))
WRITE(*, 910)
DO i = n, 0, -1
```

```
      READ (*, *) a(i)                ! Polynomkoeffizienten
                                      ! einlesen
END DO
DO
      WRITE(*, 920, ADVANCE = 'NO')
      READ(*, *, END = 100) x         ! x-Wert einlesen
      s = a(n)
      DO i = n - 1, 0, -1             ! Horner-Schema durch-
          s = x * s + a(i)            ! führen
      END DO
      WRITE(*, 930) x, s
END DO
100 DEALLOCATE(a)
STOP
900 FORMAT(1X, 'Grad des Polynoms (>= 0): ')
910 FORMAT(1X, 'Eingabe der Polynomkoeffizienten von ', &
      'der höchsten zur niedrigsten Potenz absteigend ')
920 FORMAT(1X, 'Geben Sie einen x-Wert ein:  x = ')
930 FORMAT(1X, 'x = ', G14.7, 'Polynomwert P(x) = ', G14.7)
END PROGRAM allgemeines_Polynom
```

Das Programm erwartet eine nichtnegative Zahl n und die Koeffizienten in absteigender Reihenfolge. Anschließend können beliebig viele x-Werte eingegeben werden, zu denen der passende Polynomwert berechnet wird. Die Größen s_k brauchen dazu nicht in einem Feld hinterlegt zu werden, da immer nur ein vorhergehender Wert benötigt wird und deshalb eine Variable ausreicht.

Testen Sie das Programm mit einigen Beispielen, etwa dem aus Kapitel 4.3, und überprüfen Sie, ob es auch bei konstanten ($n = 0$) und linearen Polynomen ($n = 1$) fehlerfrei läuft. Erweitern Sie es so, daß eine fehlerhafte Eingabe für n ($n < 0$) abgefangen wird.

7.2 Interne Darstellung von Feldern

■ Speicherkette

Die mehrdimensionale logische Struktur von Feldern wird intern in eine eindimensionale Anordnung, eine Speicherkette, nach festem Schema umgesetzt. Dabei wird zuerst der erste Index variiert, dann der zweite und so weiter.

Beispiele:

1. x(0:5) :
   Feld mit Rang 1, Gestalt [6] und Größe 6.
   Die Hinterlegung erfolgt in der natürlichen Reihenfolge:

Position	1	2	3	4	5	6
Feldelement	x(0)	x(1)	x(2)	x(3)	x(4)	x(5)

2. A(2:4, 1:2) :
   Feld mit Rang 2, Gestalt [3, 2] und Größe 6.
   Die Abspeicherung findet in der Reihenfolge statt:

Position	1	2	3	4	5	6
Feldelement	A(2,1)	A(3,1)	A(4,1)	A(2,2)	A(3,2)	A(4,2)

3. M(2:4, 2, -1:0) :
   Feld mit Rang 3, Gestalt [3, 2, 2] und Größe 12.
   Die entsprechende Speicherkette lautet:

Position	1	2	3	4	5	6
Feldelement	M(2,1,-1)	M(3,1,-1)	M(4,1,-1)	M(2,2,-1)	M(3,2,-1)	M(4,2,-1)

Position	7	8	9	10	11	12
Feldelement	M(2,1,0)	M(3,1,0)	M(4,1,0)	M(2,2,0)	M(3,2,0)	M(4,2,0)

Diese fest vorgegebene Vereinbarung in Fortran ist notwendig, um auf ein Feldelement stets in bestimmter Weise zugreifen zu können. Aus Systemsicht geschieht dies nämlich über die Anfangsadresse des Feldes (die als einzige von den ganzen Feldelementen vermerkt ist) in Verbindung mit der vereinbarten Gestalt (das heißt, es wird im Prinzip abgezählt).

Aus Anwendersicht spielt das dann eine Rolle, wenn ein Feld ohne Angabe von Indizes behandelt wird, wie man es beispielsweise bei der Ein- und Ausgabe (siehe Abschnitt 7.4) darf. Eine weitere Konsequenz hiervon tritt bei Feldern als Übergabeparameter zu Unterprogrammen auf (siehe Kapitel 8.4).

7.3 Zugriff auf Felder

▨ Ganzes Feld, Teilfeld, Feldelement

In Fortran 90 kann auf das ganze Feld, ein Teilfeld oder ein Feldelement zugegriffen werden. Wird nur der Feldname benutzt, so meint man das ganze Feld. Gibt man für jede Dimension einen Indexwert an, so arbeitet man mit diesem Feldelement.

Der Zugriff auf einen Teil eines Feldes erfolgt mit:

Feldname(*Indexausdruck*[, *Indexausdruck* ...])

Feldname ist der Name des Feldes, aus dem ein Teilfeld entnommen werden soll.

Der *Indexausdruck* ist entweder ein einzelner Indexwert oder eine Indexwertefolge. Für jede Dimension des Feldes *Feldname* muß ein *Indexausdruck* spezifiziert werden. Mindestens ein *Indexausdruck* muß eine Indexwertfolge sein, weil sonst nur auf ein Feldelement zugegriffen wird. Eine Indexwertfolge wird gewöhnlich folgendermaßen spezifiziert:

[*Anfang*]:[*Ende*][:*Schrittweite*]

Anfang und *Ende* legen die Indexgrenzen fest, *Schrittweite* definiert, jeder wievielte Indexwert zur Indexwertfolge gehört. Insofern besteht eine direkte Analogie zur Zählschleife. Fehlt die Angabe von *Anfang* und/oder *Ende*, so werden die entsprechenden Grenzen des Ausgangsfeldes übernommen. Wird *Schrittweite* nicht angegeben, so rechnet man mit dem Wert 1.

Als Indextripel für jede Dimension ist also möglich:

$i_{\text{anf}}{:}i_{\text{end}}{:}i_{\text{step}}$

Dann bedeuten die Angaben

1. $:i_{end}:i_{step}$
   i_{anf} fehlt, es wird dafür die vereinbarte untere Grenze angenommen.
2. $i_{anf}:i_{end}$
   i_{step} ist nicht angegeben, also wird $i_{step} = 1$ gesetzt.
3. $i_{anf}::i_{step}$
   i_{end} fehlt, so daß dafür die definierte obere Grenze eingesetzt wird.
4. $::i_{step}$
   i_{anf} und i_{end} sind nicht genannt, es wird von den vereinbarten Grenzen ausgegangen.

Weitere Möglichkeiten einer Angabe sind $i_{anf}:$ oder $:i_{end}$, die dann entsprechend interpretiert werden.

Jedem Teilfeld können eigene Größen für Rang, Gestalt und Größe zugeordnet werden, was zum Beispiel bei Wertzuweisungen (siehe Abschnitt 7.5) von Bedeutung ist.

Beispiel:
Als Vereinbarung sei vorgegeben:

```
REAL, DIMENSION (1:5, 1:10, 0:1) :: a
INTEGER, DIMENSION (-1:5)        :: x
```

Daraus folgt für die Felder

a : Rang 3, Gestalt: [5, 10, 2], Größe: 100
x : Rang 1, Gestalt: [7], Größe: 7

Wir wollen durch Angabe von Teilfeldindexlisten auf Teilfelder von *a* und *x* zugreifen.

1. a(2, 1:3, :)
   Als 1. Index ist nur 2 zugelassen, als 2. Index nur Werte zwischen 1 und 3 und als 3. Index alles, was vereinbart ist. Damit hat das Teilfeld den Rang 2, die Gestalt [3, 2] (= [1, 3, 2]) und die Größe 6.
2. x(1:)
   ist Teilfeld mit Indizes zwischen 1 und vereinbarter oberer Grenze 5, also vom Rang 1, der Gestalt [5] und der Größe 5.

3. `x( :3:2)`

   gibt ein Teilfeld mit der Gestalt [3] und der Größe 3 wieder; die Elemente sind *x(−1)*, *x(1)* und *x(3)*.

4. `x(2:5:-1)`

   macht keinen Sinn und wird als Teilfeld der Größe 0 angesehen.

5. `a(5:1:-1, 10:1:-1, 1:0:-1)`

   ist als Teilfeld wie *a* selbst, nur daß die Elemente in jeder Dimension in umgekehrter Reihenfolge genommen werden.

■ Teilfelder einer Matrix

Da in den Anwendungen häufig Matrizen eine Rolle spielen, soll diese Situation noch einmal an dem zweidimensionalen Feld *A(1:5, 1:4)* mit

$$A = \begin{pmatrix} a_{11} & a_{12} & a_{13} & a_{14} \\ a_{21} & a_{22} & a_{23} & a_{24} \\ a_{31} & a_{32} & a_{33} & a_{34} \\ a_{41} & a_{42} & a_{43} & a_{44} \\ a_{51} & a_{52} & a_{53} & a_{54} \end{pmatrix} = \begin{pmatrix} 1 & 2 & 3 & 4 \\ 10 & 20 & 30 & 40 \\ 100 & 200 & 300 & 400 \\ 1000 & 2000 & 3000 & 4000 \\ 10000 & 20000 & 30000 & 40000 \end{pmatrix}$$

veranschaulicht werden.

Die folgende Tabelle enthält Teilfeldausdrücke und die zugehörigen Teilfelder, die sich aus dem Feld *A* ergeben:

Teilfeldausdruck	Teilfeldelemente	Inhalt der Teilfeldelemente
A(3,4)	(a_{34})	400
A(1,:)	$(a_{11} \quad a_{12} \quad a_{13} \quad a_{14})$	$(1 \quad 2 \quad 3 \quad 4)$
A(1:5:2,2:4)	$\begin{pmatrix} a_{12} & a_{13} & a_{14} \\ a_{32} & a_{33} & a_{34} \\ a_{52} & a_{53} & a_{54} \end{pmatrix}$	$\begin{pmatrix} 2 & 3 & 4 \\ 200 & 300 & 400 \\ 20000 & 30000 & 40000 \end{pmatrix}$
A(::2,4:1:-1)	$\begin{pmatrix} a_{14} & a_{13} & a_{12} & a_{11} \\ a_{34} & a_{33} & a_{32} & a_{31} \\ a_{54} & a_{53} & a_{52} & a_{51} \end{pmatrix}$	$\begin{pmatrix} 4 & 3 & 2 & 1 \\ 400 & 300 & 200 & 100 \\ 40000 & 30000 & 20000 & 10000 \end{pmatrix}$

7.4 Ein- und Ausgabe von Feldern

■ **Ein- und Ausgabe eines Feldes, Teilfeldes oder Feldelementes**

Ein- und Ausgabe von Feldern oder Teilen davon können über die Angabe nur des Feldnamens, eines Teilfeldes oder von Feldelementen erfolgen. Einzelne Feldelemente werden wie gewöhnliche Variablen behandelt und sind so in bisherigen Beispielprogrammen auch schon ein- oder ausgegeben worden.

Wird nur der Feldname angeführt, so sind damit alle Feldelemente in der Reihenfolge der internen Darstellung (Speicherkette) gemeint, und eine eventuelle Formatspezifikation muß darauf Rücksicht nehmen. Gleiches gilt für Teilfeldangaben.

Beispiel:

Die Matrix

$$A = \begin{pmatrix} 11 & 12 & 13 & 14 \\ 21 & 22 & 23 & 24 \end{pmatrix}$$

oder Teile davon werden auf verschiedenerlei Weise durch das folgende Programm ausgegeben:

```
PROGRAM Feld_aus
IMPLICIT NONE
INTEGER, DIMENSION(1:2, 1:4) :: a
INTEGER                      :: i, k
DO i = 1, 2
    DO k = 1, 4
        a(i, k) = 10 * i + k
    END DO
END DO
WRITE(*, *) a
DO i = 1, 2
    WRITE(*, *) a(i, : )
END DO
WRITE(*, *) 1, a( : , 1:4:2), 2*(-1)
STOP
END PROGRAM Feld_aus
```

Der erste *WRITE*-Befehl gibt das Feld gemäß der internen Speicherkette, also spaltenweise aus:

```
11 21 12 22 13 23 14 24
```

Die zweite Ausgabeanweisung läßt für jedes *i* den zweiten Index wie vereinbart, das heißt zwischen 1 und 4 laufen. Demnach erscheinen die Feldelemente in folgender Reihenfolge:

```
11 12 13 14
21 22 23 24
```

Dadurch, daß der Ausgabebefehl durch die außenliegende *DO*-Schleife zweimal angesprochen wird, erscheinen auch zwei Zeilen.

Bei der letzten Ausgabe werden zu einem Teilfeld, bei dem der erste Index die Werte 1 und 2 und der zweite Index die Werte 1 und 3 annehmen kann, noch zu Beginn die Zahl 1 und am Schluß das Ergebnis des Ausdrucks *2 * (−1)*, also −2, mit herangezogen. Entsprechend der internen Speicherstruktur des aufgeführten Teilfeldes erscheint deshalb:

```
1 11 21 13 23 -2
```

Die Eingabe funktioniert entsprechend. So hätte die Anweisung

```
READ(*, *) a(n:0:-1)
```

im Beispiel der Auswertung eines allgemeinen Polynoms *n*-ten Grades am Ende von Abschnitt 7.1 dieselbe Wirkung wie die dort über eine Zählschleife durchgeführte Eingabe der Polynomkoeffizienten.

▦ Teilfeldangabe mit impliziter *DO*-Schleife

Selbstverständlich läßt Fortran die Möglichkeit zu, sich über die Reihenfolge der internen Abspeicherung hinwegzusetzen. Letztendlich gelingt dies natürlich durch eine explizite Aufführung der einzelnen Feldelemente in der gewünschten Reihenfolge, aber häufig ist auch der Einsatz einer impliziten *DO*-Schleife hilfreich, die allgemein die Form

(*indizierte_Variable, Index* = i_{anf}, i_{end}[, i_{step}])

hat. Die ganzzahligen Größen i_{anf}, i_{end} und i_{step} haben dieselbe Bedeutung wie bei einer *DO*-Zählschleife; fehlt die Angabe von i_{step}, so wird automatisch der Wert 1 genommen.

Beispiel:
Bei gleicher Vereinbarung und Besetzung der 2×4-Matrix *A* wie zuvor bewirken die Befehle

```
WRITE(*, *) (a(2, k), k = 1, 4)
WRITE(*, *) ((a(i, k), k = 1, 4), i = 1, 2)
WRITE(*, *) (a(1, k), 3, 100 * k, k = 1, 4, 2)
```

nacheinander die drei Ausgabezeilen:

```
21 22 23 24
11 12 13 14 21 22 23 24
11 3 100 13 3 300
```

Beachten Sie bei der Ausführung des letzten Ausgabebefehls, daß auch eine Aufzählung für *indizierte_Variablen* möglich ist.

Da Felder als Zahlenschemata häufig nur in formatierter Ausgabe übersichtlich sind, muß man entsprechend viele Formatspezifikationen angeben (was sich sicher gut mit Wiederholungsfaktoren erreichen läßt). Ist diese Korrespondenz nicht gewährleistet, so werden unter Umständen zusätzliche Ausgabezeilen, die der Überschaubarkeit entgegenwirken, erzeugt (siehe Kapitel 5.2).

7.5 Wertzuweisungen bei Feldern

Ein möglichst einfacher Umgang mit Feldern ist eines der besonderen
Merkmale von Fortran 90. Dies zeigt sich vornehmlich bei Wertzuweisungen sowie Feldoperationen und -funktionen (siehe nächsten Abschnitt).

Feldelementzuweisung
Die einfachste Weise, (Teil-)Felder mit Werten zu versehen, ist eine elementweise Zuordnung, so wie es in den bisherigen Beispielen vorgenommen wurde:

   indizierte_Variable = *skalarer_Ausdruck*

Da jedes Feldelement einer gewöhnlichen Variablen gleicht, liegen
dem dieselben Gesetzmäßigkeiten zugrunde; beispielsweise für numerische Datentypen wurde darauf in Kapitel 4.2 eingegangen.

Feldzuweisung gleicher Werte
Als eine weitere Möglichkeit kann jedem Element eines (Teil-)Feldes
derselbe Wert wie folgt zugewiesen werden:

   (Teil-)Feld = *skalarer_Ausdruck*

Dies vermeidet den Gebrauch von Zählschleifen, die in solchen Fällen
nicht gerade die Übersicht fördern.

Konforme Feldzuweisung
Ein dritter Weg nimmt eine elementweise Zuordnung der linken und
rechten Seite gemäß

   (Teil-)Feld = *konformer_Feldausdruck*

vor, wobei *(Teil-)Feld*er als **konform** angesehen werden, wenn sie die
gleiche Gestalt haben, also in den einzelnen Ausdehnungen freier
Dimensionen (und damit auch in ihrer Größe) übereinstimmen.

Beispiel:

Mit den Vereinbarungen

```
INTEGER, DIMENSION(0:10)      :: eins
INTEGER, DIMENSION(1:5, 0:4) :: zwei
REAL, DIMENSION(1:9, 1:3)     :: drei
```

und den Anweisungen

```
eins(0:10:2) = 1
eins(1:10:2) = 2
```

werden die Elemente des Feldes eins abwechselnd mit den Werten 1 und 2 versehen. Über

```
zwei( : , 0) = eins( :8:2)
```

werden den 5 Elementen *zwei(1,0)* bis *zwei(5,0)* jeweils die dazu korrespondierenden Werte von *eins(0)*, *eins(2)*, *eins(4)*, *eins(6)* und *eins(8)* zugeschrieben; die beiden links und rechts vom Gleichheitszeichen aufgeführten Teilfelder sind von gleicher Gestalt [5] und deshalb konform. Auch die Anweisung

```
zwei( : , 0:4:2) = drei( : :2, : )
```

wäre möglich, da die Teilfelder links und rechts dieselbe Gestalt [5, 3] aufweisen und die Datentypumwandlung von *REAL* nach *INTEGER* elementweise geschieht.

▨ Konstruierter Feldwert

Als *konformer_Feldausdruck* kann auch ein konstruierter Feldwert als eindimensionales Feld in der Form

 (/ *Werteliste* /)

gewählt werden. *Werteliste* enthält dann skalare Ausdrücke, Feldausdrücke (ganze Felder, Teilfelder) oder Ausdrücke mit impliziter *DO*-Schleife.

Beispiel:
Es sei vereinbart

```
INTEGER, DIMENSION(0:10, -1:1) :: Emma
```

Dann weist

```
Emma(0:10, 0) = (/ 2, 4, 6, 8, 10, 12, 14, 16, 18, 20, &
                 22 /)
```

nur den mittleren 11 Elementen in der linearen Speicherkette (also einem Teilfeld) Werte zu.
Die Anweisungen

```
Emma(0:10, 0) = (/ (2 * i, i = 1, 11) /)
```

und

```
Emma(0:10, 0) = (/ (i, i = 2, 22, 2) /)
```

bewirken jeweils dasselbe mit Hilfe einer impliziten *DO*-Schleife.

Möglich wäre auch

```
Emma (1: , 1) = (/ -1, -2, Emma(0:10:2, 0), -3, -4 /)
```

wieder mit entsprechender elementweiser Zuordnung.

■ Sieb des Eratosthenes, 3. Version
Das Primzahlprogramm *Sieb des Eratosthenes* aus Abschnitt 7.1 kann noch kompakter und übersichtlicher formuliert werden:

Aus

```
DO i = 1, n
    prim(i) = i
END DO
```

wird einfach

```
prim = (/ (i, i = 1, n) /)
```

und

```
DO k = 2 * i, n, i
    prim(k) = 0
END DO
```

ist gleichwertig mit

```
prim(2*i:n:i) = 0
```

Eine weitere Art der Zuweisung bei Feldern, die maskierte Feldzuweisung, wird im nächsten Abschnitt behandelt, da sie vorwiegend bei Feldoperationen vorteilhaft einzusetzen ist.

7.6 Feldoperationen und Feldfunktionen

Das Rechnen mit konformen Feldern und von Feldern mit Skalaren ist über die vordefinierten numerischen Operatoren +, −, *, / oder ** und Standardfunktionen wie *SIN*, *COS*, *ABS* oder *LOG* möglich und erfolgt elementweise.

▨ Lineare Regression und Korrelation

Nehmen wir an, wir wollen zu n gegebenen Wertepaaren (x_1, y_1), (x_2, y_2), ..., (x_n, y_n) die Ausgleichsgerade («lineare Regression»)

$$y = \alpha\, x + \beta$$

mit

$$\alpha = \frac{\sum_{i=1}^{n}(x_i - \bar{x})\cdot(y_i - \bar{y})}{\sum_{i=1}^{n}(x_i - \bar{x})^2} \quad , \qquad \beta = \bar{y} - \alpha\, \bar{x}$$

bestimmen, wobei $\bar{x}$ und $\bar{y}$ die Mittelwerte

$$\bar{x} = \frac{1}{n}\sum_{i=1}^{n} x_i \quad , \qquad \bar{y} = \frac{1}{n}\sum_{i=1}^{n} y_i$$

bezeichnen. Die Ausgangsgrößen wird man üblicherweise in zwei eindimensionalen Feldern $x(1{:}n)$, $y(1{:}n)$ ablegen. $\bar{x}$ und $\bar{y}$ bauen auf den Summen der Feldelemente von x und y auf. Dies leistet die Standardfunktion *SUM*, die auf jedes numerische Datenfeld angewandt werden kann und einen skalaren Wert gleichen Datentyps ergibt. Damit hat man:

```
x_quer = SUM(x) / REAL(n)
y_quer = SUM(y) / REAL(n)
```

Sowohl der Zähler als auch der Nenner zur Bestimmung von a kann als Skalarprodukt zweier Vektoren aufgefaßt werden: Im Zähler betrifft dies die beiden Vektoren

$$\begin{pmatrix} x_1 - \overline{x} \\ \vdots \\ x_n - \overline{x} \end{pmatrix} \quad \text{und} \quad \begin{pmatrix} y_1 - \overline{y} \\ \vdots \\ y_n - \overline{y} \end{pmatrix}$$

jeweils mit n Komponenten, und im Nenner wäre es das Skalarprodukt des ersten dieser beiden Vektoren mit sich selbst. Für zwei eindimensionale Felder gleicher Größe führt das die Standardfunktion *DOT_PRODUCT* durch. Die betroffenen Vektoren, bei denen ja in jeder Komponente ein konstanter Wert abgezogen wird, können einfach über

```
x - x_quer                    ! Feld minus Skalar
y - y_quer                    ! Feld minus Skalar
```

ermittelt werden, da sich ein Ausdruck, in dem ein Feld mit einem Skalar arithmetisch verknüpft wird, in seiner Wirkung immer auf jedes Feldelement übertragen bezieht. Also gilt:

```
alpha = DOT_PRODUCT(x - x_quer, y - y_quer)        &
        / DOT_PRODUCT(x - x_quer, x - x_quer)
beta  = y_quer - alpha * x_quer
```

Wenn zwei Felder gleicher Gestalt über eine der numerischen Operatoren miteinander verknüpft werden, so erfolgt diese Operation elementweise. Beispielsweise ergibt

```
(x - x_quer) * (y - y_quer)
```

deshalb einen Vektor mit n Komponenten, die für den Zähler von α noch aufzuaddieren sind. Somit ist auch möglich:

```
alpha = SUM((x - x_quer) * (y - y_quer))      &
       / SUM((x - x_quer) * (x - x_quer))
```

Versuchen Sie, zu folgenden Daten die lineare Regression durchzuführen; sie sind den Ornithologischen Monatsberichten und dem Sta-
tistischen Jahrbuch Deutscher Gemeinden entnommen:

Jahr	1930	1931	1932	1933	1934	1935	1936
Storchen-paare x	132	142	166	188	240	250	252
Einwohner y	55400	55400	65000	67700	69800	72300	76000

Wenn Sie x und y jeweils als *REAL*-Felder mit $n = 7$ Elementen vereinbaren, können Sie die Koeffizienten α und β der Regressionsgeraden
wie oben beschrieben bestimmen. Ein Maß für die Güte der Regression
beziehungsweise die Stärke des linearen Zusammenhangs zwischen
den über x und y beschriebenen Merkmalen gibt der Korrelationskoeffizient

$$r = \frac{\sum_{i=1}^{n}(x_i - \overline{x})(y_i - \overline{y})}{\sqrt{\sum_{i=1}^{n}(x_i - \overline{x})^2} \cdot \sqrt{\sum_{i=1}^{n}(y_i - \overline{y})^2}}$$

wieder. Diese Zahl liegt stets zwischen −1 und 1. Für $r = \pm 1$ besteht ein
perfekter linearer Zusammenhang zwischen x und y. Wie läßt sich r
kompakt in Fortran 90 programmieren? Lassen Sie zu den angegebenen
Daten auch r über Ihr Programm ermitteln (es müßte sich ein Wert bei
0.945 ergeben). Hat man damit gezeigt, daß Störche für den Kinderse-
gen verantwortlich sind? Sicher nicht! Da zwischen den über x und y
gegebenen Daten offensichtlich kein ursächlicher Zusammenhang besteht, spricht man von einer Scheinkorrelation (oder Nonsenskorrela-
tion).

▧ Chemische Reaktion 1. Ordnung

Bei einer chemischen Reaktion $A \to B$ erster Ordnung gehorcht die Konzentration c_A der Ausgangssubstanz A einem Zeitgesetz der Form

$$c_A = c_A^0 \cdot e^{-\lambda t}$$

wobei c_A^0 die Konzentration zu Reaktionsbeginn ($t = 0$) und $\lambda > 0$ die Reaktionsgeschwindigkeitskonstante bezeichnen. Kennt man aus einer Messung (t in Minuten) die Werte

i	1	2	3	4	5
t_i	5	10	15	20	25
c_A^i	0.60	0.39	0.26	0.17	0.12

so kann die Bestimmung einer Ausgleichsfunktion durch Logarithmieren auf

$$\ln(c_A) = \ln(c_A^0) - \lambda\, t$$

was einer Geraden der Form $y = \beta + \alpha \cdot t$ entspricht, zurückgeführt werden. Führt man also zu den logarithmierten Konzentrationswerten wie zuvor beschrieben eine lineare Regression durch, so lassen sich mit Hilfe der dabei ermittelten Werte a und b die unbekannten Größen c_A^0 und λ angeben:

$$c_A^0 = e^\beta \quad , \quad \lambda = -\alpha$$

Ein Programm, welches dies erledigt, sieht etwa folgendermaßen aus:

```
PROGRAM chemische_Reaktion
IMPLICIT NONE
REAL, DIMENSION(1:5) :: t, c_A
REAL                 :: t_quer, ln_c_quer, alpha, beta
t   = (/ 5.0, 10.0, 15.0, 20.0, 25.0 /)
c_A = (/ 0.6, 0.39, 0.26, 0.17, 0.12 /)
t_quer    = 0.2 * SUM(t)
ln_c_quer = 0.2 * SUM(LOG(c_A))
```

```
alpha = DOT_PRODUCT(t - t_quer, LOG(c_A) - ln_c_quer) &
        / DOT_PRODUCT(t - t_quer, t - t_quer)
beta  = ln_c_quer - alpha * t_quer
WRITE(*, *) 'Anfangskonzentration:      ', EXP(beta)
WRITE(*, *) 'Reaktionsgeschwindigkeit: ', -alpha
STOP
END PROGRAM chemische_Reaktion
```

In diesem Programm wird die Standardfunktion *LOG* für den natürlichen Logarithmus auf das Feld *c_A* angewendet. Daraus resultiert ein Feld gleicher Gestalt, in dem jedes einzelne Feldelement logarithmiert wurde.

Ein korrekter Durchlauf dieses Programms gibt Werte aus, die bei 0.88 für die Anfangskonzentration und 0.081/min (was einem Wert von $4.257 \cdot 10^4$ /Jahr entspricht) für die Reaktionsgeschwindigkeit liegen.

Aus Sicht der Numerischen Mathematik sind die angegebenen Formeln für *a* und *b* gerade dann ungünstig, wenn sehr viele Wertepaare oder aber Zahlenwerte unterschiedlicher Größenordnungen vorgegeben sind. In solchen Fällen empfiehlt sich eine sehr genaue Rechnung bei den beteiligten Skalarprodukten, die über die Festlegung der betreffenden Felder vom Rang 1 als doppelt genaue *REAL*-Größen erreicht wird, da *DOT_PRODUCT* dann in dieser Genauigkeitsvariante ausgeführt wird.

Fortran-90-Feldfunktionen

Eine Übersicht über weitere nützliche Fortran-90-Feldfunktionen ist im folgenden zusammengestellt und am Beispiel der beiden zweidimensionalen Felder *A(1:3,-1:2)* und *B(0:3,10:12)* mit

$$
A = \begin{pmatrix} 1 & 2 & 3 & 4 \\ 8 & 7 & 6 & 5 \\ 0 & -3 & 7 & -1 \end{pmatrix} , \qquad
B = \begin{pmatrix} -10 & 9 & 22 \\ 8 & 0 & 8 \\ 0 & 17 & -13 \\ 6 & 0 & -1 \end{pmatrix}
$$

erläutert:

Funktionsaufruf	Bedeutung und Ergebnis
PRODUCT(A)	liefert das Produkt aller Elemente des Feldes A eines beliebigen numerischen Datentyps; Ergebnis hier: 0
TRANSPOSE(A)	liefert die transponierte Matrix des zweidimensionalen Feldes A beliebigen Typs; Ergebnis hier: $\begin{pmatrix} 1 & 8 & 0 \\ 2 & 7 & -3 \\ 3 & 6 & 7 \\ 4 & 5 & -1 \end{pmatrix}$
MATMUL(A, B)	führt die Matrizenmultiplikation einer $m{\times}n$-Matrix A mit einer $n{\times}p$-Matrix B beliebigen Datentyps durch. Das Ergebnis ist eine $m{\times}p$-Matrix, hier: $\begin{pmatrix} 30 & 60 & -5 \\ 6 & 174 & 149 \\ -30 & 119 & -114 \end{pmatrix}$
MINVAL(A)	ermittelt den kleinsten Wert im ganzzahligen oder reellen Feld A; Ergebnis hier: −3
MAXVAL(B)	ermittelt den größten Wert im ganzzahligen oder reellen Feld B; Ergebnis hier: 22
SIZE(A)	macht die Größe des Feldes A beliebigen Typs aus; Ergebnis hier: 12
SHAPE(A)	gibt die Gestalt des Feldes A beliebigen Typs an; Ergebnis hier: 3 4
LBOUND(B)	liefert die unteren Indexgrenzen des Feldes B beliebigen Datentyps; Ergebnis hier: 0 10
UBOUND(B)	liefert die oberen Indexgrenzen des Feldes B beliebigen Datentyps; Ergebnis hier: 3 12
MINLOC(A)	lokalisiert die Feldposition mit dem kleinsten Wert im ganzzahligen oder reellen Feld A; Ergebnis hier: 3 2
MAXLOC(A)	lokalisiert die Feldposition mit dem größten Wert im ganzzahligen oder reellen Feld A; Ergebnis hier: 2 1

Diese und weitere Fortran-90-Standardfunktionen für Felder können auch mit zusätzlichen optionalen Parametern vielschichtig eingesetzt werden, worauf hier nicht weiter eingegangen wird. Zu beachten ist bei den Funktionen *MINLOC* und *MAXLOC*, daß nicht der Feldindex des kleinsten beziehungsweise größten Wertes lokalisiert wird, sondern jeweils die Position im Feld, die auf die 1 als jeweilige «untere Indexgrenze» Bezug nimmt. Bei mehr als einer Lösung wird immer die in der internen Speicherkette zuerst auftretende Werteposition angegeben. Interessant ist eine spezielle Variante der *MATMUL*-Funktion, wenn es sich nämlich beim ersten Argument um eine $m \times n$-Matrix und beim zweiten um eine $n \times 1$-Matrix, was einem Vektor mit n Komponenten entspricht, handelt; das ergibt dann das übliche Matrix-Vektor-Produkt.

▦ Zu numerischen Feldoperationen

Die mächtigen Einsatzmöglichkeiten numerischer Operatoren in Verbindung mit Feldern sollen beispielhaft verdeutlicht werden: Mit den folgenden Vereinbarungen

```
INTEGER, DIMENSION(0:2, -1:0) :: Molly, Speedy, Daisy, &
                                 Emma, Benno
INTEGER                       :: Cilly(1:3, 1:2, 2), &
                                 Wo(1:6, 1:4, 2)
```

werden die fünf Felder *Molly*, *Speedy*, *Daisy*, *Emma* und *Benno* vom Rang 2 (also Matrizen) mit der Gestalt [3, 2] festgelegt; *Cilly* ist ein Feld mit dem Rang 3 und der Gestalt [3, 2, 2], *Wo* ebenfalls ein Feld mit dem Rang 3, jedoch mit der Gestalt [6, 4, 2].
Die Anweisung

```
Molly = 1
```

besetzt alle Feldelemente der Matrix *Molly* mit demselben Wert 1:

$$\text{Molly} = \begin{pmatrix} 1 & 1 \\ 1 & 1 \\ 1 & 1 \end{pmatrix}$$

Durch

```
Speedy(0:2, -1) = (/ (i, i = 1, 3, 1) /)
Speedy( : ,  0) = Speedy( : , -1) * 2
```

werden der Matrix *Speedy* Werte wie folgt zugewiesen:

$$\text{Speedy} = \begin{pmatrix} 1 & 2 \\ 2 & 4 \\ 3 & 6 \end{pmatrix}$$

Die Multiplikation mit 2 wird bei jedem Teilfeldelement vollzogen. Über

```
Daisy = Speedy + Molly
```

findet eine elementweise Addition der konformen Felder *Speedy* und *Molly* statt:

$$\text{Daisy} = \begin{pmatrix} 2 & 3 \\ 3 & 5 \\ 4 & 7 \end{pmatrix}$$

Bei

```
Emma = (Molly + 1) * Speedy
```

wird zunächst jeder Wert im Feld *Molly* um 1 erhöht; anschließend wird eine elementweise Multiplikation (und **nicht** eine Matrizenmultiplikation!) von zwei konformen Feldern durchgeführt:

$$\text{Emma} = \begin{pmatrix} 2 \cdot 1 & 2 \cdot 2 \\ 2 \cdot 2 & 2 \cdot 4 \\ 2 \cdot 3 & 2 \cdot 6 \end{pmatrix} = \begin{pmatrix} 2 & 4 \\ 4 & 8 \\ 6 & 12 \end{pmatrix}$$

Mit

```
Cilly( : , : , 1) = 2
Cilly( : , : , 2) = 3
```

erreicht man folgende Feldwertebelegung:

$$\texttt{Cilly(1:3, 1:2, 1)} = \begin{pmatrix} 2 & 2 \\ 2 & 2 \\ 2 & 2 \end{pmatrix}$$

$$\texttt{Cilly(1:3, 1:2, 2)} = \begin{pmatrix} 3 & 3 \\ 3 & 3 \\ 3 & 3 \end{pmatrix}$$

Aufpassen muß man bei einer Anweisung der Form

```
Benno = Cilly( : , : , 1)**Speedy(2, -1) / (2 * Molly)
```

denn *Speedy(2,-1)* ist nur ein Feldelement mit dem Wert 3, mit dem dann die Exponentiation beim angegebenen Teilfeld von *Cilly* elementweise vorgenommen wird; anschließend (da die Exponentiation einer Division vorgezogen wird) werden die einzelnen Werte zweier konformer (Teil-)Felder elementweise dividiert:

$$\texttt{Benno} = \begin{pmatrix} 2^3/2 & 2^3/2 \\ 2^3/2 & 2^3/2 \\ 2^3/2 & 2^3/2 \end{pmatrix} = \begin{pmatrix} 4 & 4 \\ 4 & 4 \\ 4 & 4 \end{pmatrix}$$

Die Programmzeilen

```
Wo = 1
Wo(1:6:2, 2:4:2, 1) = Benno / (Molly * 2)
```

bewirken in konformer Weise für das Feld *Wo* folgende Wertebelegung:

$$Wo(1:6, \ 1:4, \ 1) \ = \begin{pmatrix} 1 & 2 & 1 & 2 \\ 1 & 1 & 1 & 1 \\ 1 & 2 & 1 & 2 \\ 1 & 1 & 1 & 1 \\ 1 & 2 & 1 & 2 \\ 1 & 1 & 1 & 1 \end{pmatrix}$$

$$Wo(1:6, \ 1:4, \ 2) \ = \begin{pmatrix} 1 & 1 & 1 & 1 \\ 1 & 1 & 1 & 1 \\ 1 & 1 & 1 & 1 \\ 1 & 1 & 1 & 1 \\ 1 & 1 & 1 & 1 \\ 1 & 1 & 1 & 1 \end{pmatrix}$$

Auch eine Zuweisung der Form

```
Wo(2:6:2, 1:2, 1) = Benno
```

ist, da konforme (Teil-)Felder daran beteiligt sind, erlaubt und verändert ein Teilfeld von *Wo* wie folgt:

$$Wo(1:6, \ 1:4, \ 1) \ = \begin{pmatrix} 1 & 2 & 1 & 2 \\ 4 & 4 & 1 & 1 \\ 1 & 2 & 1 & 2 \\ 4 & 4 & 1 & 1 \\ 1 & 2 & 1 & 2 \\ 4 & 4 & 1 & 1 \end{pmatrix}$$

▨ Zur Feldzuweisung

Zu beachten ist, daß erst **nach** der vollständigen Auswertung aller einzelnen Ausdrücke auf der rechten Seite die (Teil-)Feldzuweisung erfolgt: Mit der Vereinbarung

```
INTEGER, DIMENSION(0:10) :: x = (/ (i, i = 0, 10) /)
```

hat das Feld *x* vom Rang 1 in seinen 11 Elementen nacheinander die Zahlen von 0 bis 10 als Anfangsbelegung zugewiesen bekommen. Die Anweisung

```
x = x(10:0:-1)
```

belegt das Feld *x* dann nacheinander mit den Werten 10, 9, 8, 7, 6, 5, 4, 3, 2, 1 und 0. Eine Anweisungsgruppe der Form

```
DO i = 0, 10
    x(i) = x(10 - i)
END DO
```

liefert jedoch für das Feld *x* in der internen Speicherkette die Werte 10, 9, 8, 7, 6, 5, 6, 7, 8, 9 und 10, weil die Abarbeitung als skalare Anweisung nacheinander erfolgt!

▨ Maskierte Feldzuweisung
Zu einer sehr übersichtlichen und kompakten Programmierung kann die maskierte Feldzuweisung verhelfen, mit der es möglich ist, für einzelne Elemente eines Feldes nur unter bestimmten Bedingungen Feldzuweisungen durchzuführen.
Beispielsweise bedeutet im Programmsegment

```
REAL, DIMENSION(1:100)    :: Weg, Zeit, Geschwindigkeit
  .
  .                  ! Zuweisung von Werten für Weg und Zeit
  .
WHERE (Zeit /= 0.0)
    Geschwindigkeit = Weg / Zeit
ELSEWHERE
    Geschwindigkeit = 0.0
END WHERE
```

daß die Feldanweisung *Weg/Zeit* nur für diejenigen Feldelemente ausgeführt wird, für die die Werte im Feld *Zeit* ungleich 0 sind. Durch die
aufgeführte Alternative wird dem Feld *Geschwindigkeit* andernfalls der
Wert 0 zugewiesen. Dies ist sicherlich leichter zu verstehen als eine
entsprechende Formulierung mit einer *DO*-Schleife und einer *IF*-An-
weisung.

Allgemein lautet die Syntax der maskierten Feldzuweisung

```
WHERE (Maskenausdruck)
     [Feldzuweisung(en)]   ! WHERE_Block
ELSEWHERE
     [Feldzuweisung(en)]   ! ELSEWHERE_Block
END WHERE
```

(**Block-WHERE-Struktur**), die ohne Alternative zu

```
WHERE (Maskenausdruck)
     [Feldzuweisung(en)]   ! WHERE_Block
END WHERE
```

und, falls dann noch der *WHERE*-Block aus nur einer Anweisung besteht, weiter zu

```
WHERE (Maskenausdruck) Feldvariable = Ausdruck
```

vereinfacht werden darf. *Maskenausdruck* ist ein logischer Feldausdruck, das heißt ein Ausdruck, der für jedes Feldelement auf einen konkreten Wahrheitswert führt. Bei *Feldzuweisung* handelt es sich um eine
oder mehrere Feldzuweisungsanweisungen der Form

Feldvariable = Ausdruck

wobei *Feldvariable* den Namen eines Feldes wiedergibt, welches die
gleiche Gestalt wie der *Maskenausdruck* haben muß. Als *Ausdruck*
kann ein konformer Feldausdruck oder ein skalarer Ausdruck aufgeführt sein.
Nur für die Feldelemente, für die *Maskenausdruck* auf den Wert *.TRUE.*
führt, wird der *WHERE*-Block ausgeführt.

7.7 Aufgaben

Aufgabe 7.1
Entwickeln Sie eine kompaktere Version des Kaufhausbeispiels aus Abschnitt 7.1 unter Verwendung von Feldfunktionen und -zuweisungen.

Aufgabe 7.2
Schreiben Sie das Programm zum «Sieb des Eratosthenes» (vergleiche die Abschnitte 7.1 und 7.5) so um, daß es alle Primzahlzwillinge bis zu einer vorgegebenen Zahl n ermittelt und ausgibt.

Primzahlzwillinge sind Paare von Primzahlen mit dem Abstand 2, beispielsweise 3 und 5, 5 und 7, 11 und 13 und so weiter.

Aufgabe 7.3
Im Pascalschen Dreieck

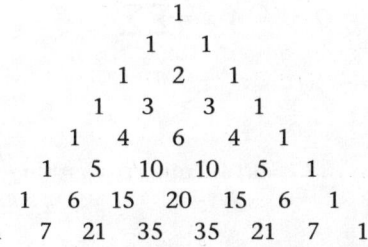

ist jede Zahl gleich der Summe der beiden darüberstehenden Zahlen; die Randzahlen (sie haben nur eine Zahl über sich stehen) sind alle gleich 1.

Schreiben Sie ein Programm, das
- eine Zahl n ($n \geq 0$ prüfen!) einliest,
- ein zweidimensionales ganzzahliges Feld mit $(n + 1)$ Zeilen und $(n + 1)$ Spalten erzeugt,
- die Elemente der ersten $(n + 1)$ Zeilen des Pascalschen Dreiecks berechnet und diese in das vereinbarte Feld wie folgt (nach links verschoben) ablegt:

```
1
1   1
1   2   1
1   3   3   1
1   4   6   4   1
1   5   10  10  5   1
1   6   15  20  15  6   1
1   7   21  35  35  21  7   1
```

- alle Elemente des Pascalschen Dreiecks in der nach links verschobenen Form formatiert ausgibt.

Aufgabe 7.4

Erstellen Sie ein Programm, mit dem die quadratische Form

$$Q = \vec{x}^{\,T} \cdot A \cdot \vec{x} = \sum_{i=1}^{n} \sum_{k=1}^{n} a_{ik} \cdot x_i \cdot x_k$$

der Matrix

$$A = (a_{ik}), \quad i,k = 1(1)10 \quad \text{mit} \quad a_{ik} = \sin \frac{i\pi}{k+i}$$

und des Vektors

$$\vec{x} = (x_i), \quad i = 1(1)10 \quad \text{mit} \quad x_i = \cos(i^2)$$

berechnet wird. Versuchen Sie, möglichst viel Sprachmittel von Fortran 90 für eine übersichtliche Lösung einzusetzen.

Aufgabe 7.5

Gegeben ist ein quadratisches Spielbrett mit 20×20 Feldern, auf die Spielsteine gesetzt werden können.

Schreiben Sie ein Programm, das die Verteilung der Spielsteine einliest und auszählt, wieviel Felder den beiden Bedingungen genügen:

1. Das Feld ist leer.
2. Alle (maximal) vier Nachbarfelder sind besetzt.
   (Nachbarfelder sind diejenigen Felder, die in x- bzw. y-Richtung an das betrachtete Feld angrenzen.)

Aufgabe 7.6

Eine Matrix MA mit n Zeilen und n Spalten soll mit den ganzen Zahlen von 1 bis n^2 folgendermaßen bedeckt werden:

Zunächst die n-te Zeile von links nach rechts, dann die n-te Spalte von unten nach oben, anschließend die $(n-1)$te Zeile von links bis zur $(n-1)$-ten Spalte, dann diese von dort nach oben und so weiter.

Für $n = 5$ sieht dies wie folgt aus:

25	24	21	16	9
22	23	20	15	8
17	18	19	14	7
10	11	12	13	6
1	2	3	4	5

Entwickeln Sie ein Struktogramm und ein Programm zur Ausfüllung der Matrix MA. Das Programm soll n einlesen und die Matrix MA ausgeben. Testen Sie das Programm mit einigen Werten für n.

Aufgabe 7.7

Überlegen Sie sich, was durch das folgende Programm ausgegeben wird:

```
PROGRAM Feldfunktionen
IMPLICIT NONE
INTEGER :: A(1:2, 1:3), B(1:3, 1:2)
A(1, : ) = (/  2,  3,  4 /)
A(2, : ) = (/  5,  6,  7 /)
B( : , 1) = (/  2, -3,  4 /)
B( : , 2) = (/  0, -1, -2 /)
WRITE(*,*) 'A(1,:)            = ', A(1,:)
WRITE(*,*) 'A(2,:)            = ', A(2,:)
WRITE(*,*) 'SUM(A)            = ', SUM(A)
WRITE(*,*) 'PRODUCT(A)        = ', PRODUCT(A)
WRITE(*,*) 'TRANSPOSE(A) * B = ', TRANSPOSE(A) * B
WRITE(*,*) 'MATMUL(A, B)      = ', MATMUL(A, B)
STOP
END PROGRAM Feldfunktionen
```

Aufgabe 7.8

Überprüfen Sie, welche der aufgeführten maskierten Feldzuweisungen erlaubt sind und welche nicht (mit Begründung):

```
PROGRAM WhereAnweisung
IMPLICIT NONE
INTEGER :: n
REAL    :: A(5) = (/ 1, 2, 3, 4, 5 /)
REAL    :: B(5) = (/ 3, 4, 5, 6, 7 /), C(5), D(1:2, 3)
WHERE (MOD(A, 2.0) == 0) C = 0
READ(*, *) n
WHERE (-5 < n .AND. n < 5) C = 10.0
WHERE (B * A >= 20.0)
    C = B * A
    D = 1.2
ELSEWHERE
    C = 1
    D = -1.2
ENDWHERE
WHERE (D /= A) A = 0.0
STOP
END PROGRAM WhereAnweisung
```

Aufgabe 7.9

Beurteilen Sie, ob die folgenden Aussagen wahr oder falsch sind:
a) Felder müssen stets vereinbart werden.
b) Man kann in einer Anweisung entweder auf das ganze Feld oder nur auf ein einzelnes Element davon zugreifen.
c) Über

```
WRITE (*, 900) TRANSPOSE (matrix)
900 FORMAT (6(3X, G10.4))
```

wird das Feld *matrix(1:7,0:5)* vom Typ *REAL* als gewöhnliche Matrix in insgesamt 7 Zeilen ausgegeben.

d) Wenn eine Anweisung einen Ausdruck der Form (*::2*) enthält, so handelt es sich dabei um ein Feld von Rang 1, bei dem ab dem ersten Element jedes zweite folgende angesprochen wird.

e) Der Ausdruck in d) hätte auch kürzer (*:2*) lauten können.

f) Mit der Vereinbarung

```
REAL, DIMENSION (-1:10, 12:16, 1:8) :: feld
```

ist der Ausdruck *feld(0::2,:16:1,6:6)* gleichwertig zu *feld(0:10:2,:,6)*.

8 Unterprogrammtechnik

Bisher wurden alle programmtechnischen Lösungen jeweils von einem Programm, dem **Hauptprogramm,** erledigt.

Damit etwa zu bestimmten Problemklassen bereits entwickelte Algorithmen in Programme flexibel einsetzbar sind, stellt jede höhere Programmiersprache eine Technik zur Verfügung, die die Einbindung von sogenannten **Unterprogrammen** erlaubt.

■ Lineares Gleichungssystem, 1. Teil

Eine aus numerischer Sicht sehr häufige Anwendung betrifft das Lösen eines quadratischen Gleichungssystems der Form

$$A \cdot \vec{x} = \vec{b}$$

mit einer nichtsingulären $n \times n$-Matrix A, die ebenso gegeben ist wie die rechte Seite $\vec{b}$ als Vektor mit n Komponenten. Gesucht sind die n Komponenten des Vektors $\vec{x}$. Die im letzten Kapitel behandelte lineare Regression, die zu n gegebenen Wertepaaren (x_1, y_1), ..., (x_n, y_n) die bestausgleichende Gerade

$$y = \alpha \cdot x + \beta$$

angibt, beinhaltet nichts anderes als die Lösung des linearen Gleichungssystems

$$\begin{pmatrix} n & \sum_{i=1}^{n} x_i \\ \sum_{i=1}^{n} x_i & \sum_{i=1}^{n} x_i^2 \end{pmatrix} \cdot \begin{pmatrix} \beta \\ \alpha \end{pmatrix} = \begin{pmatrix} \sum_{i=1}^{n} y_i \\ \sum_{i=1}^{n} x_i \cdot y_i \end{pmatrix}.$$

In diesem Fall ist zwar noch eine direkte Auflösung wie in Kapitel 7.6 möglich, aber schon der quadratische (und damit nichtlineare) Ansatz

$$y = \alpha \cdot x^2 + \beta \cdot x + \gamma$$

für eine die Wertepaare (nach der Gaußschen Fehlerquadratmethode) ausgleichende Funktion erfordert das Lösen des linearen 3×3-Gleichungssystems

$$\begin{pmatrix} n & \sum_{i=1}^{n} x_i & \sum_{i=1}^{n} x_i^2 \\ \sum_{i=1}^{n} x_i & \sum_{i=1}^{n} x_i^2 & \sum_{i=1}^{n} x_i^3 \\ \sum_{i=1}^{n} x_i^2 & \sum_{i=1}^{n} x_i^3 & \sum_{i=1}^{n} x_i^4 \end{pmatrix} \cdot \begin{pmatrix} \gamma \\ \beta \\ \alpha \end{pmatrix} = \begin{pmatrix} \sum_{i=1}^{n} y_i \\ \sum_{i=1}^{n} x_i \cdot y_i \\ \sum_{i=1}^{n} x_i^2 \cdot y_i \end{pmatrix},$$

und jede höhergradige polynomiale Ausgleichsfunktion vergrößert nur das zugehörige eindeutig lösbare lineare Gleichungssystem.

Hauptprogramm und Unterprogramme

Damit nicht für verschiedene Fragestellungen dieser Art ständig neue Programme entwickelt werden müssen, ist es hilfreich, die Lösung eines quadratischen Gleichungssystems ein für allemal in einer Programmeinheit zu formulieren und danach mit konkreten Rahmenbedingungen gezielt einzusetzen, wann immer es gebraucht wird.

Zu einem ablauffähigen Programm gehören dann

- ein Hauptprogramm und
- n Unterprogramme ($n \geq 0$),

die Hilfsfunktionen wie das Lösen linearer Gleichungssysteme übernehmen können. Als Unterprogrammarten stellt Fortran *SUBROUTINE*- und *FUNCTION*-Unterprogramme zur Verfügung. Auf die in ein Programm ebenfalls einbindbaren *MODULE* gehen wir im Rahmen dieser Einführung in Fortran 90 nicht ein.

8.1 *SUBROUTINE*-Unterprogramme

Lineares Gleichungssystem, 2. Teil

Betrachten wir die Lösungsbestimmung eines allgemeinen linearen $n \times n$- Gleichungssystems

$$A \cdot \vec{x} = \vec{b}$$

mit der Matrix und der rechten Seite

$$A = \begin{pmatrix} a_{11} & a_{12} & \cdots & a_{1n} \\ a_{21} & a_{22} & \cdots & a_{2n} \\ \vdots & \vdots & & \vdots \\ a_{n1} & a_{n2} & \cdots & a_{nn} \end{pmatrix}, \qquad \vec{b} = \begin{pmatrix} b_1 \\ b_2 \\ \vdots \\ b_n \end{pmatrix},$$

die gegeben sind. Über die folgende Vorgehensweise, den **Gaußschen Algorithmus** (mit Spaltenpivotsuche zur numerischen Stabilisierung), lassen sich die Komponenten x_1, x_2, ..., x_n des Vektors $\vec{x}$ bestimmen:

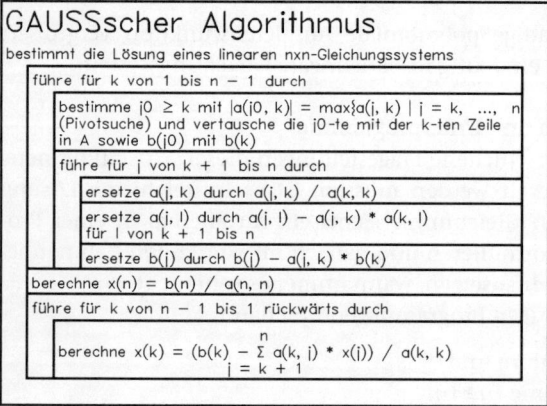

GAUSSscher Algorithmus
bestimmt die Lösung eines linearen nxn-Gleichungssystems
- führe für k von 1 bis n − 1 durch
  - bestimme j0 ≥ k mit |a(j0, k)| = max{a(j, k) | j = k, ..., n} (Pivotsuche) und vertausche die j0-te mit der k-ten Zeile in A sowie b(j0) mit b(k)
  - führe für j von k + 1 bis n durch
    - ersetze a(j, k) durch a(j, k) / a(k, k)
    - ersetze a(j, l) durch a(j, l) − a(j, k) * a(k, l) für l von k + 1 bis n
    - ersetze b(j) durch b(j) − a(j, k) * b(k)
- berechne x(n) = b(n) / a(n, n)
- führe für k von n − 1 bis 1 rückwärts durch
  - berechne x(k) = (b(k) − Σ_{j = k + 1}^{n} a(k, j) * x(j)) / a(k, k)

Dieser Vorgang setzt die eindeutige Lösbarkeit des Gleichungssystems voraus (*A* hat Höchstrang oder det(A) ≠ 0), da dann die bei den Divisionen vorkommenden Nenner ungleich 0 sind. Gebraucht werden dazu die $n \times n$-Matrix *A*, die rechte Seite $\vec{b}$ und der zu ermittelnde Lösungsvektor $\vec{x}$, die an eine eigenständige Programmeinheit über die Parameterliste übergeben werden können. Auf ein Unterprogramm übertragen wird daraus:

```
SUBROUTINE Gauss (a, n, b, x)
!
!**************************************************************
!                                                            *
!  Dieses Unterprogramm bestimmt die Lösung  x eines ein-    *
!  deutig lösbaren linearen n x n-Gleichungs-                *
!  systems a x = b.                                          *
!                                                            *
!  Übergabeparameter:                                        *
!  a : Matrix vom Normaltyp REAL der Gestalt [n, n]          *
!  n : Größe des Gleichungssystems (Normaltyp INTEGER)       *
!  b : rechte Seite vom Normaltyp REAL der Gestalt [n]       *
!  x : Lösungsvektor vom Normaltyp REAL der Gestalt [n]      *
!                                                            *
!**************************************************************
!
IMPLICIT NONE
INTEGER                     :: n, k, j, j0
REAL, DIMENSION (1:n, 1:n) :: a
REAL, DIMENSION (1:n)       :: b, x, hilf
REAL                        :: pivot, rette

Dreieckszerlegung: DO k = 1, n - 1

   pivot = ABS(a(k, k)) ;  j0 = k
   DO j = k + 1, n
      IF(ABS(a(j, k)) > pivot) THEN
                                             ! Pivotsuche
          pivot = ABS(a(j, k)) ;  j0 = j
      END IF
   END DO

   hilf = a(k,:) ;  a(k,:) = a(j0,:)    !
   a(j0,:) = hilf                       ! Vertauschung
   rette = b(k) ;  b(k) = b(j0)         ! in a und b
   b(j0) = rette                        !

   DO j = k + 1, n
```

```
        a(j,k)     = a(j,k) / a(k,k)
        a(j,k+1: ) = a(j,k+1: ) - a(j,k) * a(k,k+1: )
                                                ! Ersetzung
        b(j)       = b(j) - a(j,k) * b(k)       ! in a und b
    END DO

END DO Dreieckszerlegung

x(n) = b(n) / a(n,n)                            ! Lösungs-
Rueckwaertselimination : DO k = n-1, 1, -1      ! bestimmung
    x(k) = (b(k) - SUM(a(k,k+1: ) * x(k+1: ))) / a(k,k)
END DO Rueckwaertselimination

RETURN
END SUBROUTINE Gauss
```

▩ Rahmen und Aufruf einer *SUBROUTINE*

Die erste Anweisung eines *SUBROUTINE*-Unterprogramms hat die
Form:

SUBROUTINE *Name* (*Formalparameterliste*)

Name legt den Fortran-90-Namen dieses Unterprogramms global fest;
dieser Name darf nicht mehr anderweitig verwendet werden. Anschließend folgen wie in allen Programmen bisher üblich Vereinbarungen
und ausführbare Anweisungen. Die *RETURN*-Anweisung führt zum
Rücksprung in diejenige Programmeinheit, aus der dieses Unterprogramm aufgerufen wird, und die letzte Anweisung ist von der Form:

END [SUBROUTINE [*Name*]]

Ein Aufruf des Unterprogramms erfolgt in einer eigenen Anweisung der
Gestalt:

CALL *Name* (*Aktualparameterliste*)

Die Verbindung des Unterprogramms zum aufrufenden Programm
wird über die Parameterliste hergestellt, bei der eine eindeutige Korrespondenz

Aktualparameter ↔ *Formalparameter*

bezüglich der Anzahl, der Reihenfolge und des Datentyps der Parameter gewährleistet sein muß (!); eine mögliche Aufzählung der Form

Formalparameter = Aktualparameter

beim Aufruf läßt lediglich eine andere Reihenfolge zu.

▨ Lineares Gleichungssystem, 3. Teil

Auf das Unterprogramm *Gauss* bezogen bedeutet das:
Es wird in einer eigenen Anweisung angesprochen, und die darin aufgeführten Aktualparameter müssen insgesamt vier sein, an erster Stelle eine Matrix mit *n* Zeilen und *n* Spalten von Datentyp *REAL*, gefolgt von einer *INTEGER*-Größe, die den Wert für *n* festlegt, der rechten Seite als Vektor vom Typ *REAL* mit *n* Komponenten und einem Vektor gleicher Größe und Gestalt und gleichen Typs, der die Lösung des Gleichungssystems aufnimmt.

Ein Hauptprogramm, das dieses Unterprogramm zur Lösung des linearen Gleichungssystems

$$\begin{pmatrix} 1 & 2 & 3 \\ 4 & 5 & 6 \\ 7 & 7 & 14 \end{pmatrix} \cdot \begin{pmatrix} x_1 \\ x_2 \\ x_3 \end{pmatrix} = \begin{pmatrix} 1 \\ 0 \\ 21 \end{pmatrix}$$

verwendet, kann einfach so aussehen:

```
PROGRAM Test
IMPLICIT NONE
REAL :: matrix(1:3, 1:3), rechte_Seite(1:3), Loesung(1:3)
matrix (1, : ) = (/ 1.0, 2.0,  3.0 /)
matrix (2, : ) = (/ 4.0, 5.0,  6.0 /)
matrix (3, : ) = (/ 7.0, 7.0, 14.0 /)
rechte_Seite   = (/ 1.0, 0.0, 21.0 /)

CALL Gauss (matrix, 3, rechte_Seite, Loesung)

WRITE(*, *) 'Lösung ', Loesung
STOP
END PROGRAM Test
```

Zum Aufruf werden die vier aktuellen Parameter gleich vielen formalen Parametern positionsgerecht zugeordnet:

aktuelle Parameter		formale Parameter	
matrix	REAL-Feld der Gestalt [3, 3]	a	REAL-Feld der Gestalt [n, n]
3	INTEGER-Größe	n	INTEGER-Größe
rechte_Seite	REAL-Feld der Gestalt [3]	b	REAL-Feld der Gestalt [n]
Loesung	REAL-Feld der Gestalt [3]	x	REAL-Feld der Gestalt [n]

Hier wird die Flexibilität des Unterprogramms *Gauss* deutlich: Dieses Hauptprogramm benutzt es nur für eine ganz spezielle Situation; das Unterprogramm kann viel mehr leisten, als nur das vorgegebene lineare 3×3-Gleichungssystem zu lösen. In diesem Fall wird übrigens die eindeutige Lösung

$$x_1 = \frac{5}{3} \quad , \quad x_2 = -\frac{16}{3} \quad , \quad x_3 = \frac{10}{3}$$

im Rahmen der Rechengenauigkeit reproduziert.

Eine weitere wichtige Eigenschaft bei Unterprogrammen kann mit diesem Beispiel verdeutlicht werden: Alle in einer Programmeinheit vorkommenden Größen haben nur lokale Bedeutung und wirken auch nur lokal, sofern sie nicht in der Parameterliste aufgeführt sind. Das heißt beispielsweise: Im Programm *Test* hätte es ohne weiteres Variablen mit den Namen *a*, *n*, *pivot* oder *Dreieckszerlegung* geben können, deren jeweilige Bedeutung zudem völlig frei belegbar wäre. Mit anderen Worten: Man braucht bei der Einbindung von Unterprogrammen nicht darauf zu achten, wie die dort verwendeten Variablen benannt sind und welche Anweisungsnummern vorkommen; einzig der Unterprogrammname ist exklusiv.

▧ Horner-Schema für Polynome

Betrachten wir als eine weitere Anwendung die Berechnung von Funktions- und Ableitungswert eines Polynoms n-ten Grades

$$P_n(x) = a_n \cdot x^n + a_{n-1} \cdot x^{n-1} + \ldots + a_1 \cdot x + a_0$$

mit dem zweizeiligen Horner-Schema (vergleiche auch Kapitel 7.1):
Die Berechnungen gemäß

$$s_n = a_n$$
$$s_k = x_0 \cdot s_{k+1} + a_k \quad \text{für} \quad k = n-1, n-2, \ldots, 1, 0$$

und

$$r_n = a_n$$
$$r_k = x_0 \cdot r_{k+1} + s_k \quad \text{für} \quad k = n-1, n-2, \ldots, 1$$

führen in sehr ökonomischer Weise auf die gesuchten Werte:

$$P_n(x_0) = s_0 \quad , \quad P_n'(x_0) = r_1 \quad .$$

Damit das vielseitig verwendet werden kann, bietet sich eine Umsetzung in ein Unterprogramm an:

```
SUBROUTINE Horner (a, n, x, p0, p1)
!
!****************************************************************
!                                                              *
! Dieses Unterprogramm bestimmt zum über a gegebenen           *
! Polynom n-ten Grades den Funktionswert p0 und den            *
! Ableitungswert p1 an der Stelle x.                           *
!                                                              *
! Übergabeparameter:                                           *
! a  :  Polynomkoeffizienten vom Normaltyp REAL der            *
!       Gestalt [n + 1]                                        *
! n  :  Grad des Polynoms (Normaltyp INTEGER)                  *
! x  :  vorgegebene Stelle vom Normaltyp REAL                  *
! p0 :  Wert des Polynoms (Normaltyp REAL) an der Stelle x     *
! p1 :  Wert der ersten Ableitung des Polynoms (Normaltyp      *
!       REAL) an der Stelle x                                  *
!                                                              *
!****************************************************************
!
IMPLICIT NONE
INTEGER              :: n, k
REAL, DIMENSION(0:n) :: a
```

```
REAL                     :: x, p0, p1, r, s

s = a(n)
r = a(n)
DO k = n - 1, 1, -1
    s = x * s + a(k)
    r = x * r + s
END DO
p0 = x * s + a(0)
p1 = r

RETURN
END SUBROUTINE Horner
```

Wie man sieht, braucht die rekursive Berechnung der Größen s_k und r_k nur jeweils einen Speicherplatz, egal, welchen Grad das Polynom hat.

▥ Erste Einbindung zur Polynomwerttabellierung

Dieses Unterprogramm kann nun zu völlig unterschiedlichen Zwecken genutzt werden. Soll beispielsweise das Polynom

$$P(x) = 5x^3 - 2x^2 + \frac{1}{2}x - 7$$

zwischen −1 und 1 in Schritten von 0.2 tabelliert werden, so ist von den berechneten Werten nur *p0* von Interesse, *p1* wird ignoriert. Folgendes Hauptprogramm würde das leisten:

```
PROGRAM Tabelle
IMPLICIT NONE
INTEGER                        :: n, anzahl, i
REAL, ALLOCATABLE, DIMENSION( : ) :: koeff
REAL                           :: x, h, xanf, xend, f, fs
WRITE(*, 900, ADVANCE = 'NO') ;  READ(*, *) n
ALLOCATE(koeff(0:n))
```

```
WRITE(*, 910) ;  READ(*, *) (koeff(i), i = n,0,-1)
WRITE(*, 920, ADVANCE = 'NO') ;  READ(*, *) xanf, xend
WRITE(*, 930, ADVANCE = 'NO') ;  READ(*, *) anzahl
WRITE(*, *)
h = (xend - xanf) / REAL(anzahl - 1)
x = xanf


DO i = 1, anzahl
    CALL Horner(koeff, n, x, f, fs)
    WRITE(*, 940) x, f
    x = x + h
END DO
DEALLOCATE(koeff)
STOP
900 FORMAT(1X, 'Grad n des Polynoms: ')
910 FORMAT(1X, 'Koeffizienten (in der Reihenfolge ', &
            'absteigender Potenzen): ')
920 FORMAT(1X, 'Tabellenanfangs- und -endpunkt: ')
930 FORMAT(1X, 'Anzahl der Tabellenwerte (>1): ')
940 FORMAT(1X, 'x = ', G12.5, 3X, 'Polynomwert: ', G12.5)
END PROGRAM Tabelle
```

Dieses Programm hat den Vorteil, daß es auch zur Tabellierung anderer Polynome in beliebig vorzugebenden Bereichen einsetzbar ist. Erstellen Sie mit diesem Programm die gewünschte Tabelle. Ist sie übersichtlich? Ist das Format geeignet? Verändern Sie es entsprechend, wenn Sie nicht zufrieden sind. (Zur Kontrolle: Bei $x = -1$ ist $P(x) = -14.5$, und bei $x = 1$ ist $P(x) = -3.5$.)

▨ Zweite Einbindung zur Polynomnullstellenbestimmung
Eine andere Anwendung des Unterprogramms *Horner* wäre sein Einsatz beim Newton-Verfahren

$$x_{k+1} = x_k - \frac{P(x_k)}{P'(x_k)}, \quad k \geq 0, \quad x_0 \text{ vorgegeben,}$$

zur näherungsweisen Berechnung von Polynomnullstellen. Bei Polynomen höheren Grades sind diese nämlich nicht mehr über Formeln allgemein angebbar. Soll beispielsweise eine Nullstelle von

$$P(x) = 3x^5 - 12x^4 + 3x^3 + 30x^2 - 12x - 24$$

ermittelt werden, so kann das folgendermaßen geschehen:

```
PROGRAM Newtonverfahren
IMPLICIT NONE
REAL :: b(0:5), x0, x1, p, p_strich
b(5:0:-1) = (/ 3.0, -12.0, 3.0, 30.0, -12.0, -24.0 /)
WRITE(*, 900, ADVANCE = 'NO')  ; READ(*,*) x0
x1 = x0 + 1.0
DO WHILE (ABS(x1 - x0) > 1E-5)
    CALL Horner(b, 5, x0, p, p_strich)
    x1 = x0
    x0 = x0 - p / p_strich
END DO
WRITE(*, *) 'Nullstelle bei: ', x0
STOP
900 FORMAT(1X, 'Startwert für das Newton-Verfahren: ')
END PROGRAM Newtonverfahren
```

Wenn Sie bei der Abfrage zum Startwert *3* eingeben, führt das Verfahren auf die Nullstelle 2 des Polynoms, allerdings sehr ungenau (FTN90 ermittelt den Wert *1.9946344*). Dies hängt zum einen mit dem Abbruchkriterium der Iteration zusammen: Liegen zwei benachbarte Näherungswerte um weniger als 10^{-5} auseinander, so wird die weitere Berechnung unterbunden. Natürlich können Sie hier kleinere Schranken einbauen, die allerdings zur verwendeten Genauigkeitsvariante passen müssen. Eine Übereinstimmung auf beispielsweise 10 Dezimalstellen verlangt auf jeden Fall doppelte Genauigkeit; dazu müßte man aber auch das Unterprogramm *Horner* entsprechend anpassen! Zum anderen liegt die Ungenauigkeit in der Mehrfachheit der Nullstelle begründet: wegen

$$P(x) = 3 \cdot (x - 2)^3 \cdot (x + 1)^2$$

besitzt es $x = 2$ als dreifache und $x = -1$ als doppelte Nullstelle. In solchen Fällen konvergiert das Newton-Verfahren bekanntermaßen langsam. Lassen Sie das Programm mit verschiedenen Startwerten laufen, eine der beiden Nullstellen müßte es durchweg erreichen.

Zu beachten ist bei diesem Programm noch ein kleiner Trick: Damit die Berechnung in die *DO-WHILE*-Schleife überhaupt eintritt, wird x_1 zunächst mit einem solchen (willkürlichen) Wert versehen, daß die Schleifenbedingung auf jeden Fall erfüllt ist!

8.2 *FUNCTION*-Unterprogramme

Eigentlich kann man mit *SUBROUTINE*-Unterprogrammen alles das ermöglichen, was die Unterprogrammtechnik so vorteilhaft macht:

- Sie gestattet einen modularen Programmaufbau, wodurch eine Erhöhung der Flexibilität (Programmeinheiten sind auch anderweitig einsetzbar) und eine Reduzierung des Programmcodes (Zusammenfassung von logisch zusammenhängenden Anweisungsgruppen, die an mehreren Stellen durchlaufen werden) erreicht wird. Gerade bei umfangreicher Software verhilft dies zu mehr Übersicht und günstigeren Testmöglichkeiten (einzelne Tests unabhängiger Teile sowie Integrationstests).

- Sie erlaubt die Einbindung von Programmeinheiten, die von Spezialisten entwickelt wurden (ausgetestet und optimiert) und in der Regel als Programmbibliotheken zur Verfügung stehen.

In Anlehnung an die gewohnte mathematische Schreibweise, in der Gleichungen Funktionsausdrücke enthalten können, läßt Fortran als weiterer Unterprogrammtyp *FUNCTION*-Unterprogramme zu.

▓ Newton-Verfahren, 1. Teil

Denkt man etwa wieder an das Newton-Verfahren

$$x_{k+1} = x_k - \frac{f(x_k)}{f'(x_k)} \quad (k \geq 0) ,$$

das zu einem geeignet vorgegebenen Startwert x_0 nach hinreichend vielen Iterationen zu einer Nullstelle von f führt, so kann die Verfahrensvorschrift bei bekannten f und f' durchgeführt werden. Beispielsweise für

$$f(x) = \cos(x) + e^{-x} - 1 \, ,$$
$$f'(x) = -\sin(x) - e^{-x}$$

sehen zwei *FUNCTION*-Unterprogramme so aus:

```
REAL FUNCTION f(x)
IMPLICIT NONE
REAL :: x
f = COS(x) + EXP(-x) - 1.0
RETURN
END FUNCTION f

REAL FUNCTION f_strich(x)
IMPLICIT NONE
REAL :: x
f_strich = -SIN(x) - EXP(-x)
RETURN
END FUNCTION f_strich
```

▧ Rahmen und Aufruf einer *FUNCTION*

Die erste Anweisung hat allgemein die Form

   Datentyp FUNCTION *Name* (*Formalparameterliste*)

und definiert die Variable *Name* vom angegebenen *Datentyp*, der auch einen Typparameter enthalten kann (vergleiche Kapitel 3.7); dieser Variablen kommt eine globale Bedeutung zu. Parameterliste und *RE-TURN*-Anweisung haben den gleichen Sinn wie bei *SUBROUTINE*-Unterprogrammen, und die letzte Anweisung lautet:

   END [FUNCTION[*Name*]]

Ein wesentlicher Unterschied dieses Unterprogrammtyps zu einer *SUB-ROUTINE* liegt im Aufruf: Das Newton-Verfahren könnte wie vorgegeben «abprogrammiert» werden:

```
x_kplus1 = x_k - f(x_k) / f_strich(x_k)
```

Der Aktualparameter x_k, der vom Normaltyp *REAL* sein muß, wird dem formalen Parameter *x* in beiden *FUNCTION*-Unterprogrammen gleichgesetzt und zur Werteberechnung verwendet. Die ermittelten Werte werden über die Funktionsnamen in einem (arithmetischen) Ausdruck an das rufende Programm zurückgegeben, das heißt, ein Aufruf eines *FUNCTION*-Unterprogramms erfolgt innerhalb einer Anweisung (und **nicht** in einer eigenen Anweisung) über:

Name(Aktualparameter)

Die (normalerweise) positionsgerechte Korrespondenz zwischen formalen und aktuellen Parametern in den aufgeführten Listen verlangt wieder bezüglich der Anzahl, der Reihenfolge und des Datentyps eine Übereinstimmung.

Als eigenständige Programmeinheit beginnt ein *FUNCTION*-Unterprogramm wiederum mit einem Vereinbarungsteil, gefolgt von einem Segment ausführbarer Anweisungen, in dem vor einer *RETURN*-Anweisung dem Funktionsnamen ein Wert zugewiesen werden muß. Wie in einem *SUBROUTINE*-Unterprogramm auch können (etwa bei einzelnen Fallunterscheidungen) mehrere *RETURN*-Anweisungen vorkommen.

Zu beachten ist auch die Selbständigkeit der rufenden Programmeinheit, in der die Funktionsnamen mit ihrem jeweiligen festgelegten Datentyp ebenfalls zu vereinbaren sind! Dies liegt überdies in der Eigenschaft von Fortran als sogenannte «Linker-Sprache» begründet: Fortran hat die Verknüpfung von zu unabhängigen Zeitpunkten übersetzten Programmeinheiten (Object-Codes) zu einem ablauffähigen Programm von Anfang an unterstützt; dazu müssen aber in jeder Programmeinheit die auftretenden Gegebenheiten vollständig beschrieben sein.

▦ Newton-Verfahren, 2. Teil

Ein Hauptprogramm, das die bei 1 liegende, nicht exakt angebbare Nullstelle der Beispielfunktion

$$f(x) = \cos x + e^{-x} - 1$$

mit dem Newton-Verfahren ermittelt, lautet demnach:

```
PROGRAM Funktionsnullstelle
IMPLICIT NONE
REAL    :: f, f_strich, x_k, x_kplus1, eps
INTEGER :: anzahl
WRITE(*, 900, ADVANCE = 'NO') ;  READ(*,*) x_kplus1
WRITE(*, 910, ADVANCE = 'NO') ;  READ(*,*) eps
x_k     = x_kplus1 + 100.0
anzahl = 0
DO WHILE (ABS(x_kplus1 - x_k) > eps)
    x_k      = x_kplus1
    x_kplus1 = x_k - f(x_k) / f_strich(x_k)
    anzahl   = anzahl + 1
    IF (anzahl > 500) STOP 'Keine Konvergenz'
END DO
WRITE(*, *) 'Nullstelle bei: ', x_kplus1
STOP
900 FORMAT(1X, 'Startwert für das Newton-Verfahren: ')
910 FORMAT(1X, 'Genauigkeitsschranke (>0): ')
END PROGRAM Funktionsnullstelle
```

Lassen Sie dieses Programm zusammen mit den beiden benötigten *FUNCTION*-Unterprogrammen zum Startwert *1* mit verschiedenen Genauigkeitsschranken, etwa *1E−3* oder *1E−5*, laufen. Es wird auf die Nullstelle 0.92363265... von f führen. Probieren Sie andere Startwerte aus. Da das Newton-Verfahren nur für «günstige» Startwerte Konvergenz garantiert, kann es sein, daß sich trotz langwieriger Iteration nichts Brauchbares ergibt. Um auch in solchen Situationen reagieren zu können, werden maximal 500 Verfahrensschritte durchgeführt.

Eine gewisse Flexibilität wird hierbei dadurch erreicht, daß bei Änderung der Unterprogramme zu $f(x)$ und $f'(x)$ das gleiche Hauptprogramm Nullstellen zu einer anderen Funktion bestimmt. Wie sich das noch wesentlich geschickter umsetzen läßt, wird in Abschnitt 8.4 besprochen.

▨ Simpsonregel zur Integralberechnung, 1. Version

Eine über ein *FUNCTION*-Unterprogramm zur Verfügung gestellte

Funktion *f(x)* soll nach der Simpsonregel $\left(h = \dfrac{b-a}{2n} \right)$

$$\int_a^b f(x)dx \approx \frac{h}{3}\left\{ f(a)+f(b)+4\sum_{k=0}^{n-1} f\big(a+(2k+1)\cdot h\big)+2\sum_{k=1}^{n-1} f\big(a+2kh\big)\right\}$$

über ein Intervall näherungsweise integriert werden. Die angenäherte Integration soll über ein *SUBROUTINE*-Unterprogramm bewerkstelligt werden, das zudem die Fehlerfälle $n \leq 0$ und $a > b$ abfängt.

Es gibt neben den Inkorrektheiten nichts Besonderes zu berücksichtigen; das Unterprogramm muß im wesentlichen die Summationen über die Funktionswerte durchführen:

```
SUBROUTINE Simpson(a, b, n, integral, fehler)
!
!****************************************************************
!                                                              *
!  Dieses Unterprogramm berechnet näherungsweise mit der       *
!  Simpsonregel das Integral von a bis b über f(x)dx in n      *
!  Simpsonteilschritten; der Integrand f(x) muß als            *
!  FUNCTION-Unterprogramm zur Verfügung gestellt werden.       *
!                                                              *
!  Übergabeparameter:                                          *
!                                                              *
!  a        :  untere Integrationsgrenze (Normaltyp REAL)      *
!  b        :  obere Integrationsgrenze (Normaltyp REAL);      *
!             es muß b >= a sein!                              *
!  n        :  Anzahl der Simpsonteilschritte (Normaltyp       *
!             INTEGER); es muß n > 0 sein!                     *
!  integral :  Näherungswert für das Integral (Normaltyp       *
!             REAL) im Normalfall (d. h. für Fehler = 0)       *
!  fehler   :  gibt Auskunft über den möglichen Programm-      *
!             ablauf (Normaltyp INTEGER) :                     *
!                = 0 :  alles o. k.                            *
```

```
!                    = 1 :  n <= 0 (falscher Wert für n über-    *
!                                   geben)                        *
!                    = 2 :  a > b  (Integrationsgrenzen nicht    *
!                                   korrekt)                      *
!                                                                 *
!*****************************************************************
!
IMPLICIT NONE
REAL    :: a, b, integral, f, h
INTEGER :: n, fehler, k

IF (n <= 0) THEN                      ! 1. Fehlerfall
   fehler = 1
ELSE IF (a > b) THEN                  ! 2. Fehlerfall
   fehler = 2
ELSE                                  ! alles o. k.
   fehler = 0
   h = (b - a) / REAL(2 * n)
   integral = f(a) + f(b) + 4.0 * f(a + h)
   DO k = 1, n - 1
      integral = integral + 4.0 * f(a + (2*k-1)*h) + &
                 2.0 * f(a+2*k*h)
   END DO
   integral = h / 3.0 * integral
END IF
RETURN
END SUBROUTINE Simpson
```

Wenn ein Test mit dem bekannten Integral

$$\int_0^\pi \sin(x)\,dx = 2$$

vorgenommen werden soll, so muß zunächst der Integrand zur Verfügung gestellt werden:

```
REAL FUNCTION f(x)
IMPLICIT NONE
REAL :: x
f = SIN(x)
RETURN
END FUNCTION f
```

Daß man für den Einsatz der Fortran-Standardfunktion *SIN* diese sogar
in ein eigenes Unterprogramm einkleiden muß, erscheint überflüssig
(und muß auch nicht sein, vergleiche Abschnitt 8.4).
Ein Hauptprogramm, das Näherungswerte zu unterschiedlicher Teil-
schrittanzahl ausgibt, kann einfach so aussehen:

```
PROGRAM Test
IMPLICIT NONE
REAL    :: pi, int
INTEGER :: error, i
pi = 4.0 * ATAN(1.0)
DO i = 100, 5100, 1000
    CALL Simpson(0.0, pi, i, int, error)
    IF (error == 0) THEN
        WRITE(*, *) i, 'Teilintervalle: ', int
    END IF
END DO
STOP
END PROGRAM Test
```

Das uns vertraute FTN90 kommt zu folgender Ausführung:

```
100 Teilintervalle:   1.9999994
1100 Teilintervalle:  1.9999988
2100 Teilintervalle:  1.9999999
3100 Teilintervalle:  1.9999979
4100 Teilintervalle:  2.0000007
5100 Teilintervalle:  1.9999998
```

Das Ergebnis ist im Rahmen der benutzten Rechengenauigkeit in Ordnung.

Vermeiden sollte man die Namensgebung vorgegebener Standardfunktionen für eigene *FUNCTION*-Unterprogramme. Eine Programmeinheit, die zum Beispiel mit

```
REAL FUNCTION sin(x)
```

beginnt, führt sicher zu ungewollten Kollisionen mit der intern zur Verfügung gestellten Sinusfunktion.

8.3 Externe und interne Unterprogramme

Die bisher behandelten Unterprogrammarten werden stets als global zur Verfügung stehende Programmeinheiten angesehen; man nennt sie mit diesem Verständnis **externe Unterprogramme.**
Um anspruchsvolle Software in möglichst einfacher Form zur Verfügung stellen zu können, wird man dazu neigen, auch für eine umfassendere Aufgabe nur ein Unterprogramm als Außensicht zu verfassen, das quasi über den Unterprogrammkopf (1. Anweisung mit Parameterliste sowie Kommentarblock, der die Programmlogik und die Parameter erläutert) die Schnittstelle zum Benutzer darstellt. Benutzt dieses Hauptunterprogramm weitere Unterprogramme, so müßte man auch diese kennen, um nicht in Konflikte zu kommen. Fortran 90 hat, um Probleme in solchen oder ähnlichen Fällen auszuschließen, die Verwendung **interner Unterprogramme** gestattet, die in ihrer äußeren Form wie *SUBROUTINE*- oder *FUNCTION*-Unterprogramme aussehen, allerdings nur in der Programmeinheit sichtbar sind, in die sie eingebettet wurden. Dies ist in jeder Programmeinheit mit der *CONTAINS*-Anweisung möglich:

```
PROGRAM ...
    ·
    ·
    ·
CONTAINS
    SUBROUTINE ...
        ·
        ·
        ·
    END SUBROUTINE ...
    ... FUNCTION ...
        ·
        ·
        ·
    END FUNCTION ...
        ·
        ·    ! weitere interne Unterprogramme
        ·
END PROGRAM ...

SUBROUTINE ...
    ·
    ·
    ·
CONTAINS
    ·
    ·    ! interne Unterprogramme
    ·
END SUBROUTINE ...

... FUNCTION ...
    ·
    ·
    ·
CONTAINS
    ·
    ·    ! interne Unterprogramme
    ·
END FUNCTION ...
```

Ein internes Unterprogramm ist nur in der Programmeinheit (inklusive möglicher weiterer interner Unterprogramme) bekannt, in der es aufgeführt ist; sein Name kann deshalb woanders ohne Schwierigkeiten anderweitig verwendet werden. Als internes Unterprogramm muß es mit der Anweisung *END FUNCTION* beziehungsweise *END SUBROUTINE* abgeschlossen sein (*END* allein reicht hier nicht!) und darf keine weiteren internen Unterprogramme enthalten.

Beispiel:
Überlegen Sie, ob mit den vorgegebenen Regeln für externe und interne Unterprogramme das folgende (verkürzte) Programm lauffähig ist:

```fortran
PROGRAM Test
    WRITE(*, *) 'Hauptprogramm'
    CALL int_sub
    CALL ext_sub
    STOP

CONTAINS

SUBROUTINE int_sub_2
    WRITE(*, *) '2. internes Unterprogramm'
    RETURN
END SUBROUTINE

SUBROUTINE int_sub
    WRITE(*, *) 'internes Unterprogramm'
    CALL ext_sub
    CALL int_sub_2
    RETURN
END SUBROUTINE

END PROGRAM Test

SUBROUTINE ext_sub
    WRITE(*, *) 'externes Unterprogramm'
    CALL int_sub
    RETURN
```

```
CONTAINS

SUBROUTINE int_sub
    WRITE(*, *) 'internes Unterprogramm in der externen' &
             ,' Subroutine'
    RETURN
END SUBROUTINE

END SUBROUTINE ext_sub
```

Analysieren Sie es von seinem Aufbau her:
Welche Programmeinheit enthält wie viele interne Unterprogramme?
Gibt es Konflikte mit den Namen von Unterprogrammen? Wenn klar
ist, daß diese Form prinzipiell lauffähig ist, was wird hierbei speziell
ausgegeben? Wir behaupten, es erscheint:

```
Hauptprogramm
internes Unterprogramm
externes Unterprogramm
internes Unterprogramm in der externen Subroutine
2. internes Unterprogramm
externes Unterprogramm
internes Unterprogramm in der externen Subroutine
```

Halten Sie das für korrekt? Überzeugen Sie sich selbst davon!

8.4 Informationsaustausch
über die Parameterliste

Unterprogramme können dann sehr vielseitig eingesetzt werden, wenn
Sie an die jeweiligen speziellen Gegebenheiten (möglichst leicht) an-
paßbar sind: Dies wird in der Regel über die Parameterliste bewerkstelligt, die das rufende Programm mit einem Unterprogramm verbindet.

▩ Parameter bezüglich Ein- und Ausgabe

Man unterscheidet

- Eingabeparameter, also Größen, die zu den Variationsmöglichkeiten eines Unterprogramms die konkreten Rahmenbedingungen für die aktuelle Situation vorgeben,
- Ausgabeparameter, die zur festgelegten Ausgangssituation die ermittelte Lösung zurückgeben, sowie
- Ein- und Ausgabeparameter, womit Übergabeparameter gemeint sind, die diese beiden Funktionen gleichzeitig übernehmen.

Beispielsweise vermutet man im Unterprogramm *Gauss* aus Abschnitt 8.1 die Matrix a, die Größe n des Gleichungssystems und die rechte Seite b als Eingabeparameter und den Lösungsvektor x als Ausgabeparameter; da aber a und b im Unterprogramm auch verändert werden, sind dies strenggenommen Ein- und Ausgabeparameter (auch wenn a und b in der manipulierten Form nicht weiter gebraucht werden).

Von Eingabeparametern ist zu erwarten, daß sie nach Ausführung des Unterprogramms noch dieselben Werte besitzen, also unverändert bleiben. Reine Ausgabeparameter werden dem Unterprogramm nur in der vereinbarten Form zur Verfügung gestellt, das dann diesen Variablen bestimmte Werte zuweist. Ein- und Ausgabeparameter stellen über Variable schon beim Aufruf gewisse Werte zur Verfügung, die dann im Laufe der Abarbeitung im Unterprogramm aktualisiert werden können.

▩ Formal- und Aktualparameter

Als Formalparameter in einer Unterprogramm-Kopfzeile können

- Variablennamen jeden beliebigen Datentyps,
- Feldnamen jeden beliebigen Datentyps oder
- Unterprogrammnamen (siehe später)

auftreten, die beim Aufruf des Unterprogramms mit Aktualparametern wie

- Konstanten passenden Datentyps (im Sinne reiner Eingabeparameter),
- Ausdrücken passenden Datentyps (im Sinne reiner Eingabeparameter),
- Funktionsaufrufen passenden Datentyps (im Sinne reiner Eingabeparameter),

- Variablen passenden Datentyps und
- Unterprogrammnamen (die dann extra vereinbart werden müssen, siehe später)

verbunden werden. So ist zum Unterprogramm

```
SUBROUTINE Gauss(a, n, b, x)
```

und der eben beschriebenen Parameterbedeutung sogar ein Aufruf der Form

```
CALL Gauss(MATMUL(TRANSPOSE(a),a), 2*i+1, x*y, alpha)
```

möglich, wenn die Matrix a im rufenden Programm die Größe $(2*i+1)$ $\times$ $(2*i+1)$ hat, die zum Gleichungssystem gehörende Matrix von der Form $a^T \cdot a$ ist, wenn mindestens eine der Größen x und y (die andere kann auch ein Skalar sein) und die Variable $alpha$ Feldern vom Rang 1 passenden Datentyps mit (wenigstens) $2*i+1$ Komponenten entsprechen und wenn die veränderte Matrix des Gleichungssystems und die veränderte rechte Seite nicht weiter gebraucht werden (und Ausgabeparameter also keine Rolle spielen).

▓ Parameterübergabe

Fortran kennt (bei Nicht-Unterprogrammnamen) nur eine Art der Parameterübergabe: Es wird für jeden Parameter eine Speicheradresse übergeben («*call by reference*»); bei Feldern handelt es sich um die Anfangsadresse (Adresse des ersten Feldelementes). Für eine Konstante, einen (arithmetischen) Ausdruck oder einen Funktionsaufruf als aktuellen Parameter ist dies die Adresse einer Hilfsspeicherzelle, die den aktuell errechneten Wert enthält. In allen anderen Fällen (von Unterprogrammnamen abgesehen) geht es um auch in der rufenden Programmeinheit verwendete Speicherplätze, das heißt, eine Veränderung solcher Parameter im Unterprogramm hat auch immer übergeordnete Auswirkung! Um ungewollten Nebeneffekten von vornherein vorbeugen zu können, stellt Fortran 90 die *INTENT*-Anweisungen

```
INTENT(IN)     [::]  Formelparameter[,Formalparameter[...]]
INTENT(OUT)    [::]  Formalparameter[,Formalparameter[...]]
INTENT(INOUT)  [::]  Formalparameter[,Formalparameter[...]]
```

für nur Eingabe-, reine Ausgabe oder für Ein- und Ausgabeparameter zur Verfügung, die auch als Attribut *INTENT(...)* in den Vereinbarungen für die entsprechenden Formalparameter verwendet werden dürfen. Zu einer tadellosen Programmierung gehört eine eindeutige Festlegung der Übergabegrößen in dieser Form; sie sollte ab jetzt in allen entwickelten Unterprogrammen eingesetzt werden.

▇ Palindrome Primzahlen

Wie wichtig die präzise Charakterisierung der Parameter ist, kann am folgenden Beispiel der Berechnung palindromer Primzahlen verdeutlicht werden:

Als Spiegelzahl einer Zahl versteht man diese Zahl rückwärts genommen (etwa ist 431 die Spiegelzahl zu 134), und Palindrom heißt eine Zahl, die gleich ihrer Spiegelzahl ist. Man kennt palindrome Primzahlen wie 11, 101 und 313, es wird aber behauptet, daß es keine solchen vierstelligen Zahlen gibt. Das läßt sich natürlich überprüfen. Wir nutzen dazu das Sieb des Eratosthenes (vergleiche Kapitel 7.1 und 7.6) in Form eines Unterprogramms:

```
SUBROUTINE Eratosthenes(prim, n)
!
!*****************************************************************
!                                                                *
!  Dieses Unterprogramm bestimmt nach dem Sieb des               *
!  Eratosthenes alle Primzahlen bis zu einer vorgegebenen        *
!  Zahl n.                                                        *
!                                                                *
!  Eingabeparameter:                                             *
!  n   :  Obergrenze für die zu ermittelnden Primzahlen,         *
!         muß > 1 sein (Normaltyp INTEGER)                       *
!                                                                *
!  Ausgabeparameter:                                             *
!  prim :  Feld vom Normaltyp INTEGER der Form prim(1:n),        *
!          das für prim(i) /= 0 i als Primzahl enthält.          *
```

```
!                                                              *
!**************************************************************
!
IMPLICIT NONE
INTEGER, INTENT(IN)                      :: n
INTEGER, DIMENSION(1:n), INTENT(OUT) :: prim
INTEGER                                  :: i
prim = (/ (i, i = 1, n) /)
DO i = 2, INT(SQRT(REAL(n)))
    IF (prim(i) /= 0) prim(2*i:n:i) = 0
END DO
RETURN
END SUBROUTINE Eratosthenes
```

prim braucht nun nicht mehr als dynamisches Feld behandelt zu werden, das wird – wenn überhaupt erforderlich – zuvor in einer übergeordneten Programmeinheit erledigt.
Die Spiegelzahl zu einer positiven ganzen Zahl kann ähnlich zur Quersummenberechnung (vergleiche Kapitel 6.3) erfolgen, bei der sich ja die Ziffern nacheinander von hinten nach vorne ergeben haben. Wenn das in Form eines *FUNCTION*-Unterprogramms fahrlässig umgesetzt wird, kann das zu folgender Programmeinheit führen:

```
INTEGER FUNCTION Spiegel(Zahl)
!
!**************************************************************
!                                                              *
!   Dieses Unterprogramm bestimmt zu einer vorgegebenen        *
!   positiven ganzen Zahl die Spiegelzahl.                     *
!                                                              *
!   Eingabeparameter:                                          *
!   Zahl    :  Zahl vom Normaltyp Integer, zu der die          *
!              Spiegelzahl bestimmt werden soll.               *
!                                                              *
!   Ausgabeparameter:                                          *
```

```
!  Spiegel : enthält die Spiegelzahl von Zahl                    *
!                                                                *
!****************************************************************
!
IMPLICIT NONE
INTEGER :: Zahl
Spiegel = 0
DO WHILE (Zahl /= 0)
    Spiegel = 10 * Spiegel + MOD(Zahl, 10)
    Zahl = Zahl / 10
END DO
RETURN
END FUNCTION Spiegel
```

Die als Eingabeparameter beschriebene Variable *Zahl* wird hierbei verändert und wäre somit ein Ein- und Ausgabeparameter. Wenn man dies nicht berücksichtigt, so sollte das folgende Programm palindrome Primzahlen ermitteln und in einfacher Weise ausgeben können:

```
PROGRAM palindrom
IMPLICIT NONE
INTEGER, PARAMETER      :: n = 10000
INTEGER, DIMENSION(1:n) :: primzahl
INTEGER                 :: Spiegel, i

CALL Eratosthenes(primzahl, n)

DO i = 10, n
    IF (primzahl(i) /= 0) THEN
        IF(spiegel(primzahl(i)) == primzahl(i))       &
            WRITE(*, *) primzahl(i)
    END IF
END DO
STOP
END PROGRAM palindrom
```

Dieses Programm verwendet übrigens die Vereinbarung einer symbolischen Konstante mit Hilfe des *PARAMETER*-Attributs, was auch über

```
INTEGER :: n
PARAMETER (n = 10000)
```

mit der *PARAMETER*-Anweisung erreichbar gewesen wäre. Eine so festgelegte Bezeichnung stellt den mitgegebenen konstanten Wert symbolisch dar und darf während des Programmablaufs nicht mehr geändert werden! Der Vorteil liegt darin: Soll dieses Programm alle palindromen Primzahlen bis zu einem anderen Wert, sagen wir 156 170, ermitteln, so muß nur diese eine Anweisung angepaßt werden, da im folgenden nur auf den symbolischen Namen dazu Bezug genommen wird.

Man wundert sich beim Programmablauf schon, daß nichts ausgegeben wird, selbst nicht die schon bekannten palindromen Primzahlen 11, 101 und 313. Eine Überprüfung ergibt: Die beiden Unterprogramme erfüllen ihre Aufgaben, nur hat nach der Ausführung der Funktion *Spiegel* der Übergabeparameter *Zahl* den Wert 0, was sich im Hauptprogramm auf *primzahl(i)* auswirkt, so daß der Vergleich der Spiegelzahl stets mit der Null geführt wird und deshalb nie wahr sein kann! Wäre der Parameter *Zahl* als *INTENT(IN)*-Variable vereinbart gewesen, so hätte der Compiler dieses Mißgeschick schon gemeldet. Wird der Anweisungsteil nun entsprechend in

```
INTEGER FUNCTION Spiegel(Zahl)
    .
    .
    .
IMPLICIT NONE
INTEGER, INTENT(IN) :: Zahl
INTEGER           :: hilf
hilf   = Zahl
Spiegel = 0
DO WHILE (hilf /= 0)
    Spiegel = 10 * Spiegel + MOD(hilf, 10)
    hilf    = hilf / 10
```

```
END DO
RETURN
END FUNCTION Spiegel
```

geändert, so werden auf diese Weise insgesamt 16 palindrome Primzahlen ausgegeben:

```
11
101
131
151
181
191
313
353
373
383
727
757
787
797
919
929
```

Es gibt also keine solchen vierstelligen Zahlen; wenn Sie den Wert für n vergrößern, werden Sie feststellen, daß die auf 929 folgenden palindromen Primzahlen 10301, 10501 und so weiter sind.

▨ Übergabeparameter einer *FUNCTION*

Sinnvollerweise wird man ein *FUNCTION*-Unterprogramm so einsetzen, daß alle Übergabeparameter nur der Zurverfügungstellung von Werten im Sinne von *INTENT(IN)* dienen und als einziger Wert die über den Funktionsnamen festgelegte Größe zurückgegeben wird (Vermeidung von Nebenwirkungen!).

▨ Felder als Übergabeparameter

Sorgfalt ist auch bei Feldern als Übergabeparameter angebracht, da ja die Korrespondenz nur über die jeweilige Anfangsadresse eines Feldes erfolgt. Werden auch die einzelnen Dimensionsgrenzen mit übergeben, so kann es wie im rufenden Programm mit expliziter Gestalt festgelegt werden. Will man die Gestalt eines übergebenen Feldes im Unterprogramm übernehmen, so muß (zumindest) der Rang in der Vereinbarung Berücksichtigung finden, nicht aber die oberen Indexgrenzen. Soll nur die Größe des Feldes übernommen werden, so charakterisiert dies ein * als Obergrenze der letzten Dimension; hierbei wird nur auf die Anzahl der Feldelemente geachtet, nicht unbedingt auf deren Rang (der dadurch sogar verändert werden kann). Nach dem Zwischenstandard Fortran 95 soll das im nächsten Standard Fortran 2000 allerdings nicht mehr möglich sein (Felder mit übernommener Größe sind dort als überholt eingestuft).

Beispiel:

```
PROGRAM feld
REAL    :: a1(1:10, 1:5), a2(-1:100, 1:3, 1:2), &
           a3(0:10, 0:10)
INTEGER :: Jahre(1902:1995, 1:5)
CALL Unterprogramm(a1, a2, a3, Jahre(1950, 1), 9, 5)
END PROGRAM feld


SUBROUTINE Unterprogramm(f1, f2, f3, f4, n, m)
INTEGER :: n, m
REAL    :: f1(0:n, 1:m)        ! Feld mit expliziter Gestalt
REAL    :: f2(1: , 1: , 1: )   ! Feld mit übernommener Gestalt
REAL    :: f3(1:2, 0:*)        ! Feld mit übernommener Größe
INTEGER :: f4(0:n)             ! Rangänderung
REAL    :: hilf(0:m, 0:n)      ! automatisches Feld
.
.
.
RETURN
END SUBROUTINE Unterprogramm
```

Das Feld *f1* im Unterprogramm entspricht dem korrespondierenden Feld *a1* in der Gestalt (auch wenn sich der jeweilige erste Index um 1 unterscheidet), und gleiches gilt für *f2* und *a2*. Die sich entsprechenden Felder *a3* und *f3* haben zwar den gleichen Rang und die gleiche Größe, aber unterschiedliche Gestalt. Als vierter Parameter wird nur das Feldelement *Jahre(1950,1)* übergeben, und das zugehörige Feld *f4* im Unterprogramm faßt ab dieser Stelle noch weitere *n=9* Elemente zu einem Feld mit anderem Rang zusammen, so daß in diesem Fall *f4* dem Teilfeld *Jahre(1950:1959,1)* entspricht.

Besonders erfreulich ist in Fortran 90 die Verwendung sogenannter automatischer Felder, also solcher wie *hilf*, deren Größe von aktuellen Parametern beim Aufruf abhängt, die aber zuvor nicht von der übergeordneten Programmeinheit zur Verfügung gestellt werden müssen. Gerade Softwareentwickler in früheren Fortran-Versionen wissen hierzu ihr Leid zu klagen, weil unter Umständen eine Reihe von benötigten bedarfsgerechten Hilfsfeldern erhöhten Aufwand erforderte – die Sprache enthielt noch keine dynamischen Elemente – und der Übersicht in der Parameterliste entgegenwirkte. Als angepaßtes Hilfsfeld existiert *hilf* nur während der Unterprogrammausführung.

▪ Matrixinvertierung

Ein Vorteil dieses vielleicht eigenartigen, aber recht konsequenten Parameterübergabemechanismus wäre die folgende Ausnutzung:

Das Unterprogramm *Gauss* löst ein lineares $n\times n$-Gleichungssystem der Form $A\vec{x} = \vec{B}$. Wählt man nacheinander als rechte Seiten die Standardeinheitsvektoren $\vec{e}_i$, die durchweg Nullen und nur in der i-ten Komponente eine 1 enthalten, so bilden die n Lösungsvektoren $\vec{x}_1, \vec{x}_2, \dots, \vec{x}_n$ der Gleichungssysteme $A\vec{x}_i = \vec{e}_i$, $i = 1, 2, \dots, n$ die Spalten der Inversen von A: $A^{-1} = (\vec{x}_1, \vec{x}_2, \dots, \vec{x}_n)$. Mit dem Testbeispiel

$$A = \begin{pmatrix} 1 & 0 & 1 & 1 \\ 1 & 1 & 2 & 1 \\ 0 & -1 & 0 & 1 \\ 1 & 0 & 0 & 2 \end{pmatrix}, \quad A^{-1} = \begin{pmatrix} 2 & -1 & -1 & 0 \\ -1 & \frac{1}{2} & -\frac{1}{2} & \frac{1}{2} \\ 0 & \frac{1}{2} & \frac{1}{2} & -\frac{1}{2} \\ -1 & \frac{1}{2} & \frac{1}{2} & \frac{1}{2} \end{pmatrix}$$

sieht das folgendermaßen aus:

```
PROGRAM Inverse
IMPLICIT NONE
INTEGER, PARAMETER              :: dim = 4
REAL, DIMENSION(1:dim, 1:dim) :: a, a_invers, c
```

```
REAL, DIMENSION(1:dim)          :: e
INTEGER                         :: i
a(1, : ) = (/ 1.0,   0.0, 1.0, 1.0 /)
a(2, : ) = (/ 1.0,   1.0, 2.0, 1.0 /)
a(3, : ) = (/ 0.0,  -1.0, 0.0, 1.0 /)
a(4, : ) = (/ 1.0,   0.0, 0.0, 2.0 /)
c = a                                   ! Ausgangsmatrix
                                        ! merken
DO i = 1, dim
    e    = 0 ;  e(i) = 1.0 ;  a    = c  ! aktuelle Aus-
                                        ! gangssituation

CALL Gauss(a, dim, e, a_invers(1, i))

END DO
DO i = 1, dim
    WRITE(*, *) a_invers(i, : )         ! einfache Ausgabe
                                        ! zur Probe
END DO
STOP
END PROGRAM Inverse
```

Anstelle des Lösungsvektors für das i-te Gleichungssystem wird von der Matrix *a_invers* das erste Element der i-ten Spalte in der Parameterliste angegeben. Im Unterprogramm *Gauss* wird davon ausgehend ein Feld vom Rang 1 der Größe *dim=4* festgelegt, das nach der internen Speicherkette genau mit der i-ten Spalte von *a_invers* übereinstimmt! Da die Matrix *a* nach dem Unterprogrammaufruf verändert ist, muß für jedes weitere Gleichungssystem die gleiche Ausgangssituation, hier über eine Hilfsmatrix *c*, wiederhergestellt werden.

■ Newton-Verfahren, verbesserte Version

Ein letztes wichtiges Element bei der Parameterübergabe stellt die Möglichkeit dar, auch benötigte Unterprogramme auf diese Weise bei einem Unterprogrammaufruf aktuell zu spezifizieren. Nehmen wir dazu noch einmal das Beispiel einer Nullstellenbestimmung mit dem Newton-Verfahren aus Abschnitt 8.2 zu Hilfe. Dort werden zwar zwei

FUNCTION-Unterprogramme für f und f' bereitgestellt, aber deren
genaue Namen müssen dem Programm, das sie verwendet, explizit bekannt sein, und für eine andere Funktion f sind dann diese beiden
FUNCTION-Unterprogramme entsprechend zu ändern.

Das folgende Unterprogramm berechnet zu über die Parameterliste vorgegebenen Funktionen f und f' eine Nullstelle nach dem Newton-Verfahren wie in Abschnitt 8.2:

```
SUBROUTINE Newton(x, f0, f1, eps, fehler)
!
!*************************************************************
!                                                            *
!  Dieses Unterprogramm bestimmt mit dem Newton-Verfahren    *
!    x(k + 1) = x(k) - f0(x(k)) / f1(x(k)) ,  k >= 0 ,       *
!  zum übergebenen Startwert x näherungsweise eine           *
!  Nullstelle der Funktion f0.                               *
!                                                            *
!  Eingabeparameter:                                         *
!  x     :  Startwert für die Iteration (Normaltyp REAL)     *
!  f0    :  Name eines Funktionsunterprogramms vom           *
!           Normaltyp REAL, das die Funktion zur Ver-        *
!           fügung stellt, deren Nullstelle gesucht ist      *
!  f1    :  Name eines Funktionsunterprogramms vom           *
!           Normaltyp REAL, das die erste Ableitung der      *
!           Funktion zur Verfügung stellt, deren Null-       *
!           stelle gesucht ist                               *
!  eps   :  Genauigkeitsschranke (Normaltyp REAL):           *
!           die Iteration wird abgebrochen, wenn zwei        *
!           benachbarte Werte um weniger als eps             *
!           voneinander abweichen; eps muß > 0.0 sein!       *
!                                                            *
!  Ausgabeparameter:                                         *
!  x     :  Näherung für die gesuchte Nullstelle im          *
!           Normalfall (d. h. für fehler = 0)                *
!  fehler :  gibt Auskunft über den möglichen Programmlauf   *
!            (Normaltyp INTEGER):                            *
!            = 0 :  alles o. k.                              *
!            = 1 :  falscher Eingabewert, eps <= 0           *
```

```
!               = 2 :  keine Konvergenz nach Nmax = 500        *
!                      Iterationen                             *
!                                                              *
!***************************************************************
!
IMPLICIT NONE
REAL, INTENT(INOUT)  :: x
REAL, INTENT(IN)     :: eps
INTEGER, INTENT(OUT) :: fehler
REAL                 :: x_alt, f0, f1
INTEGER, PARAMETER   :: Nmax = 500
INTEGER              :: anzahl
IF (eps <= 0.0) THEN
    fehler = 1
ELSE
    fehler = 0
    x_alt  = x + 1E6 ;  anzahl = 0
    DO WHILE (ABS(x - x_alt) > eps)
        x_alt = x
        x     = x_alt - f0(x_alt) / f1(x_alt)
        anzahl = anzahl + 1
        IF(anzahl > Nmax) THEN
            fehler = 2 ;  EXIT
        END IF
    END DO
END IF
RETURN
END SUBROUTINE Newton
```

Der große Vorzug dieser Version gegenüber der alten liegt nun darin, daß die zugrundeliegenden Funktionen keiner Einschränkung bezüglich der Fortran-Namen mehr unterliegen, da der Zusammenhang über die korrespondierenden Parameter hergestellt wird. Außerdem können mehrere unterschiedliche Funktionen hintereinander damit in einer Programmeinheit behandelt werden. Man muß allerdings über eine zusätzliche Anweisung in der Programmeinheit, die dieses Unterprogramm mit Aktualparametern aufruft, diese besondere Situation vorher ankündigen. Ein Hauptprogramm, das mit den beiden externen

FUNCTION-Unterprogrammen *f(x)* und *f_strich(x)* aus Abschnitt 8.2
dieses Unterprogramm zur Nullstellenbestimmung auch für die Funktion cos(*x*) (mit der Ableitung −sin(*x*)) einbindet, lautet dann:

```
PROGRAM Nullstelle
IMPLICIT NONE
INTEGER   :: korrekt
REAL      :: f, f_strich, min_sin, x1, x2
EXTERNAL     f, f_strich, min_sin
INTRINSIC    cos
!
! Nullstelle zu f(x) (mit Ableitung f_strich(x))
!
x1 = 1.0

CALL Newton(x1, f, f_strich, 1E-5, korrekt)

IF (korrekt == 0) THEN
    WRITE(*, *) 'Nullstelle zu f(x): ', x1
ELSE
    WRITE(*, *) 'Fehler ', korrekt, &
                ' bei der Nullstellenberechnung zu f(x) '
END IF
!
! Nullstelle zu cos(x) (mit Ableitung min_sin(x))
!
x2 = 1.5

CALL Newton(x2, cos, min_sin, 1E-5, korrekt)

IF (korrekt == 0) THEN
    WRITE(*, *) 'Nullstelle zu cos(x): ', x2
ELSE
    WRITE(*, *) 'Fehler ', korrekt, &
                ' bei der Nullstellenberechnung zu cos(x)'
END IF
STOP
END PROGRAM Nullstelle
```

```
REAL FUNCTION min_sin(x)
IMPLICIT NONE
REAL :: x
min_sin = -SIN(x)
RETURN
END FUNCTION min_sin
```

Unterprogramme als Übergabeparameter

Über die Deklarierung in der **EXTERNAL-Anweisung** wird beim ersten Aufruf von *Newton* deutlich gemacht, daß die Aktualparameter *f* und *f_strich* keine gewöhnlichen Variablen sind (für die ja eine Speicheradressenkorrespondenz hergestellt wird), sondern daß es sich um einen Programmcode handelt, der zur Verfügung gestellt werden muß. Dies ist wieder ausschließlich aus der Sicht des Hauptprogramms *Nullstelle* zu sehen, das ohne weiteres von dem Unterprogramm *Newton* getrennt, also ohne dessen Kenntnis der Verwertung einzelner Parameter, übersetzt werden kann. Für den zweiten Aufruf von *Newton* wird die schon im Fortran-System bekannte Funktion $\cos(x)$ benötigt, für die es deshalb kein externes *FUNCTION*-Unterprogramm geben muß; die **INTRINSIC-Anweisung** verweist somit auf die interne Standardfunktion *COS*. Deren Ableitung $-\sin(x)$ ist wiederum keine Fortran-Standardfunktion und muß deshalb wie zuvor als externes *FUNCTION*-Unterprogramm existieren und entsprechend deklariert sein.

Statt der Anweisungen

```
EXTERNAL  externes_Unterprogramm [, ...]
INTRINSIC Standard_Unterprogramm [, ...]
```

ist auch die Verwendung als Attribut in Verbindung mit der Festlegung des Datentyps möglich:

```
Datentyp, EXTERNAL  :: externes_Unterprogramm [, ...]
Datentyp, INTRINSIC :: Standard_Unterprogramm [, ...]
```

Simpsonregel zur Integralberechnung, 2. Version

Betrachten wir als weitere Anwendung noch einmal die numerische Integration mit der Simpsonregel, die als Beispiel schon in Abschnitt 8.2 angesprochen wurde. Auch hierbei wird das Unterprogramm enorm

flexibel durch die Behandlung des Integranden als Übergabeparameter:
Wird die Kopfzeile in

```
SUBROUTINE Simpson(f, a, b, n, integral, fehler)
```

geändert, so daß als erster Parameter die zu integrierende Funktion, formal in diesem Unterprogramm mit dem Namen f bezeichnet, erwartet wird (Normaltyp *REAL*), so hilft dessen Einbindung in folgendem Programm zur Berechnung von

$$\int_0^\pi \sin x\, dx \quad (= 2) \quad \text{und} \quad \frac{1}{\sqrt{2\pi}} \int_{-1}^{1} e^{-\frac{x^2}{2}}\, dx :$$

```
PROGRAM zwei_Integrale
IMPLICIT NONE
REAL          :: pi, int1, int2
INTEGER       :: korrekt
INTRINSIC        SIN
REAL, EXTERNAL :: f
pi = 4.0 * ATAN(1.0)

CALL Simpson(SIN, 0.0, pi, 1000, int1, korrekt)

IF (korrekt == 0) WRITE(*, *) '1.Integral: ', int1

CALL Simpson(f, -1.0, 1.0, 1000, int2, korrekt)

IF (korrekt == 0) WRITE(*, *) '2.Integral: ',           &
                        int2 / SQRT(2.0 * pi)
STOP
END PROGRAM zwei_Integrale
```

Die Funktion $\sin(x)$ muß nun nicht mehr zusätzlich explizit bereitgestellt werden, der zweite Integrand $f(x) = e^{-\frac{x^2}{2}}$ jedoch schon:

```
REAL FUNCTION f(x)
IMPLICIT NONE
REAL :: x
f = EXP(-0.5 * x * x)
RETURN
END FUNCTION f
```

Wenn Sie diese Integralberechnungen über das Programm durchführen lassen, so wird im ersten Fall der exakte Wert 2 schon sehr gut erreicht werden, während im zweiten Fall (ein nicht exakt lösbares Integral, das mit variablen Integrationsgrenzen in der Statistik als Gaußsche Fehlerfunktion eine bedeutende Rolle spielt) ein Wert in der Größenordnung von 0.68268... ausgegeben wird, der ebenfalls schon recht genau ist.

8.5 Aufgaben

Aufgabe 8.1
Entwickeln Sie ein *FUNCTION*-Unterprogramm, das die Berechnung von

$$f(x) = l_1 \sin(l_1 x) + l_2 \sin(l_2 x) + l_3 \sin(l_3 x) + \dots$$

mit

$$l_1 = 1 , \; l_{j+1} = \frac{l_j + 1}{j^2} \quad \text{für } j \geq 1$$

möglichst genau vornimmt; die Summation in der Funktion $f(x)$ ist dann abzubrechen, wenn $|l_k| \leq 10^{-10}$ erstmals erfüllt ist.
Lassen Sie dazu über ein Programm die Werte von f für $x = 0.0, 0.2, 0.4,$ 0.6, 0.8, 1.0 ausgeben.

Aufgabe 8.2
Sollen die n Wertepaare (x_1, y_1), (x_2, y_2), ..., (x_n, y_n) durch ein Polynom k-ten Grades ($k < n$) nach der **Gaußschen Fehlerquadratmethode** approximiert werden, so hat das Ausgleichspolynom

$$P(x) = a_0 + a_1 x + \ldots + a_k x^k$$

diejenigen Koeffizienten, die sich als Lösung des Gleichungssystems

$$A \cdot A^T \cdot \begin{pmatrix} a_0 \\ a_1 \\ \vdots \\ a_k \end{pmatrix} = \begin{pmatrix} b_0 \\ b_1 \\ \vdots \\ b_k \end{pmatrix}$$

ergeben, das als quadratisches System $((k+1) \times (k+1))$ eindeutig lösbar ist. Hierbei ist A die $(k+1) \times n$-Matrix

$$A = \begin{pmatrix} 1 & 1 & \ldots & 1 \\ x_1 & x_2 & \ldots & x_n \\ \vdots & \vdots & & \vdots \\ x_1^k & x_2^k & \ldots & x_n^k \end{pmatrix},$$

A^T deren Transponierte und die rechte Seite

$$\begin{pmatrix} b_0 \\ b_1 \\ \vdots \\ b_k \end{pmatrix} = A \cdot \begin{pmatrix} y_1 \\ y_2 \\ \vdots \\ y_n \end{pmatrix}.$$

Entwickeln Sie ein Unterprogramm, das die Koeffizienten des Ausgleichspolynoms mit Hilfe des Unterprogramms *Gauss* aus Abschnitt 8.1 durchführt, indem es zuvor mit den übergebenen Wertpaaren und den Fortran-Standardfunktion *MATMUL* und *TRANSPOSE* das Gleichungssystem aufbaut und nach dessen Lösung die berechneten Koeffizienten zurückgibt.

Stellen Sie dazu zunächst die Übergabeparameter mit ihren *INTENT(...)*-Bedeutungen zusammen, und zerlegen Sie die Anforderungen in eine Reihenfolge zusammenhängender Schritte.

Testen Sie Ihre Lösung anhand selbstgewählter Beispiele sowie

a) (0, 1), (1, 1), (2, 1), (3, 1), (4, 1), (5, 1), (6, 1)
b) (−2, 16), (−1, 1), (0, 0), (1, 1), (2, 16)

jeweils zu $k = 2$ und $k = 4$.

Aufgabe 8.3

Entwickeln Sie ein *SUBROUTINE*-Unterprogramm, das zu einer übergebenen Funktion in einem vorgegebenen Bereich eine Tabelle ausgibt. Überlegen Sie sich dazu zunächst, welche Parameter Sie benötigen und welche Formatangaben für alle denkbaren Anwendungsfälle geeignet erscheinen.

Testen Sie Ihr Unterprogramm mit der Funktion

$$f(x) = \frac{\sqrt{2.5 \cdot \sin x + 2.3} + \dfrac{\dfrac{2}{3}e^{\frac{x}{3}} + x^2}{0.75 \cdot \ln|x| - 1.5}}{\dfrac{x}{5}\left(\left|2 \cdot \cos\dfrac{x}{4}\right| + 3.2 \cdot \sin\dfrac{x^2}{2}\right)}$$
$$3.14$$

die im Intervall $I = [-\pi, \pi]$ in Schritten von $\dfrac{\pi}{10}$ tabelliert werden soll.

Beachten Sie bei der Realisierung dieser Funktion, daß für Werte x, für die der Ausdruck nicht berechenbar ist (was Wurzel, Logarithmus und Divisionen angeht), ihr der Funktionswert 10^{30} zugeordnet werden soll.

Aufgabe 8.4

Zwischen dem 01.01.1900 und dem 31.12.2099 kommen, 1904 beginnend, alle 4 Jahre Schaltjahre vor.

Um die Anzahl der Tage zwischen einem Datum, das zwischen dem 01.01.1900 und dem 31.12.2099 liegt, und dem 01.01.1900 (einschließlich) zu bestimmen, gehe man wie folgt vor:

1. Schritt: Man bestimme die Anzahl der Tage zwischen dem 01.01.1900 und dem 01.01. des vorgegebenen Jahres unter Beachtung der dazwischenliegenden Schaltjahre.

2. Schritt: Man berücksichtige die Anzahl der Tage zwischen dem 01.01. und dem 1. des vorgegebenen Monats.

3. Schritt: Man vervollständige die Berechnung durch Berücksichtigung der vorgegebenen Tage des Monats.

a) Entwickeln Sie ein Unterprogramm, das die Anzahl der Tage zwischen einem in der Parameterliste übergebenen Datum, das zwischen dem 01.01.1900 und dem 31.12.2099 liegt (und auf Korrektheit zu überprüfen ist), und dem 01.01.1900 bestimmt.

b) Entwickeln Sie ein Programm, das mit Hilfe des Unterprogramms aus Teil a) die Anzahl der Tage zwischen zwei Daten, die zwischen dem 01.01.1900 und dem 31.12.2099 liegen, ermittelt.

c) Erweitern Sie das Programm aus Teil b) so, daß zu jedem Datum zwischen dem 01.01.1900 und dem 31.12.2099 auch der Wochentag mit angegeben wird.

(Hinweis: Der 01.01.1900 war ein Montag und jeder siebente der darauffolgenden Tage ebenfalls.)

Aufgabe 8.5

Entwickeln Sie ein *SUBROUTINE*-Unterprogramm *VHORN*, das den Funktionswert und sämtliche Ableitungen eines Polynoms P_n mit

$$P_n(x) = \sum_{k=0}^{n} a_k^{(0)} \cdot x^k \ , \quad a_k^{(0)} \text{ reell}, \quad a_n^{(0)} \neq 0$$

an der Stelle x mit Hilfe des vollständigen Hornerschemas liefert, das über die folgende Grafik beschrieben wird:

P_n	$a_n^{(0)}$	$a_{n-1}^{(0)}$	$a_{n-2}^{(0)}$	...	$a_1^{(0)}$	$x_0^{(0)}$
$x=x_0$	0	$a_n^{(1)}x_0$	$a_{n-1}^{(1)}x_0$	...	$a_2^{(1)}x_0$	$a_1^{(1)}x_0$
P_{n-1}	$a_n^{(1)}$	$a_{n-1}^{(1)}$	$a_{n-2}^{(1)}$	...	$a_1^{(1)}$	$\boxed{a_0^{(1)}=P_n(x_0)}$
$x=x_0$	0	$a_n^{(2)}x_0$	$a_{n-1}^{(2)}x_0$	...	$a_2^{(2)}x_0$	
P_{n-2}	$a_n^{(2)}$	$a_{n-1}^{(2)}$	$a_{n-2}^{(2)}$	...	$\boxed{a_1^{(2)}=\dfrac{1}{1!}P_n'(x_0)=P_{n-1}(x_0)}$	
.	.	.	.			
.	.	.				
.	.	.				
P_1	$a_n^{(n-1)}$	$a_{n-1}^{(n-1)}$				
$x=x_0$	0	$a_n^{(n)}x_0$				
P_0	$a_n^{(n)}$	$\boxed{a_{n-1}^{(n)}=\dfrac{1}{(n-1)!}P_n^{(n-1)}(x_0)=P_1(x_0)}$				
$x=x_0$	0					

$$\boxed{a_n^{(n+1)}=\frac{1}{n!}P_n^{(n)}(x_0)=P_0(x_0)}$$

mit $a_n^{(k)} = a_n^{(k-1)}$, $a_j^{(k)} = a_{j-1}^{(k)} \cdot x_0 + a_j^{(k-1)}$ für $j = 0(1)n{-}1$, $k = 1(1)n{+}1$.

Beachten Sie dabei die Vorgaben:

Aufruf: `CALL VHORN(n, x, ak, pn)`

Eingabeparameter:
n : Grad des Polynoms
x : Stelle, an der das Polynom ausgewertet werden soll
ak : eindimensionales Feld(0:n) mit den Koeffizienten a_k, $k=0(1)n$, des Polynoms P_n

Ausgabeparameter:
pn : eindimensionales Feld(0:n), welches den Funktionswert $pn(0)$ und alle weiteren Ableitungen $pn(1)$, ..., $pn(n)$ des Polynoms an der Stelle x enthält.

Testen Sie Ihr Unterprogramm mit einem Hauptprogramm, das für das Polynom

$$P_4(x) = 4x^4 - 3.5x^3 - 2x + 10$$

eine Wertetabelle im Intervall $I = [-1, 1]$ mit der Schrittweite 0.1 berechnet. Geben Sie i, x_i, $P_4(x_i)$, $P_4'(x_i)$, $P_4''(x_i)$, $P_4'''(x_i)$, $P_4^{IV}(x_i)$ aus.

Aufgabe 8.6
Beurteilen Sie, ob die folgenden Aussagen wahr oder falsch sind:
a) Fortran-90-Namen, die in der Parameterliste eines Unterprogramms als formale Parameter aufgeführt sind, dürfen nicht mehr anderweitig verwendet werden.
b) Wenn *matrix* ein *REAL*-Feld mit der Gestalt [8, 8] sowie *icks* und *beh* zwei *REAL*-Felder der Gestalt [8] sind und *matrix* und *beh* Werte zugewiesen wurden, ist das Unterprogramm *Gauss* aus Abschnitt 8.1 auch in der Form

```
CALL Gauss(n = 8, x = icks, b = beh, a = matrix)
```

aufrufbar (**Schlüsselwortparameter**).

c) Wenn mehr als ein Wert über ein Unterprogramm ermittelt werden soll, wird man zur Vermeidung von Nebeneffekten nicht auf ein *FUNCTION*-, sondern ein *SUBROUTINE*-Unterprogramm zurückgreifen.

d) Alle innerhalb eines Unterprogramms auftretenden Fortran-90-Namen für Variablen und Anweisungsnummern sind nach außen nicht sichtbar und dürfen deshalb in weiteren Programmeinheiten anderweitig verwendet werden.

e) Erscheint in einem Unterprogramm eine Anweisung der Form

```
INTEGER :: wert = 10
```

so hat bei jedem Unterprogrammaufruf (und nicht nur beim ersten) die Variable *wert* zunächst den Wert 10.

f) Eine *EXTERNAL*- oder *INTRINSIC*-Vereinbarung von *FUNCTION*- oder *SUBROUTINE*-Namen muß in jeder Programmeinheit aufgeführt werden, in denen solche Namen in der Formal- oder Aktual-Parameterliste vorkommen.

9 Zeichenketten

Fortran hat mit seinem vorletzten Standard FORTRAN 77 die explizite Verarbeitung von Zeichenketten ermöglicht und dies in der aktuellen Version Fortran 90 noch ausgebaut. Damit wird ein mächtiges Werkzeug zur Behandlung von Informationen wie Texte zur Verfügung gestellt, das hier in seinen wesentlichen Zügen angesprochen wird. Besonders interessant wird die Zeichenverarbeitung, wenn sie bei vordergründig rein numerischen Gegebenheiten zu einer übersichtlichen und eleganten Lösung beiträgt. Doch zunächst zu den Grundbegriffen:

9.1 Zeichenkonstante und -variable

Unter dem Begriff *CHARACTER* faßt Fortran eine Reihe von zulässigen Zeichen zusammen. Welche Zeichen darstellbar sind (etwa auch die deutschen Sonderzeichen ä, ö, ü und ß), hängt vom zugrundeliegenden System ab. Auf jeden Fall wird der Fortran-Zeichensatz (siehe Kapitel 2.1) mit allen 26 Buchstaben, 10 Ziffern und einem Satz von 22 Sonderzeichen dazugehören. Die von uns verwendeten Fortran-90-Systeme von Salford Software / NAG und Lahey lassen die Verwendung des ASCII-Zeichensatzes (vergleiche Kapitel 11.2) zu.

■ *CHARACTER*-Konstante

Wird ein beliebiger Text in Apostrophe oder Anführungszeichen eingeschlossen, so spricht man von einer Zeichenkette; dies stellt in Fortran eine *CHARACTER*-Konstante dar. Solche Ausdrücke sind bisher bei Ausgabeoperationen zur Kommentierung schon häufig eingesetzt worden. Aufpassen muß man etwa nur, wenn der Text ein Apostroph enthält und dieses Zeichen zur Markierung von Textanfang und -ende genutzt wird. In einem solchen Fall wird das Apostroph-Zeichen im Text zweimal hintereinander aufgeführt; es erscheint bei der Ausgabe nur einfach und zählt auch bei der Anzahl der Zeichen im Text nur einmal. Es ist möglich, daß ein System mehrere Zeichensätze unterstützt. Diese werden dann durch den *KIND*-Typparameter unterschieden. Der Typparameter des Standard-Zeichensatzes hat in der Regel den Wert 1, und dies ist gleichzeitig der Zeichensatz, auf den zurückgegriffen wird, wenn die *KIND*-Angabe fehlt («Default»-Zeichensatz). FTN90 und LF90 legen hierfür den ASCII-Zeichensatz zugrunde und stellen keinen weiteren zur Verfügung. Wäre als zweiter Zeichensatz etwa einer mit griechischen Symbolen vorhanden, so müßte im Text der zugehörige Typparameterwert 2 in folgender Weise vorangestellt werden:

```
2_'αβχδε'
```

Nur beim Standard-Zeichensatz kann diese Angabe entfallen, so daß

```
'Hier gilt der Standard-Zeichensatz'
```

und

```
1_'Hier gilt der Standard-Zeichensatz'
```

völlig gleichwertige *CHARACTER*-Konstanten (der Länge 34) sind.

■ *CHARACTER*-Variable

Als *CHARACTER*-Variable zählt eine mit einem Fortran-Namen bezeichnete Größe, die Zeichenketten aufnehmen kann. Eine solche Variable muß im Vereinbarungsteil festgelegt werden. Die allgemeine Anweisung hierzu lautet:

```
CHARACTER [Parameter][, Attribute] [::] Variablenname(n)
```

Als *Parameter* sind in runden Klammern eingeschlossene Angaben zur Länge

[LEN =] *n* :   die Variable(n) können Zeichenketten der Länge *n* aufnehmen

und zum Zeichensatz

KIND = *k* :   die Variable(n) vermerken Zeichen des Zeichensatzes *k*

erlaubt; keine Angabe zur Länge führt auf *n* = 1 und keine *KIND*-Anga-
be auf den Standard-Zeichensatz. Statt obiger Längenangabe ist auch

   *n

ohne Klammern möglich, wobei bei Variablen mit unterschiedlicher
Länge diese Angaben auch hinter den Variablennamen angegeben werden dürfen. Nach dem Zwischenstandard Fortran 95 ist die letzte Art inzwischen überholt und deshalb zu vermeiden.

Attribute kennzeichnet eine Reihe weiterer charakteristischer Eigenschaften der damit vereinbarten Variablen wie *DIMENSION(...)*, *ALLO-
CATABLE* oder *INTENT(...)*.

Feldvereinbarungen können statt mit dem *DIMENSION*-Attribut auch
durch die Angabe der Dimensionsgrenzen in runden Klammern nach
dem Feld-Variablennamen erfolgen.

Beispiele:

1. CHARACTER :: a, b

   legt zwei Variablen fest, die jeweils ein Zeichen (des Standard-Zeichensatzes) aufnehmen können.

2. Die (inzwischen überholte) Anweisung

   CHARACTER :: do*10, dobe*10, dobedoo*6

   vereinbart zwei Zeichenvariablen der Länge 10 und eine der Länge 6
   genauso wie

   CHARACTER(LEN = 10) ::   do, dobe
   CHARACTER(LEN = 6) ::   dobedoo

   oder die eine nicht so übersichtliche (und zu vermeidende) Anweisung

   CHARACTER(LEN = 10) :: do, dobe, dobedoo*6

3. Über

   CHARACTER(LEN = 80), DIMENSION(1:64) :: Seite

kann man eine Textseite als Zeichenfeld vom Rang 1 vereinbaren, auf der 64 Zeilen mit jeweils 80 Zeichen unterbringbar sind; gleichwertig hiermit ist diese Festlegung auch über

```
CHARACTER(LEN = 80) :: Seite(1:64)
```

oder veraltet über

```
CHARACTER :: Seite(64)*80
```

oder auch implizit über

```
IMPLICIT CHARACTER(LEN = 80) (s)
DIMENSION SEITE(1:64)
```

erreichbar, wobei die letzte Möglichkeit zusätzlich auf alle mit dem Klein- oder Großbuchstaben *s* beginnenden Variablennamen Einfluß nimmt und die gleichzeitige Verwendung von *IMPLICIT NONE* ausschließt.

9.2 Zeichenverarbeitung

■ Zuweisungsanweisung
Einer *CHARACTER*-Variablen wird über eine Anweisung der Form

CHARACTER_Variable = *CHARACTER_Ausdruck*

eine Zeichenkette zugewiesen. Ist die Länge der sich aus dem *CHARACTER_Ausdruck* auf der rechten Seite ergebenden Zeichenkette kleiner als die auf der linken Seite angegebene Größe, so werden rechts entsprechend viele Leerzeichen aufgefüllt; enthält der rechts aufgeführte Ausdruck zu viele Zeichen, so werden die nicht mehr unterbringbaren Zeichen rechts abgeschnitten.

Beispiel:
Mit der Vereinbarung

```
CHARACTER(LEN = 5) :: ch1, ch(0:2)
```

führen die Zuweisungen

```
ch1   = 'FTN90'
ch(0) = 'die'
ch(1) = 'Sonne'
ch(2) = 'scheint'
```

zu folgender Situation:

```
ch1   enthält 'FTN90'
ch(0) enthält 'die  '
ch(1) enthält 'Sonne'
ch(2) enthält 'schei'
```

▨ Teilkette

Es ist auch möglich, auf Teilketten von *CHARACTER*-Größen in der Form

CHARACTER_Variable (Anfang:Ende)

zuzugreifen mit

$1 \le$ *Anfang* $\le$ *Ende* $\le$ Zeichenlänge der Variablen,

wobei *Anfang* die Position des ersten und *Ende* die des letzten Zeichens der Teilkette angibt. Beim Fehlen einer der beiden Angaben wird automatisch der entsprechende Grenzwert genommen, das heißt

CHARACTER_Variable (:Ende)

entspricht der Teilkette mit *Anfang* = 1 und

CHARACTER_Variable (Anfang:)

derjenigen mit *Ende* = Zeichenlänge der Variablen.
Ist *CHARACTER_Variable* ein Element eines Feldes, also eine indizierte Variable, so wird der Zugriff auf einen Teil der Zeichenreihe nach Angabe der indizierten Variablen vermerkt.

Beispiel:
Mit den Vereinbarungen

```
CHARACTER(LEN = 7)  :: wum(1:5)
CHARACTER(LEN = 11) :: mus, och
```

bewirken die Anweisungen

```
mus    = 'EGALISATION'
och    = 'AuTomaten'
wum(1) = ' '
wum(2) = 'Kringel'
wum(3) = mus(4:7)
wum(4) = wum(2)(2:5)
wum(4)(1:1) = 'R'
wum(5) = och(3:)
```

folgende Variablenbelegungen:

```
wum(1) enthält '       '
wum(3) enthält 'LISA   '
wum(4) enthält 'Ring   '
wum(5) enthält 'Tomaten'
```

▪ CASE-Struktur mit CHARACTER

Wenn eine Zeichenkette *char* der Länge *n* auf ihren Inhalt bezüglich
Ziffern, Buchstaben oder Sonderzeichen untersucht werden soll, so
darf dazu als Falluntersuchung auch eine *CASE*-Struktur verwendet
werden (vergleiche Kapitel 6.2), in der neben den bereits erwähnten
Auswahlausdrucksmöglichkeiten vom Typ *INTEGER* oder *LOGICAL* gerade noch der Typ *CHARACTER* erlaubt ist. Ein Programmausschnitt,
der eine solche Detailanalyse betreibt, wäre dann:

```
DO i = 1, n
   SELECT CASE (char(i:i))
     CASE ('0':'9')
       WRITE(*, *) 'Das ', i, '-te Zeichen ist eine ', &
                   'Ziffer.'
     CASE ('A':'Z')
       WRITE(*, *) 'Das ', i, '-te Zeichen ist ein ', &
                   'Großbuchstabe.'
     CASE ('a':'z')
       WRITE(*, *) 'Das ', i, '-te Zeichen ist ein ', &
                   'Kleinbuchstabe.'
     CASE DEFAULT
       WRITE(*, *) 'Das ', i, '-te Zeichen ist ein ', &
                   'Sonderzeichen.'
   END SELECT
END DO
```

Hierbei wird vorausgesetzt, daß der zugrundeliegende und vom verwendeten Fortran-90-System abhängige Zeichensatz Groß- und Kleinbuchstaben unterscheiden kann und darin – was eigentlich selbstverständlich ist – sowohl die Ziffern als auch die Groß- und die Kleinbuchstaben in gewohnter Reihenfolge und jeweils zusammenhängend angeordnet sind. Bei FTN90 und bei LF90 findet intern die Orientierung am ASCII-Zeichensatz statt, so daß vom angegebenen Programmsegment die Zeichenanalyse problemlos vollzogen wird.

■ Verkettungsoperator //

Schließlich ist in einem *CHARACTER*-Ausdruck noch die Verkettung mit Hilfe des Operators // zulässig, mit dem zwei *CHARACTER*-Operanden zu einer Zeichenkette vereint werden. Bei der Verkettung von mehr als zwei Operanden erfolgt die Auswertung von links nach rechts.

Beispiel:

Das Programm

```
PROGRAM Zeichen_1
CHARACTER(LEN = 6)  :: ch1, ch2
CHARACTER(LEN = 12) :: ch3
ch1 = 'Du bis'
ch2 = 't doof'
ch3 = ch1 // ch2
WRITE(*, *) ch3
ch1(4: ) = 'auch'
ch2(1:1) = 'h'
ch3 = ch1 // ch2 // '!'
WRITE(*, *) ch3
ch2 = 'h'
ch3 = ch1 // ch2(:5) // '! ?#'
WRITE(*, *) ch3
STOP
END PROGRAM Zeichen_1
```

führt zu den drei Ausgabezeilen

```
Du bist doof
Du auch doof
Du auch     !
```

da vor den letzten beiden Ausgabebefehlen in den Zuweisungen auf die 12-Zeichen-Variable *ch3* die überschüssigen Zeichen rechts abgeschnitten werden.

Beachtenswert ist die Anweisung

```
ch2 = 'h'
```

die unbeeinflußt von einer vorherigen Belegung der Variablen *ch2* dieser Größe das Zeichen *h* mit so vielen Leerzeichen rechts aufgefüllt zuweist, wie sie aufnehmen kann. Oder anders ausgenutzt: Eine Anweisung der Form

CHARACTER_Variable = ' '

erzwingt eine «Bereinigung» der links aufgeführten *CHARACTER_Variable*, die danach unabhängig von ihrer Zeichenlänge nur noch Leerzeichen enthält.

Mit der Einführung der Wochentage über ein Zeichenkettenfeld kann ein Kalenderprogramm (siehe auch Aufgabe 8.4 in Kapitel 8.5), das über die *INTEGER*-Größe *Tag* mit den Werten 0 bis 6 die Wochentage von Montag bis Sonntag unterscheidet, einfacher formuliert werden. Statt etwa

```
SELECT CASE (Tag)
CASE(0)
   WRITE(*, *) 'Wochentag: Montag'
CASE(1)
   WRITE(*, *) 'Wochentag: Dienstag'
CASE(2)
   WRITE(*, *) 'Wochentag: Mittwoch'
CASE(3)
   WRITE(*, *) 'Wochentag: Donnerstag'
CASE(4)
   WRITE(*, *) 'Wochentag: Freitag'
CASE(5)
   WRITE(*, *) 'Wochentag: Samstag'
CASE(6)
   WRITE(*, *) 'Wochentag: Sonntag'
END SELECT
```

läßt sich mit den beiden zusätzlichen Anweisungen

```
CHARACTER(LEN = 10), DIMENSION(0:6) :: wochentag
wochentag = (/ 'Montag    ', 'Dienstag  ', 'Mittwoch  ', &
               'Donnerstag', 'Freitag   ', 'Samstag   ', &
               'Sonntag   ' /)
```

die ganze *CASE*-Struktur durch die eine Anweisung

```
WRITE(*, *) 'Wochentag: ', wochentag(Tag)
```

gleichwertig ersetzen.

▦ Fortran-90-Zeichenkettenfunktionen

Zur gezielten Manipulation von Zeichenketten stellt Fortran 90 eine Reihe von Standardfunktionen zur Verfügung, von denen die wichtigsten im folgenden erläutert werden:

Funktionsaufruf	Bedeutung
LEN(*Zeichenkette*)	gibt als ganze Zahl die Länge der *Zeichenkette* wieder, so wie sie sich aus der zugehörigen Vereinbarung ergibt
LEN_TRIM(*Zeichenkette*)	ermittelt die Länge der *Zeichenkette* ohne abschließende Leerzeichen
IACHAR(*ein_Zeichen*)	gibt die Position des angegebenen Zeichens in der ASCII-Tabelle als ganze Zahl wieder
ACHAR(*eine_Zahl*)	gibt das Zeichen wieder, das in der ASCII-Tabelle an die Stelle *eine_Zahl* gehört
INDEX(*char1*, *char2*)	untersucht, ob der CHARACTER-Ausdruck *char2* in demjenigen von *char1* enthalten ist; das Ergebnis ist als ganze Zahl die erste Position, ab der *char2* in *char1* vorkommt (Zahl ≥ 1), oder der Wert 0, falls *char2* nicht als Zeichenfolge in *char1* erscheint
REPEAT(*Zeichenkette*, *n*)	führt zu einer *n*-fachen Wiederholung der *Zeichenkette*, das Ergebnis ist also eine *n*-fache Verkettung von *Zeichenkette*

Funktionsaufruf	Bedeutung
SCAN(*Zeichenkette*, *Zeichenmenge*)	liefert als ganze Zahl die Position des ersten Auftretens eines Zeichens aus *Zeichenmenge* in *Zeichenkette*; das Ergebnis ist 0, wenn dies nicht erfüllbar ist
VERIFY(*Zeichenkette*, *Zeichenmenge*)	liefert als ganze Zahl die Position des ersten Auftretens eines Zeichen aus *Zeichenkette*, das **nicht** in *Zeichenmenge* enthalten ist; das Ergebnis ist 0, wenn alle Zeichen von *Zeichenkette* in *Zeichenmenge* enthalten sind
LLT(*char1*, *char2*)	prüft, ob *char1* lexikalisch vor *char2* gehört (**L**exical **L**ess **T**han); als logischer Wert wird *.TRUE.* zurückgegeben, wenn das so ist, andernfalls *.FALSE.*
LLE(*char1*, *char2*)	prüft genauso, ob *char1* lexikalisch nicht hinter *char2* gehört (**L**exical **L**ess or **E**qual)
LGE(*char1*, *char2*)	prüft genauso, ob *char1* lexikalisch nicht vor *char2* gehört (**L**exical **G**reater or **E**qual)
LGT(*char1*, *char2*)	prüft genauso, ob *char1* lexikalisch hinter *char2* gehört (**L**exical **G**reater **T**han)

Neben den lexikalischen Ordnungsvergleichen lassen sich *CHARAC-TER*-Größen auch noch auf (Un-)Gleichheit überprüfen:

```
char1 == char2
char1 /= char2
```

Bei allen Vergleichen von *CHARACTER*-Ausdrücken werden stets gleich lange Größen gegenübergestellt; gegebenenfalls wird dazu die kürzere der beiden beteiligten Zeichenketten entsprechend durch Leerzeichen am Ende passend geformt.

Da die lexikalischen Ordnungsvergleiche die ASCII-Sortierfolge zugrunde legen, kann man sich die Vergleiche so vorstellen: Jedes Zeichen der beteiligten Zeichenketten wird durch die entsprechende Nummer des ASCII-Codes ersetzt, und dann findet ein numerischer Vergleich von Zahlen statt.

Beispiele mit Verwendung von Standardfunktionen:

1. Die Auswertung von

```
LGT ('A10 ', 'A1')
```

führt auf den Vergleich der gleich langen Zeichenketten '*A10*' und '*A1* ', und das jeweilige dritte Zeichen (das erste unterschiedliche) würde auf die ASCII-Nummern 48 (für '*0*') und 32 (für ' ') führen; dieser Zusammenhang ist ja mit

```
IACHAR(' ')   mit dem Wert 32 und
IACHAR('0')   mit dem Wert 48
```

beziehungsweise auch umgekehrt mit

```
ACHAR(32)   mit dem Wert ' ' und
ACHAR(48)   mit dem Wert '0'
```

überprüfbar. In diesem Sinne wird '*A10*' größer als '*A1* ' beurteilt, das heißt, das Ergebnis ist *.TRUE.*.

Da die Groß- und die Kleinbuchstaben und die Ziffern im ASCII-Zeichensatz jeweils hintereinander angeordnet sind, lassen sich mit Hilfe der lexikalischen Vergleichsfunktionen alphabetische und numerische Sortierungen vornehmen. Vorsicht ist nur bei nicht konsequenter Groß- und Kleinschreibung geboten, da die Großbuchstaben im ASCII-Code vor den Kleinbuchstaben stehen (also «kleiner» sind).

2. Mit

```
CHARACTER(LEN = 6) :: ch
ch = ' '
```

nimmt

```
LEN(ch // ' und ' // ch(3: ))
```

den Wert *15* (= 6 + 5 + 4) und

```
LEN_TRIM(ch // ' und ' // ch(3: ))
```

den Wert *10* (= 6 + 4 + 0) an.

3. Das Programm

```
PROGRAM Zeichen_2
CHARACTER(LEN = 17) :: ch
ch = REPEAT('blub ', 4)
WRITE(*,*) ch
WRITE(*,*) SCAN(ch, 'AEIOU')
WRITE(*,*) SCAN(ch, 'AEIOUaeiou')
WRITE(*,*) VERIFY(ch, 'blu ')
WRITE(*,*) VERIFY(ch, 'blu')
STOP
END PROGRAM Zeichen_2
```

erzeugt die folgende Ausgabe:

```
blub blub blub bl
0
3
0
5
```

4. Die Festlegung

```
INTEGER            :: i
character(LEN = 26) :: baum
baum = 'Adzvenzkranzkerzenanzünder'
```

führt im Ausdruck

```
INDEX(baum, 'tz')
```

auf den Wert *0*, in der Anweisung

```
i = INDEX(baum, 'z')
```

auf den Wert *3* für *i* und damit bei

```
INDEX(baum(i+1: ), 'z') + i
```

auf den Wert *7*, der Position des zweiten *z* in der Variablen *baum*.

9.3 Ein- und Ausgabe von Zeichenketten

A-Formatangabe
Die Spezifikation für eine formatgebundene Ein- oder Ausgabe von Zeichenketten ist

A

oder

A*w*

wobei *w* als positive ganze Zahl die zu berücksichtigende Feldweite für die entsprechende *CHARACTER*-Größe angibt. Fehlt die Angabe von *w*, so wird die Länge, die sich aus der (den) zugehörigen Vereinbarung(en) ergibt, angenommen.

Formatgesteuerte Eingabe
Bei der Eingabe veranlaßt die Spezifikation *A* das Lesen von so vielen Zeichen, wie die zugeordnete *CHARACTER*-Variable aufnehmen kann. Die Zuweisung erfolgt nach bekannter Manier: Hat die eingegebene

Größe zuwenig Zeichen, so werden rechts Leerzeichen angefügt; hat sie zu viele Zeichen, so wird entsprechend rechts abgeschnitten und der Rest ignoriert.

Gibt man genau festgelegt *Aw* mit einer positiven ganzen Zahl *w* vor, so werden, wenn die Länge der *CHARACTER*-Variablen größer als *w* ist, die eingelesenen *w* Zeichen rechts mit Leerzeichen aufgefüllt. Ist hingegen *w* größer oder gleich der Länge der *CHARACTER*-Variablen, so finden von der eingegebenen Zeichenkette vom Ende aus gesehen (!) so viele Zeichen Berücksichtigung, wie die Variable aufnehmen kann.

Beispiel:
Mit den Anweisungen

```
CHARACTER(LEN = 4) ch1, ch2, ch3
READ(*, '(A)')  ch1
READ(*, '(A3)') ch2
READ(*, '(A6)') ch3
```

und dreimal derselben Eingabe

```
'Wiesel'
```

sind die Variablen wie folgt belegt:

    ch1   enthält 'Wies'
    ch2   enthält 'Wie '
    ch3   enthält 'esel'

■ Formatgesteuerte Ausgabe

Bei der Ausgabe orientiert sich die Vorgabe *A* genau an der Länge der auszugebenden Größe (es wird also nichts abgeschnitten oder zusätzlich mit Leerzeichen ergänzt).

Aw berücksichtigt genau *w* Zeichen; ist die Länge der auszugebenden Größe kleiner als *w*, so werden vorweg entsprechend viele Leerzeichen einbezogen, ist die Länge größer oder gleich *w*, so werden nur die ersten *w* Zeichen (!) wiedergegeben.

Beispiel:
Gilt

```
CHARACTER(LEN = 8) :: dreck
dreck = 'SAUBER'
```

so führen die Anweisungen

```
WRITE(*, '(1X, 2A)')     dreck, '!'
WRITE(*, '(1X, A)')      dreck(4:6) // 'T'
WRITE(*, '(1X, A3)')     dreck
WRITE(*, '(1X, A10,A)')  dreck, '!'
```

zu folgender Ausgabe:

```
 SAUBER   !
 BERT
 SAU
    SAUBER   !
```

▨ Listengesteuerte Ein- und Ausgabe

Selbstverständlich erlaubt Fortran auch eine listengesteuerte Ein- und Ausgabe für *CHARACTER*-Größen, wie es in den bisherigen Beispielangaben schon verwendet wurde. Dann fehlt einfach eine entsprechende Formatspezifikation, was durch *FMT=** oder nur *** an der entsprechenden Position in der *READ*- oder *WRITE*-Anweisung kenntlich gemacht wird. Die Umsetzung erfolgt dann für eine Zeichenkette wie bei der formatgebundenen Ein- / Ausgabe ohne Feldweitenangabe. Gibt man allerdings eine Zeichenkette nicht wie bei einer *CHARACTER*-Konstanten üblich in Apostrophe oder Anführungszeichen eingeschlossen ein, so kann ohne weiteres ein enthaltenes Komma oder Leerzeichen als Trennzeichen interpretiert werden, so daß der Rest dann verlorengeht.

9.4 Zeichenketten als interne Dateien

Eine vielseitig einsetzbare Nutzung von Zeichenketten bietet Fortran über die Möglichkeit, von Zeichenketten zu lesen und auf sie zu schreiben (anstelle etwa der Standardein- und -ausgabe). Dadurch ist es zum Beispiel möglich, Zeichen in Zahlen umzuwandeln und umgekehrt.

▨ Interne Datei

Da dieser Umgang im kleinen vergleichbar ist mit dem Arbeiten mit externen Dateien, also Datenbeständen auf Massenspeichern, nennt man die *CHARACTER*-Variable, die für den Lese- oder Schreibvorgang genutzt wird, interne Datei.

Die Anweisungen hierzu lauten:

> READ (*Interne_Datei*, *Format*) *Variablenliste*
> WRITE(*Interne_Datei*, *Format*) *Ausdrücke*

Als *Interne_Datei* wird gewöhnlich eine *CHARACTER*-Variable oder eine Teilkette davon genommen; es kann aber auch ein Element eines *CHARACTER*-Feldes oder sogar ein ganzes Feld sein. Mit *Format* ist der Bezug zu einer formatgebundenen oder listengesteuerten Ein-/Ausgabe gemeint, also *FMT=n* mit einer unter der Anweisungsnummer *n* angegebenen Formatspezifikation beziehungsweise eine direkte, in Apostrophe eingeschlossene Formatangabe oder *FMT=** für das listengesteuerte Lesen/Schreiben.

▨ Variables Format

Da eine direkt in einer *READ*- oder *WRITE*-Anweisung gegebene Formatspezifikation wie eine *CHARACTER*-Größe behandelt wird, ist es auch zulässig, dies hierüber abzuwickeln. Das heißt zum Beispiel, statt

```
READ(*, '(I3, 2X, I3)') i, j
```

darf mit einer *CHARACTER*-Variablen *ein* (mindestens) der Länge 12 gleichwertig auch

```
ein = '(I3, 2X, I3)'
READ(*, ein) i, j
```

geschrieben werden. Dies kann man für ein variables Format ausnutzen. Nehmen wir an, es ist eine positive Pfennigzahl, etwa 21 784, einzulesen, und damit soll der Satz

```
"Sie schulden uns noch 217,84 DM."
```

ausgegeben werden. Die Anpassungsfähigkeit der Textzeile an den DM-Betrag ist hier die Schwierigkeit: Der Text soll zusammenhängend ohne überflüssige Lücken erscheinen, egal, ob es sich um 0,17 DM oder um 100 000,00 DM handelt. (Wenn mit Geldbeträgen exakt gerechnet werden soll, ist Festpunktrechnung und damit die Verwendung von *INTEGER*-Zahlen, deren letzte beiden Ziffern als hinter dem Dezimalpunkt stehend anzusehen sind, angebracht, es sei denn, die Beträge werden so groß, daß sie den *INTEGER*-Zahlenbereich überschreiten.)
Hätte der Markbetrag der Pfennigzahl 3 Stellen, so könnte die Ausgabe über

```
aus =   &
'(1X, ''Sie schulden uns noch '', I3, '','', I2, '' DM.'')'
WRITE(*, aus) mark, pfennig
```

geschehen. Dazu wäre noch die Vereinbarung einer entsprechenden *CHARACTER*-Variablen *aus* und die Aufteilung der Pfennigzahl in den Mark- und Pfenniganteil nötig.
Die Stellenanzahl einer Zahl kann man mit Hilfe des Zehnerlogarithmus ermitteln: Ist $\lg(i) = d$ mit einer Dezimalzahl d, die zwischen zwei ganzen Zahlen $m - 1$ und m liegt ($m - 1 \le d < m$), so hat die natürliche Zahl i genau m Ziffern, ist also m-stellig. Schreibt man diese Zahl nach ihrer Ermittlung an die entsprechende Stelle im Ausgabeformat *aus*, so hat man ein der Situation angepaßtes Format.
Das Programmsegment, das diese Anforderung erfüllt, hat demnach folgendes Aussehen:

```
       .
       .
       .

CHARACTER(LEN = 58) :: aus
INTEGER              :: pfennigzahl, mark, pfennig, m
       .
       .
       .

aus =            &
'(1X, ''Sie schulden uns noch '', I , '','', I2.2, ''DM.'')'
READ(*, *) pfennigzahl
mark = pfennigzahl / 100
pfennig = MOD(pfennigzahl, 100)
IF (mark == 0) THEN
    m = 1
ELSE
    m = INT(LOG10(REAL(mark))) + 1
ENDIF
WRITE(aus(33:33), '(I1)') m
WRITE(*, aus) mark, pfennig
       .
       .
       .
```

Die Formatspezifikation *I2.2* bedeutet *I2* mit der Maßgabe, daß auf
jeden Fall 2 Ziffern (die Angabe hinter dem Punkt), also eventuell
führende Nullen mit ausgegeben werden, was etwa bei einstelligem
Pfennigbetrag ja auch gewünscht ist.
Der Einsatz einer internen Datei ist hierbei unumgänglich, denn eine
Anweisung der Form

```
aus(33:33) = m
```

kann wegen Typinkompatibilität (links: 1 Zeichen, rechts: *INTEGER*-
Zahl) **nicht** abgearbeitet werden! Die Umwandlung der Zahl *m* in das

entsprechende Zeichen geschieht über das Arbeiten mit der internen Datei.

■ Spiegelzahl

Die Verknüpfung einer als numerische Größe oder Zeichenfolge gegebenen Zahl über eine interne Datei kann vielseitig eingesetzt werden. So wurde bei der Berechnung der Spiegelzahl einer natürlichen Zahl im Zusammenhang mit palindromen Primzahlen in Kapitel 8.4 mit Kniff Ziffer für Ziffer ermittelt und entsprechend der Stellung in der Zahl im Dezimalwert gespiegelt. Nimmt man an, daß maximal zehnstellige positive ganze Zahlen umgekehrt werden sollen, so hat man, wenn die Zahl als Zeichenfolge gegeben ist, es nur mit der Vertauschung der Reihenfolge von Zeichen zu tun:

```
PROGRAM Spiegelung
IMPLICIT NONE
CHARACTER(LEN = 10) :: ch1, ch2
INTEGER             :: zahl, spiegelzahl, i
READ(*, *) zahl
WRITE(ch1, '(I10)') zahl          ! Umwandlung Zahl
                                  ! -> Zeichenkette
DO i = 1, 10
    ch2(i:i) = ch1(11-i : 11-i)   ! Spiegelung der
END DO                            ! Zeichenfolge

READ(ch2, '(I10)') spiegelzahl    ! Umwandlung Zeichenkette
                                  ! -> Zahl
WRITE(*, *) 'Zahl:', Zahl, ', Spiegelzahl:', spiegelzahl
STOP
END PROGRAM Spiegelung
```

■ Plausibilitätsprüfung einer Eingabe

Mit Hilfe einer internen Datei können auch numerische Eingaben auf Plausibilität geprüft werden: Nehmen wir an, es soll eine ganze Zahl eingegeben werden, und die Eingabe soll «wasserdicht» sein, also nicht zum ungewollten Programmabsturz führen, wenn versehentlich ein falsches Zeichen eingegeben wurde. Zulässig sind in diesem Fall nur die

zehn Ziffern *0, 1, ..., 9* sowie ein mögliches führendes Vorzeichen −
oder auch +. Wenn so eine Zahl als maximal *n*-ziffrig (zum Beispiel *n* =
11) angesehen wird (inklusive Vorzeichen), so kann man zunächst die
eingegebene Zeichenkette in einer entsprechend langen *CHARACTER*-
Variablen hinterlegen und diese dann Zeichen für Zeichen auf ihre Berechtigung hin untersuchen. Ist die Zeichenkette in Ordnung, dann
wird sie über eine Nutzung als interne Datei in eine *INTEGER*-Zahl umgewandelt; ansonsten erfolgt die erneute Aufforderung zur Eingabe
einer Zahl. Die Standardfunktion *VERIFY* könnte genutzt werden, um
festzustellen, ob überhaupt unerlaubte Zeichen vorkommen, indem als
Zeichenmenge alle Ziffern, die beiden erlaubten Vorzeichen und ein
Leerzeichen dienen. Damit ist aber noch nicht klar, ob ein eventuelles
Vorzeichen auch vor allen Ziffern steht oder ob es nicht sogar mehr-
mals erscheint. Läßt man Leerzeichen zwischen einzelnen Ziffern und
zum möglichen Vorzeichen zu, so ist eine naheliegende Vorgehensweise:

1. Ermittle das erste Zeichen ungleich einem Leerzeichen.
2. Dieses Zeichen darf nur ein Vorzeichen oder eine Ziffer sein.
3. Alle weiteren Zeichen können nur Ziffern oder Leerzeichen sein.

Aus den in Abschnitt 9.2 vorgestellten Standardfunktionen bieten sich
dazu die Funktionen *SCAN* und *VERIFY* an:

```
LOGICAL FUNCTION Zahl_ok(char_zahl)
!
!****************************************************************
!                                                              *
!  Das Unterprogramm stellt fest, ob eine als Zeichenkette     *
!  übergebene 'Zahl' eine ganze Zahl darstellt oder nicht.     *
!                                                              *
!  Eingabeparameter:                                           *
!  char_Zahl :  Zeichenkette, die die ganze Zahl enthalten     *
!               soll                                           *
!                                                              *
!  Ausgabeparameter:                                           *
!  Zahl_ok   :  logische Größe, die feststellt, ob es sich     *
!               um eine ganze Zahl handelt (.TRUE.) oder       *
!               nicht (.FALSE.)                                *
```

```
!                                                                    *
!*****************************************************************

IMPLICIT NONE
CHARACTER(LEN = *), INTENT(IN) :: char_Zahl
INTEGER                        :: j
j = SCAN(char_Zahl, '+-')                    ! mögliches
                                             ! Vorzeichen
IF(j > 1 .AND. char_zahl( :j-1) /= ' ') THEN
    Zahl_ok = .FALSE.                        ! Vorzeichen nicht
                                             ! führend
ELSE IF(j == LEN(char_Zahl)) THEN
    Zahl_ok = .FALSE.                        ! Vorzeichen am Ende
ELSE IF(VERIFY(char_Zahl(j+1: ), ' 0123456789') /= 0) THEN
    Zahl_ok = .FALSE.
ELSE
    Zahl_ok = .TRUE.
ENDIF
RETURN
END FUNCTION Zahl_ok
```

Analysieren Sie diese Funktion, und überprüfen Sie, was sie zu den Zahlenketten ' + 1 2 3 4 5', '+1', '- 23 456', ' 2 +1', '+ ', '+' und weiteren selbstgewählten Beispielen sagt. Wird alles richtig erkannt? Was müssen Sie ändern, damit Zeichenketten, die ein Vorzeichen, allerdings nicht an letzter Position, und sonst nur Leerzeichen enthalten, auch nicht als Zahl erkannt werden (falls das gewünscht ist)? Eine erweiterte Betrachtung wird in Aufgabe 9.3 in Abschnitt 9.6 vorgenommen.

9.5 Zeichenketten und Unterprogramme

■ Zeichenketten variabler Länge

Wird eine Zeichenkette über die Parameterliste an ein Unterprogramm übergeben, so kann die beim Aufruf aktuelle Länge in das Unterprogramm mit übernommen werden, wenn der zugehörige formale Parameter dort mit der Längenangabe * festgelegt wird. Ist hingegen die formale *CHARACTER*-Variable mit einer festen Länge vereinbart, so kommt es bei nicht gleich langen korrespondierenden *CHARACTER*-Größen zu Schwierigkeiten. Es empfiehlt sich also, im Unterprogramm die «variable» Länge * zu verwenden; über die Standardfunktion *LEN(...)* kann die aktuelle Anzahl der Zeichen, die die übergebene Größe aufnehmen kann, auch in dieser Programmeinheit ermittelt und benutzt werden.

CHARACTER-Unterprogramme beginnen normalerweise mit der Kopfzeile

CHARACTER(LEN=*n*) FUNCTION *Name(Formalparameterliste)*

wobei *CHARACTER(LEN=n)* auch durch *CHARACTER*n* wiedergegeben sein kann (was inzwischen allerdings als überholt gilt). Eine besondere Variabilität erhalten Sie in der Form

CHARACTER(LEN=*) FUNCTION *Name(Formalparameterliste)*

(oder noch CHARACTER*(*) FUNCTION *Name(Formalparameterliste)*), da der Name einer solchen Funktion als Variable in der rufenden Programmeinheit vereinbart und deshalb mit einer Längenangabe versehen sein muß, die beim Aufruf dieser Funktion dann übernommen wird.

Beispiel:
Überlegen Sie, wie folgende Programmeinheit nach den Fortran-Regeln abgearbeitet wird und wie deshalb die Ausgabe aussieht:

```
PROGRAM rudi
CHARACTER(LEN = 5)  :: ratlos
CHARACTER(LEN = 10) :: ede
ede = ratlos('no') // ratlos('yes')
WRITE(*, *) ede
CALL johnny (ede)
WRITE(*, *) ede
STOP
END PROGRAM rudi


SUBROUTINE johnny(chr)
CHARACTER(LEN = *)  :: chr
```

```
CHARACTER(LEN = 10) :: ratlos
chr = ratlos('yesno')
RETURN
END SUBROUTINE


CHARACTER(LEN = *) FUNCTION ratlos(ein)
CHARACTER(LEN = *) ::  ein
ratlos = REPEAT(ein, 5)
RETURN
END FUNCTION
```

Die Zeichenkettenfunktion *ratlos* liefert aus Sicht des Hauptprogramms eine Größe mit 5 Zeichen zurück (das heißt beim Aufruf mit *ein* = '*no*' die Größe '*nonon*' und beim Aufruf mit *ein* = '*yes*' den Wert '*yesye*'). Aus der Sicht des Unterprogramms *johnny* handelt es sich um eine 10 Zeichen lange Variable (so daß beim Aufruf mit *ein* = '*yesno*' die Zeichenkette '*yesnoyesno*' zurückgegeben wird). Die Variable *chr* paßt sich der Länge der übergebenen Größe *ede* des Hauptprogramms an, hat also die Länge 10. Genauso gleicht sich die Variable *ein* im Unterprogramm *ratlos* bei jedem Aufruf an die Länge des aktuellen Parameters an.

Damit wird also folgende Ausgabe erzeugt:

```
nononyesye
yesnoyesno
```

▓ Blocksatz rückgängig machen
Wenn ein im Blocksatz formatierter Text vorliegt, in dem zum bündigen Abschluß links und rechts zwischen einzelnen Wörtern entsprechend viele Leerzeichen eingefügt wurden, so kann es sich wie bei einer Zeitung um recht schmale Textzeilen oder wie in einem Buch um breitere Zeilen handeln; womöglich geht der Text auch über eine DIN-A3-weite Seite. Um unabhängig von der Länge einer Textzeile eine solche Formatierung wieder rückgängig zu machen, kann ein Funktionsunterprogramm vom Typ *CHARACTER* genutzt werden, dessen Länge

sich der beim Aufruf aktuell vorgegebenen Größe anpaßt. Aufgabe dieses Unterprogramms wäre es dann, die übergebene Textreihe überall dort, wo zwei und mehr Leerzeichen hintereinander vorkommen, auf ein Leerzeichen zu verkürzen.

Als Struktogramm ergibt sich somit:

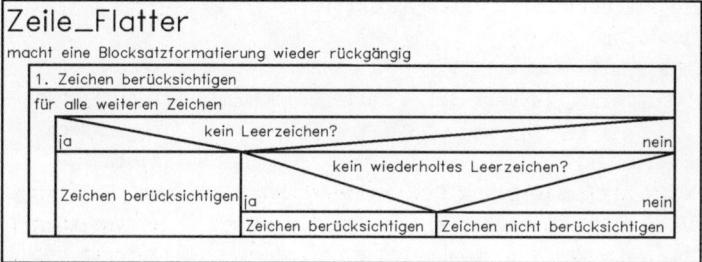

Die Situation mit wiederholten Leerzeichen kann mit Hilfe einer logischen Größe beurteilt werden, so daß sich damit die folgende Programmlösung abzeichnet:

```
CHARACTER(LEN = *) FUNCTION Zeile_Flatter (Zeile_Block)
!
!**************************************************************
!                                                             *
! Dieses Unterprogramm macht eine Blocksatzformatierung       *
! der Textzeile 'Zeile_Block' wieder rückgängig               *
!                                                             *
! Eingabeparameter:                                           *
! Zeile_Block :   Textzeile beliebiger Länge, die umge-       *
!                 arbeitet werden soll                        *
!                                                             *
! Ausgabeparameter:                                           *
! Zeile_Flatter : Umgewandelte Textzeile gleicher Länge,      *
!                 die keine überflüssigen Leerzeichen         *
!                 mehr im Text enthält                        *
!                                                             *
!**************************************************************
```

```
!
IMPLICIT NONE
CHARACTER(LEN = *), INTENT(IN) :: Zeile_Block
INTEGER                        :: n, i, k
LOGICAL                        :: weg
n = LEN(Zeile_Block) ; Zeile_Flatter = ' '
k = 2 ; weg = .FALSE.
Zeile_Flatter(1:1) = Zeile_Block(1:1)
DO i = 2, n
   IF (Zeile_Block(i:i) /= ' ') THEN              !kein
       Zeile_Flatter(k:k) = Zeile_Block(i:i)      !Leerzeichen
       k = k + 1 ; weg = .FALSE.                  !berücksich-
                                                  !tigen
   ELSE IF(Zeile_Block(i:i) == ' ' .AND. .NOT. weg) THEN
       Zeile_Flatter(k:k) = Zeile_Block(i:i)      !erstes Leer-
       k = k + 1 ;  weg = .TRUE.                  !zeichen auch
   END IF
END DO
RETURN
END FUNCTION Zeile_Flatter
```

Testen Sie dieses Unterprogramm mit einem selbstentwickelten Hauptprogramm und verschiedenen Beispieleingaben. Um die Flexibilität
dieser Vorgehensweise einzusehen, benutzen Sie auch:

```
PROGRAM Test
CHARACTER(LEN = 50) :: Textein, Zeile_Flatter
READ(*,*)  Textein
WRITE(*,*) Textein
WRITE(*,*) Zeile_Flatter(Textein)
CALL Unter
STOP
END



SUBROUTINE Unter
CHARACTER(LEN = 10) :: Rein, Zeile_Flatter
READ(*,*)  Rein
```

```
WRITE(*,*) 'Rein = ', Rein
WRITE(*,*) 'Raus = ', Zeile_Flatter(Rein)
RETURN
END
```

Es verlangt zunächst die Eingabe einer 50 Zeichen langen Textzeile, aus der überflüssige Leerzeichen entfernt werden, und dann die Eingabe einer 10 Zeichen langen Textzeile, die mit demselben Unterprogramm in gleicher Weise behandelt wird. Überzeugen Sie sich durch geeignete Texteingaben von der Tauglichkeit des Zeichenketten-Unterprogramms.

Auf die umgekehrte Situation, nämlich einen normalen Text im Blocksatz zu formatieren, kommen wir in Aufgabe 9.6 im nächsten Abschnitt zurück.

Der Zwischenstandard Fortran 95 macht darauf aufmerksam, daß Zeichenfunktionen mit übernommener Länge als überholt gelten und somit im nächsten Standard Fortran 2000 nicht mehr enthalten sein sollen. Dann müßte man auf eine entsprechende Lösung mit einer *SUBROUTINE* zurückgreifen.

9.6 Aufgaben

Aufgabe 9.1
In Kapitel 6.3 wurde die Quersumme einer positiven ganzen Zahl über numerische Operationen bestimmt.
Wie läßt sich das übersichtlich mit Hilfe einer *CHARACTER*-Größe, die als interne Datei genutzt wird, ebenfalls bewerkstelligen?

Aufgabe 9.2
Das kaufmännische UND-Zeichen & dient zur Kennzeichnung von Fortsetzungszeilen. Wird dies innerhalb einer Zeichenkette, die sich über zwei Zeilen erstreckt, gebraucht, so muß in der Folgezeile auch als Beginn der Fortsetzung das &-Zeichen angeführt werden. Außerdem darf dem ersten &-Zeichen in der Zeile kein Kommentar mehr folgen.
Überprüfen Sie, ob die folgenden Anweisungen korrekt sind, und stellen Sie fest, was eventuell ausgegeben wird:

```
PROGRAM Fortsetzung
IMPLICIT NONE
CHARACTER(LEN = 40) :: ch
ch = 'Ob das wohl rich&
     &tig fortgesetzt wird ?'
WRITE(*,*) ch
WRITE(*,*) 'Jetzt geht''s' &   ! Ist das zulässig?
           & , 'los'
WRITE(*,*) 'Mal sehen, was                    &
           &            nun passiert ist...'
STOP
END PROGRAM Fortsetzung
```

Aufgabe 9.3

In eine Zeichenkette der Länge 12 dürfen Zahlen mit Vorzeichen sowie maximal 7 Vor- und 3 Nachkommastellen eingetragen werden. Fehlt das Vorzeichen, so wird die Zahl als positiv gewertet. Das Vorzeichen darf nur vor der Zahl stehen. Vor- und Nachkommastellen werden durch ein explizit angegebenes Komma getrennt. Wenn eine Zahl weniger als 12 Zeichen benötigt, so kann sie zusammenhängend an beliebiger Stelle der Zeichenkette beginnen. Die restlichen Positionen der Zeichenkette sind dann mit Leerzeichen besetzt.

Zu schreiben ist ein Unterprogramm, das den Inhalt der Zeichenkette auf Plausibilität überprüft und – falls kein Fehler festgestellt wurde – in eine *REAL*-Zahl überträgt. Im Fehlerfall ist ein Fehlerparameter *1*, sonst *0* zu setzen.

Zu überprüfen ist im einzelnen, ob
(i)   nur zulässige Zeichen in der Zeichenkette enthalten sind,
(ii)   das Vorzeichen an richtiger Stelle steht,
(iii)   nicht mehr als ein Vorzeichen vorkommt,
(iv)   nur ein Komma vorkommt,
(v)   keine Leerzeichen in der Zahl vorkommen.

Aufgabe 9.4

Das Standardunterprogramm *DATE_AND_TIME* kann mit zwei Zeichenvariablen *date* und *time* mindestens der Längen 8 und 10 in der Form

```
CALL DATE_AND_TIME(date, time)
```

aufgerufen werden, die als reine Ausgabeparameter das Datum in der Form *yyyymmdd* (*y*: Jahr, *m*: Monat, *d*: Tag) und die Uhrzeit in der Form *hhmmss.sss* (*h*: Stunde, *m*: Minute, *s*: Sekunde) enthalten. Dem zugrunde liegen Kalender und Uhr, nach denen das Fortran-System mit dem Rechner vorgeht. (Werden Kalender und Uhr über das System nicht zur Verfügung gestellt, so enthalten *date* und *time* nach dem Unterprogrammaufruf nur Leerzeichen.)

Entwickeln Sie ein Unterprogramm, das zu einem aus drei *INTEGER*-Größen bestehenden übergebenen Datum mit obigem Standardunterprogramm feststellt, ob es sich um ein vergangenes Datum (einschließlich des heutigen) handelt und diese Überprüfung zurückmeldet.

Welcher Unterprogrammtyp kommt in Frage?

Aufgabe 9.5

Vorgegeben seien ein Vektor $\vec{y} = (y_0, y_1, \dots, y_n)$ sowie Angaben zu x_{anf} und Δx, so daß die Komponenten von $\vec{y}$ die Bedeutung von äquidistant verteilten Funktionswerten einer reellen Funktion f gemäß

$$y_i = f(x_{anf} + i \cdot \Delta x) \ , \quad i = 0, 1, \dots, n \ ,$$

haben.

Entwickeln Sie ein Unterprogramm, das eine Funktionsdarstellung in Form eines Balkendiagramms nach folgendem Muster anfertigt:

```
x_anf           I XXXXXXXXXXXXXXX
x_anf +  Δx     I XXXXXXXXXXXXXXXXXXXXXXXX
x_anf + 2Δx     I XXXXXXXXXXXXXXXXXXXXXXXXXXXX
x_anf + 3Δx     I XXXXXXXXXXXXXXXXXXXXXXXXX
x_anf + 4Δx     I XXXXXXXXXXXXXXX
```

Das Diagramm zeigt den Funktionsverlauf zwischen x_{anf} und $x_{end} = x_{anf} + n\Delta x$ mit $n + 1$ Textzeilen vertikal, wobei eine geeignete Skalierung über den maximalen und minimalen Funktionswert zu wählen ist. Über das Balkenzeichen soll der Benutzer entscheiden können. Zur Erhöhung der Übersicht sollten geeignete Angaben zu den x- und y-Werten mit ausgegeben werden.

Testen Sie das Programm an einigen selbstgewählten geeigneten Beispielen, etwa auch mit $f(x) = \sin x$, $x_{anf} = 0$, $\Delta x = \pi/15$, $n = 30$.

Aufgabe 9.6

Es ist ein Funktionsunterprogramm vom Typ *CHARACTER* variabler Länge zu schreiben, das zeilenweise die Umformung Flattersatz in Blocksatz vornimmt. Beispielsweise bei einer Textzeile der Länge 25 ist der Text `'Hier wird umbrochen.'` im Blocksatz:

`Hier    wird    umbrochen.`

|1 ...   ... 25| ← Textspalten

Beim Blocksatz sind in den Textlücken so viele Leerzeichen verteilt eingefügt, daß die ganze Zeilenbreite ausgeschöpft wird (erstes und letztes Zeichen ungleich Leerzeichen, außer wenn die Zeile nur ein Wort oder gar nichts enthält).

Entwickeln Sie einen Algorithmus, der auch mögliche Sonderfälle berücksichtigt, und testen Sie das damit formulierte Unterprogramm an geeigneten Beispielen.

Aufgabe 9.7

Beurteilen Sie, ob die folgenden Aussagen richtig oder falsch sind:

a) Als Operation mit *CHARACTER*-Größen ist nur die Verkettung möglich.

b) Wird eine Zeichenkette formatiert mit einer zu kleinen Formatspezifikation *Aw* eingelesen, so werden nur die letzten *w* Zeichen berücksichtigt.

c) Wird eine Zeichenkette in einer zu kleinen Formatspezifikation *Aw* ausgegeben, so werden ebenfalls nur die letzten *w* Zeichen beachtet.

d) Zeichenkettenausdrücke dürfen bei allen Kontrollstrukturen (*IF*-Blöcke, *CASE*-Struktur, *DO*-Schleifen) in deren Eintrittsbedingungen (logische Bedingung, Auswahlausdruck, Zählvorschrift) vorkommen.

e) Es ist möglich, in einem Hauptprogramm die Länge einer *CHARACTER*-Variablen von einer Benutzereingabe abhängig zu definieren (vergleichbar mit dynamischen Feldern).

10 Arbeiten mit Dateien

Das gesamte Datenmaterial, das zur Lösung von Problemen mit Fortran-Programmen verarbeitet wird, hat sich bisher zum Zeitpunkt der Ausführung im rechnerinternen Arbeits- oder Hauptspeicher befunden. Dieser Speicher ist schnell und teuer und deshalb in seiner Größe begrenzt. Demgegenüber kann ein externer Massenspeicher wie beispielsweise eine Festplatte um Größenordnungen mehr Daten aufnehmen und – im Gegensatz zum flüchtigen Arbeitsspeicher – auch permanent halten. Höhere Programmiersprachen lassen durchweg zu, mit so hinterlegten Daten, die in Dateien vom jeweiligen Betriebssystem verwaltet werden, umgehen zu können. Fortran gestattet diesbezüglich mehrere Zugriffs- und Darstellungsarten.

10.1 Dateien mit sequentiellem Zugriff

■ Meßdatenauswertung

Durch einen Meßvorgang seien Wertetripel (t_1, p_1, T_1), (t_2, p_2, T_2), ... ermittelt worden, die zu unterschiedlichen Zeitpunkten t_i den Druck p_i und die Temperatur T_i eines reagierenden Gasgemisches angeben. Diese Daten werden auf einer Datei (unter MS-DOS/Windows) mit Namen *REAKTION.DAT* in folgender Form zurückgelassen:

```
0.0 1.61 357.6
0.11 1.61 357.8
0.2 1.63 358.1
   .
   .
   .
```

In der ersten Zahlenspalte sind dabei die Meßzeitpunkte (sec) und dahinter jeweils der festgestellte Druck (bar) und die Temperatur (°K) vermerkt; Die Werte eines Meßdatensatzes sind untereinander durch ein Leerzeichen getrennt. In der Sprache von Fortran entspricht dies einer listengesteuerten Abspeicherung. Für die zugrundeliegende Reaktion sind die folgenden zwei Aspekte von Interesse:

1. Nach welcher Zeit und bei welchem Druck werden 400 °K erreicht?
2. Welche mittlere Temperatur und welcher mittlere Druck (jeweils arithmetisches Mittel) liegt dem über die Daten festgehaltenen Reaktionsausschnitt zugrunde?

Um darauf mit Hilfe eines Fortran-Programms die richtigen Antworten zu finden, muß zum einen eine Verbindung des Programms zur betreffenden Datei hergestellt und zum anderen über einen entsprechenden Algorithmus das vorhandene Datenmaterial ausgewertet werden. In Struktogrammform kann das folgendermaßen aussehen:

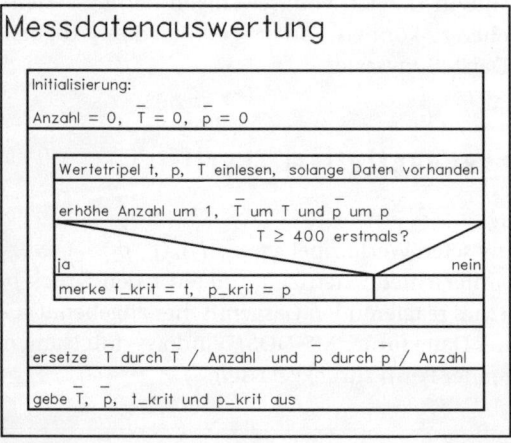

Lesen von und Schreiben auf Dateien erledigt Fortran über die bekannten *READ*- und *WRITE*- Befehle, nur daß im Gegensatz zur interaktiven Ein- und Ausgabe nicht die Standardein- und -ausgabe *UNIT=** angesprochen wird, sondern eine mit einer bestimmten Datei zu identifizierende Unit-Nummer *UNIT=n*. Welche ganzzahligen Werte für *n* zulässig sind, ist systemabhängig; häufig ist

$1 \le n \le 99$

erlaubt mit den Voreinstellungen

$n = 5$ für die Standardeingabe und
$n = 6$ für die Standardausgabe.

Die Kopplung zur entsprechenden Datei stellt zuvor die *OPEN*-Anweisung her, die durch die beendende *CLOSE*-Anweisung wieder rückgängig gemacht wird.

Damit sieht ein passendes Fortran-Programm beispielsweise so aus:

```
PROGRAM Messdatenauswertung
IMPLICIT NONE
INTEGER :: anzahl = 0
REAL    :: t, p, temp, p_quer, temp_quer, t_krit, p_krit
LOGICAL :: erstmals = .TRUE.

temp_quer = 0.0 ; p_quer = 0.0

OPEN(1, FILE = 'REAKTION.DAT')                  ! Datei öffnen

DO
    READ(1, *, END = 100) t, p, temp            ! Werte einlesen,
    anzahl = anzahl + 1                         ! solange Daten
    temp_quer = temp_quer + temp                ! vorhanden
    p_quer    = p_quer    + p
    IF (temp >= 400.0 .AND. erstmals) THEN      ! nur beim er-
        t_krit = t ; p_krit = p                 ! stenmal t
        erstmals = .FALSE.                      ! und p merken
    END IF
END DO

100 CLOSE(1)                                    ! Datei schließen

temp_quer = temp_quer / REAL(anzahl)
p_quer    = p_quer    / REAL(anzahl)
WRITE(*, 900) temp_quer, p_quer
IF (.NOT. erstmals) WRITE(*, 910) t_krit, p_krit
```

```
STOP
900 FORMAT(1X, 'mittlere Temperatur: ', F8.3, &
          2X, 'mittlerer Druck: ', F7.3)
910 FORMAT(1X, 'erstmals 400 Grad K erreicht bei Zeit: ', &
          F6.2, ' und Druck: ', F7.3)
END PROGRAM Messdatenauswertung
```

Dem betriebssystemabhängigen Namen *REAKTION.DAT* der Datei wird in diesem Programm die *UNIT*-Nummer *1* für den Programmablauf bis zur korrespondierenden *CLOSE*-Anweisung zugeordnet. Diese Nummer hat globale Bedeutung, das heißt, auch bei möglichen Unterprogrammaufrufen ist dort die *UNIT*-Nummer *1* mit dieser Datei verbunden. Nach dem Öffnen der Datei befindet sich ein Dateizeiger auf dem ersten Datensatz, und jede neue *READ*-Anweisung bewegt ihn so lange einen Datensatz weiter, bis die Dateiendemarke erreicht wird. Die hierbei vorausgesetzte **Dateiorganisationsform** ist **sequentiell,** so wie auch der Zugriff auf sie. Charakteristisch hierfür ist, daß beim **sequentiellen Zugriff** die Datensätze nur in der Reihenfolge, in der sie abgelegt wurden, wieder verarbeitet werden können. Dies heißt zum Beispiel: Wenn Sie nach dem Öffnen einer solchen Datei nur ihren hundertsten Datensatz einlesen wollen, so müssen Sie die 99 davorstehenden Datensätze «überlesen» (also einlesen und nicht weiter verwerten).

Sie können das Programm mit einer Beispieldatei testen, die im Editor erstellt werden kann. Wenn es nach dem oben beschriebenen Aufbau die folgende kleine Datei mit dem Namen *REAKTION.DAT* ist:

```
0.0 1.61 357.6
0.11 1.61 357.8
0.2 1.63 358.1
0.299 1.64 361.0
0.389 1.65 365.4
0.48 1.65 377.82
0.55 1.66 387.7
0.63 1.67 398.32
```

```
0.71 1.65 400.1
0.8 1.64 401.1
0.91 1.61 400.4
1.0 1.59 398.2
```

so erscheint die korrekte Ausgabe:

```
mittlere Temperatur:  380.295 mittlerer Druck:   1.634
erstmals 400 Grad K erreicht bei Zeit:   0.71 und Druck:   1.650
```

■ Dateipositionierungen

Der Dateizeiger einer sequentiellen Datei mit der *UNIT*-Nummer *n* kann durch die Anweisungen

```
BACKSPACE([UNIT = ] n [, ERR = Anweisungsmarke])
```

die den Zeiger um einen Datensatz zurücksetzt,

```
REWIND([UNIT = ] n [, ERR = Anweisungsmarke])
```

die ihn an den Dateianfang stellt, und

```
ENDFILE([UNIT = ] n [, ERR = Anweisungsmarke])
```

zum Schreiben der Dateiendemarke manipuliert werden. In ihrer einfachsten Form, wenn also ein möglicherweise auftretender Fehler nicht über eine eigene *Anweisungsmarke* abgefangen werden soll, können statt dessen auch

```
BACKSPACE (n)
REWIND (n)
ENDFILE (n)
```

verwendet werden.

■ Ausgabe auf Drucker

Sequentielle Dateien können auch nützlich eingesetzt werden, wenn man eine Programmausgabe auf einen Drucker haben möchte. Dazu wird statt auf die Standardausgabeeinheit (Bildschirm) auf eine Datei geschrieben gemäß:

```
PROGRAM ...
   •
   •
   •
OPEN (9, FILE = 'AUS.DAT')    ! oder anderer Dateiname
   •
   •
   •
WRITE(9, ...) ...             ! Schreiben auf eine Datei
   •
   •
   •
CLOSE(9)
   •
   •
   •
END PROGRAM ...
```

Mit dem MS-DOS-Befehl

```
COPY AUS.DAT prn (oder lpt1 statt prn)
```

oder gleichwertig

```
type AUS.DAT > prn
```

erfolgt dann der Ausdruck der im Programm erzeugten Datei namens *AUS.DAT*, wenn der Drucker an die (erste) parallele Schnittstelle angeschlossen ist; gewöhnlich übernimmt die zugehörige *CLOSE*-Anweisung das Setzen der Dateiendemarke mit.

▥ Drucksteuerzeichen
In diesem Zusammenhang können bei Rechensystemen, die dies berücksichtigen, die Drucksteuerzeichen sehr wichtig sein: Das erste Zeichen eines jeden Datensatzes wird dann vom Drucker als Steuerzeichen interpretiert und **nicht** mit ausgegeben:

1. Zeichen	Drucksteuerung
Leerzeichen	Vorschub auf den Anfang der nächsten Zeile
0	Vorschub auf den Anfang der übernächsten Zeile (erzeugt eine Leerzeile)
1	Vorschub auf den Anfang der nächsten Seite
+	Unterdrückung des Zeilenvorschubs, Zurücksetzen auf den Anfang der aktuellen Zeile

Alle anderen möglichen Zeichen führen zu einer systemabhängigen, nicht normierten Wirkung. Die bisherigen Ausgabeformate begannen stets mit *1X*, was dem Leerzeichen entspricht und auch durch ' ' erreicht werden kann. Soll etwa

```
Neuer Preis: 89,00  69,00
```

mit einem durchgestrichenen alten Preis ausgegeben werden, so bewirken dies in einer Systemumgebung, die Drucksteuerzeichen beachtet, die Schreibbefehle

```
WRITE(9, 900)
WRITE(9, 910)
900 FORMAT(' Neuer Preis: 89,00')
910 FORMAT('+', 14X, '-----', 2X, '69,00')
```

auf eine Datei mit der *UNIT*-Nummer *9*, die ausschließend ausgedruckt werden kann. Beachten Sie dabei, daß das Leerzeichen vor dem Text wie die bisherige Verwendung von *1X* interpretiert und nicht mit ausgegeben wird; mit

```
900 FORMAT('1Neuer Preis: 89,00')
```

würde die Ausgabe zudem auf einer neuen Seite beginnen. Die listengesteuerte Ausgabe *FMT=** beginnt wegen einer möglichen Deutung als Drucksteuerzeichen auch stets mit einem Leerzeichen.

10.2 Dateien mit wahlfreiem Zugriff

Sequentielle Dateien lassen sich auf allen Speichermedien, also beispielsweise auch auf Magnetbändern und Kassetten, bearbeiten. Ein Zugriff erfolgt in der vorgegebenen Reihenfolge zudem sehr schnell. Außerdem können die einzelnen Datensätze unterschiedlich lang sein.

Datei mit sequentiellem Zugriff:

Datensatz	Datensatz	Datensatz	...	Datensatz

Anfang und Ende der Datei sind besonders markiert (*BOI* oder *BOF* für *Begin Of Information/File* sowie *EOI* oder *EOF* für *End Of Information/File*), und ein Datensatz (*Record*) wird vom nächsten durch eine Datensatzendemarke (*EOR* für *End Of Record*) getrennt.

Der Nachteil beim Arbeiten mit sequentiellen Dateien, nur umständlich auf Datensätze zugreifen zu können, die sich zur aktuellen Dateizeigerposition abgelegen befinden, wird durch eine **Dateiorganisationsform mit wahlfreiem oder direktem Zugriff** (*random access*) aufgefangen. Kennzeichnend dafür ist, daß alle Datensätze die gleiche Länge besitzen und intern jeweils mit einer Datensatznummer gekennzeichnet sind.

Datei mit wahlfreiem Zugriff:

Datensatz 1	Datensatz 2	Datensatz 3	...	Datensatz n

Auf einen beliebigen Datensatz kann über die Angabe der Datensatznummer unabhängig von der aktuellen Dateizeigerposition direkt zugegriffen werden. Für eine solche Organisationsform kommen nicht mehr alle Speichermedien in Frage; «sequentielle Speicher» wie Magnetbänder und Kassetten scheiden zur Dateihinterlegung aus, wenn damit gearbeitet werden soll.

OPEN-Anweisung

Die eine Datei kennzeichnenden Größen werden in der *OPEN*-Anweisung festgelegt, die in ihren wesentlichen Anteilen die folgende Form hat:

```
OPEN([UNIT = ] n [, ERR = Anweisungsmarke] &
     [, FILE = Dateiname] [, ACCESS = Zugriffsart] &
```

```
[, FORM = Format] [, RECL = Datensatzlänge] &
[, STATUS = Status])
```

Beim Umgang mit sequentiellen Dateien im vorigen Abschnitt fehlten in dieser Anweisung eine Reihe optionaler Angaben; in solchen Fällen wird auf bestimmte Voreinstellungen zurückgegriffen. Die Parameter bedeuten im einzelnen:

UNIT = *n*: legt die Nummer der logischen Einheit der Datei fest.

ERR = *Anweisungsmarke*: tritt ein Fehler bei der Ausführung der OPEN-Anweisung auf, so wird auf die entsprechende Anweisung in der gleichen Programmeinheit verzweigt.

FILE = *Dateiname*: stellt die Verbindung der über einen *CHARACTER*-Ausdruck angegebenen Datei *Dateiname* auf Betriebssystemebene mit der Fortran-internen logischen Einheit *n* her.

ACCESS = *Zugriffsart* beschreibt die Zugriffsart:
  ACCESS = '*SEQUENTIAL*' für den sequentiellen Zugriff,
  ACCESS = '*DIRECT*' für den wahlfreien Zugriff.
  Voreingestellt ist der sequentielle Zugriff.

FORM = *Format* spezifiziert die Form der Datei:
  FORM = '*FORMATTED*' für eine konvertierte (formatgebundene) Dateiform,
  FORM = '*UNFORMATTED*' für eine binäre (formatfreie) Dateiform.
  Voreingestellt ist die konvertierte Form bei sequentiellem Zugriff und die binäre bei wahlfreiem Zugriff.

RECL = *Datensatzlänge* gibt die Datensatzlänge als positive ganze Zahl bei einer Datei mit wahlfreiem Zugriff an (bei einer sequentiellen Datei wäre es die maximale Datensatzlänge).

STATUS = *Status* beschreibt den Status der Datei:
  STATUS = '*OLD*' für eine bereits existierende Datei,
  STATUS = '*NEW*' für eine neu zu erzeugende Datei,
  STATUS = '*SCRATCH*' für eine temporäre Datei, die nach Beendigung des Programms nicht mehr existieren soll,
  STATUS = '*REPLACE*' löscht die Datei, falls sie vorhanden ist, und legt eine neue Datei an,
  STATUS = '*UNKNOWN*' für einen systemabhängigen Status (Voreinstellung).

Eine Datei mit wahlfreiem Zugriff verlangt zumindest die Angaben *ACCESS* = '*DIRECT*' und *RECL* = *Datensatzlänge*; ansonsten wird, falls angegeben, *ERR* = *Anweisungsmarke* aktiviert oder der Programmablauf abgebrochen. Als Datensatzlänge rechnet man bei der konvertierten Dateiform die Anzahl der Zeichen pro Datensatz und bei der binären Dateiform die Anzahl interner Speicherwörter. Der Softwareentwickler ist gefordert, in einer Anweisung wie dieser vollständige und widerspruchsfreie Angaben zu machen.

▪ *CLOSE*-Anweisung

Die dazugehörige *CLOSE*-Anweisung hat im wesentlichen die Form:

```
CLOSE([UNIT=]n[,ERR=Anweisungsmarke][,STATUS=Status])
```

Damit wird die Datei, die fortranintern als logische Einheit mit der Nummer *n* festgelegt ist, geschlossen.

ERR = *Anweisungsmarke* hat dieselbe Bedeutung wie bei der *OPEN*-Anweisung.

STATUS = *Status* legt die weitere Verwendbarkeit der entsprechenden Datei fest:

STATUS = '*KEEP*' läßt die Datei weiter existieren,

STATUS = '*DELETE*' löscht sie mit dieser Anweisung.

Voreingestellt ist *STATUS* = '*KEEP*', außer wenn die Datei mit *STATUS* = '*SCRATCH*' geöffnet wurde.

▪ Meßdaten mit direktem Zugriff

Nehmen wir zur leichteren Übersicht die kleine sequentielle Datei *REAKTION.DAT* aus dem vorigen Abschnitt und erstellen damit eine formatierte wahlfrei zugreifbare Datei mit Namen *DRUCK.DAT*, in der die Daten rückwärts angeordnet in der Reihenfolge

– Druck im Format *E12.5*,

– Temperatur im Format *E12.5* und

– Zeit im Format *F8.3*

abgelegt und jeweils durch ein Leerzeichen getrennt werden.

Die Datensatzlänge wird so zu

    34 = 12 Zeichen (Druck) + 1 Leerzeichen + 12 Zeichen (Temperatur)
          + 1 Leerzeichen + 8 Zeichen (Zeit)

Sollen zur Kontrolle noch der erste und der letzte Datensatz der direkten Datei ausgegeben werden, so erledigt dies alles das folgende Programm:

```fortran
PROGRAM Datei_2
IMPLICIT NONE
INTEGER :: n = 0, i
REAL    :: t, p, temp

OPEN(1, FILE='REAKTION.DAT', ERR=200) ! <- Öffnen der sequen-
                                      ! tiellen Datei
OPEN(2, FILE='DRUCK.DAT', ACCESS='DIRECT', RECL=34, &
     FORM='FORMATTED', ERR=210)   ! <- Öffnen der direkten
                                  ! Datei
DO
    READ(1, *, END = 10)             ! <- Vorrücken auf die
    n = n + 1                        !    letzte Position
                                     !    und die Anzahl
END DO                               !    der Datensätze
                                     !    ermitteln
10 BACKSPACE(1)                      ! <- weg vom Ende der
                                     !    EOF-Marke
DO i = 1, n
    BACKSPACE(1)                     ! <- zum vorigen Daten-
                                     !    satz zurück
    READ(1, *) t, p, temp
    WRITE(2, 900, REC = i) p, temp, t
    BACKSPACE(1)                     ! <- zum aktuellen
                                     !    Datensatz zurück
END DO
CLOSE(1)                             ! <- Schließen der
                                     !    sequent. Datei
READ(2, 900, REC = 1) p, temp, t
WRITE(*, *) 'Druck1 = ', p, ' Temp1 = ', temp, ' Zeit1 = ', t
READ(2, 900, REC = n) p, temp, t
WRITE(*, *) 'Druckn = ', p, ' Tempn = ', temp, ' Zeitn = ', t
CLOSE(2)                             ! <- Schließen der
                                     !    direkten Datei
STOP 'alles o.k.'
200 STOP 'sequentielle Datei fehlerhaft'
210 STOP 'direkte Datei fehlerhaft'
900 FORMAT(E12.5, 1X, E12.5, 1X, F8.3)
END PROGRAM Datei_2
```

Beachten Sie dabei die Dateirückpositionierungen mit *BACKSPACE* bei der sequentiellen Datei: Um die Datensätze von hinten nach vorn zu lesen müssen Sie nach jedem Lesevorgang zweimal zurücksetzen, weil der *READ*-Befehl stets den folgenden Datensatz betrachtet.

Das Programm führt zum Beispiel mit FTN90 zur folgenden korrekten Ausgabe:

```
Druck1 =    1.5900000  Temp1 =   3.9820001E+02  Zeit1 =   1.0000000
Druckn =    1.6100000  Tempn =   3.5760001E+02  Zeitn =   0.0000000E+00
STOP: alles o.k.
```

Natürlich hätte man auch nach Feststellung der Datensatzanzahl n die sequentielle Datei wieder vorwärts durchgehen und die direkte Datei dazu passend rückwärts beschreiben können. Dazu müßte die *REWIND*-Anweisung mit eingebaut werden und die *DO*-Zählschleife rückwärts laufen, wodurch die *BACKSPACE*-Anweisungen überflüssig würden. Probieren Sie auch diesen Weg, und vergleichen Sie die Ergebnisse!

▨ Lesen und Schreiben

Lese- und Schreibvorgänge mit einer direkten Datei verlangen die Angabe der Datensatznummer k über

```
READ(..., REC = k, ...) ...
WRITE(..., REC = k, ...) ... ,
```

und eine listengesteuerte Ein- und Ausgabe ist hierbei unzulässig.

Der obigen Kontrollausgabe der ersten und letzten Zeile der erzeugten Datei kann man entnehmen, daß sich durch die Umwandlung der «lesbaren» Zahlen aus der Datei *REAKTION.DAT* in die interne Dualzahldarstellung und die formatgebundene Rückumwandlung in die Datei *DRUCK.DAT* Ungenauigkeiten einschleichen können. Dies hängt zum einem mit der internen Darstellungsgenauigkeit (vergleiche Kapitel 11.2) und zum anderen mit dem vorgegebenen Format zusammen. Wenn eine Datei wie in diesem Fall *DRUCK.DAT* nicht explizit «lesbar» gestaltet sein muß, so bietet sich die binäre, also *FORM='UNFORMAT-TED'*-Dateiform an, da dadurch

- Umwandlungen eingespart werden,
- kein Genauigkeitsverlust mehr eintreten kann und
- die kompakteste Abspeicherung der vollständigen Information gewählt wird.

Unformatierte Ein- und Ausgabe leisten ebenfalls der *READ*- und der *WRITE*-Befehl, allerdings ohne Angabe eines Formates oder eines Verweises darauf.
Mit der Anweisung

```
OPEN(2, FILE='DRUCK.DAT', ACCESS='DIREKT', RECL=12,
    ERR=210)
```

würde die Voreinstellung *FORM='UNFORMATTED'* gültig sein, und die diese Datei betreffenden Ein- und Ausgabebefehle im letzten Programm wären dann

```
WRITE(2, REC = i) p, temp, t
READ (2, REC = 1) p, temp, t
READ (2, REC = n) p, temp, t
```

Ob *RECL=12* wegen der für *p, temp* und *t* im Normaltyp *REAL* benötigten 12 Bytes oder *RECL=3* wegen dreier Systemspeicherworte vom Normaltyp *REAL* oder ähnliches zu wählen ist, hängt von dem speziellen Fortran-90-System ab. Ändern Sie das vorige Programm in der hier angegebenen Weise ab, und überprüfen Sie seine Lauffähigkeit und Korrektheit für verschiedene Werte. Wird *REC=k* mit $k > 12$ zu Fehlern führen? Wie umfangreich sind für verschiedene Werte für k die jeweils erstellten Dateien? (Sie sollten sie vor jedem neuen Lauf wegen möglicher '*UNKNOWN*'-Wirkungen in der Voreinstellung der *OPEN*-Anweisung explizit mit *DEL DRUCK.DAT* löschen!)
Direkte Dateien kommen dann zum Einsatz, wenn auf gleichförmige Daten wie Personalstammdaten, Warenlagerdaten und so weiter völlig wahlfrei zugegriffen werden soll, insbesondere dann, wenn die gesamte Datenmenge recht umfangreich ist.

10.3 Aufgaben

Aufgabe 10.1
Aus der sequentiellen Datei *MESSWERT.DAT* ist vom 1. Datensatz *n* einzulesen. Danach sind von der Datei die dort hinterlegten Meßwerte

(pro Datensatz ein Meßwert) in ein eindimensionales dynamisches Feld listengesteuert einzulesen.
Es ist eine Tabelle (mit Überschrift) der Meßwerte zu drucken, die
- eine laufende Nummer,
- den Meßwert selbst und
- die Abweichung des Meßwertes zum arithmetischen Mittel aller Meßwerte

enthält.

Testen Sie Ihr Programm mit n = 10 und den Meßwerten *63.4, 67.1, 61.2, 64.3, 69.8, 59.7, 61.3, 66.3, 62.9* und *66.3*.

Aufgabe 10.2
Was wird ausgegeben, wenn die Datei *OUT* unter Beachtung von Steuerzeichen auf den Drucker geschickt wird?

```
PROGRAM aus
IMPLICIT NONE
INTEGER :: k, m
REAL    :: a, b, c
OPEN(1, FILE = 'OUT')
a = 5.175 ; b = -13.8 ; c = 0.1
k = 15 ;  m = 1667
WRITE(1, 900) a, k, b, c, m
WRITE(1, 910) a, k, b, c, m
CLOSE(1)
STOP
900 FORMAT('1', F7.2, 2X, I3, /, E10.4)
910 FORMAT(1X, (F5.2, 2X, /, I4), 3X, F6.2)
END PROGRAM aus
```

Ein Schrägstrich / (Slash) bewirkt dabei einen Sprung auf die erste Spalte der nächsten Zeile.

Aufgabe 10.3
Auf der sequentiellen Datei *STUDENT.DAT* liegen Studentendaten in folgender Form pro Datensatz vor:

> *Matrikel-Nr. / Name / Vorname / Fachrichtung*

Die einzelnen Angaben sind jeweils durch einen Schrägstrich voneinander getrennt, und pro Student existiert ein Datensatz wie

```
899999 / Uhu / Uwe / Maschinenbau
```

Für eine Klausur sollen Deckblätter mit den Daten der Studenten in folgender Form erstellt werden:

```
Name          :  Uhu
Vorname       :  Uwe
Matrikel-Nr. :  899999
Fachrichtung :  Maschinenbau
Unterschrift :
```

Schreiben Sie ein Programm, das eine unbekannte Anzahl von Datensätzen der obigen Form einliest und für jeden Studenten ein Deckblatt erzeugt, wobei der Text in der 10. Zeile und 20. Spalte des DIN-A4-Blattes beginnen soll.

Aufgabe 10.4
a) Was unterscheidet eine externe von einer internen Datei?
b) Welche Zugriffsarten auf Dateien unterstützt Fortran?
c) Welche Darstellungsarten in einer Datei sind zulässig?
d) Wann ist eine formatgebundene, aber nicht eine listengesteuerte Darstellung erlaubt?
e) Bei welcher Dateiart kann jeder beliebige Datensatz sofort gelesen oder beschrieben werden?
f) Welche Vorteile gehören zu einer sequentiellen Datei gegenüber einer direkten Datei?

11 Anhang

11.1 Struktogramme

Darstellung von Algorithmen durch Struktogramme nach Nassi-Shneiderman (DIN 66261, November 1985)

Die Grundidee der strukturierten Programmierung besteht darin, daß sich Programme aus den Grundkonstruktionen
1. Sequenz (Folge),
2. Selektion (Verzweigung, Fallunterscheidung),
3. Iteration (Wiederholung)
zusammensetzen. Dieser Idee tragen die Struktogramme Rechnung; sie sind ein Darstellungsmittel, das zwingt, strukturiert zu programmieren.

Sinnbilder für Struktogramme:

G := gemeinsamer Bedingungsteil
B := Bedingung
V := Verarbeitung
N := Bezeichner des zu verlassenden Sinnbildes
n := natürliche Zahl größer oder gleich 2

■ **Sequenz (Folge)**

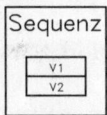

Selektion (Verzweigung, Fallunterscheidung)

a) bedingte Verarbeitung

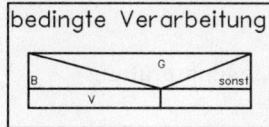

oder

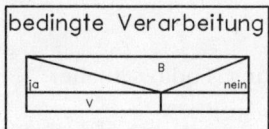

b) alternative Verzweigung (einfache Alternative)

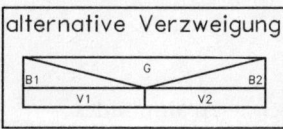

oder

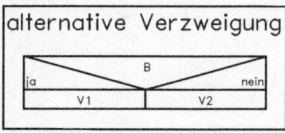

c) mehrfache Alternative (Fallunterscheidung)

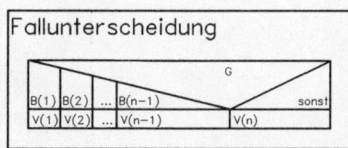

Iteration (Wiederholung, loop)

a) Wiederholung mit vorausgehender Bedingungsprüfung
   (abweisende Schleife)

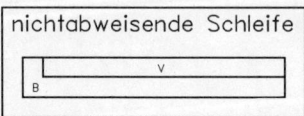

b) Wiederholung mit nachfolgender Bedingungsprüfung (nichtabweisende Schleife)

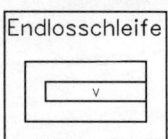

c) Wiederholung ohne Bedingungsprüfung (Endlosschleife)

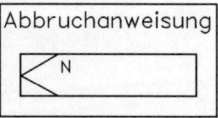

■ **Abbruchanweisung**

Sprung hinter das Ende des mit «N» bezeichneten Sinnbildes

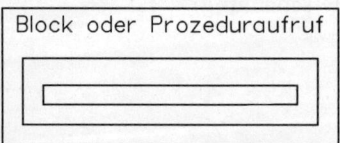

■ **Prozeduraufrufe oder Blöcke**

a) Block (als Zusammenfassung mehrerer Verarbeitungen unter einem Namen) oder Aufruf einer Prozedur

b) Rücksprung (return) hinter die Aufrufstelle einer Prozedur

▨ Operationen auf Sinnbildern

a) Spezifizieren

Durch Eintragen eines Textes in das Sinnbild für eine Operation wird eine Funktion definiert.

b) Strukturieren

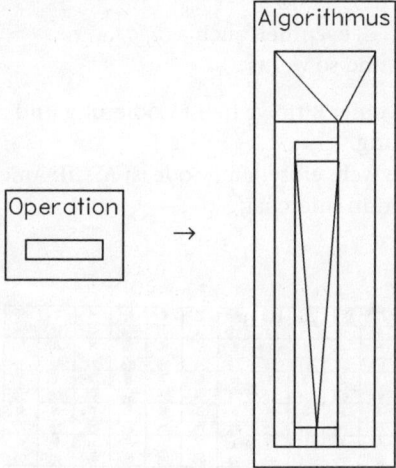

Durch Ausfüllen des Sinnbildes für eine Operation mit weiteren Sinnbildern werden die Ablaufstrukturen (Logik) eines Algorithmus festgelegt.

In diesem Zusammenhang wird für eine Zuweisung häufig das Symbol «:=» verwendet. So bedeutet «$k := k + 1$», daß der aktuelle Wert von k um 1 erhöht und anschließend wieder mit k bezeichnet wird. «$k := 0(1)n$» steht bei einer Iteration für $n + 1$ Durchläufe, wobei k nacheinander die Werte 0, 1, ..., n annimmt (die Schrittweite entspricht der Angabe in Klammern). Bei Verwendung einer geeigneten Programmiersprache können Struktogramme direkt in lauffähige Programme umgesetzt werden. Deshalb ist es wichtig, Struktogramme möglichst unabhängig von einer Programmiersprache und ohne Codierungselemente einer speziellen Sprache zu formulieren.

11.2 Informationsdarstellung

▦ Zeichen

Daten als Zeichen oder Zeichenkombinationen, die zum Zwecke der Verarbeitung Informationen darstellen, setzen sich in digitaler Form aus einer endlichen Menge von Zeichen (Zeichenvorrat) zusammen. Dazu gehören in der Regel

- die 10 Ziffern 0, 1, 2, 3, 4, 5, 6, 7, 8 und 9,
- die 26 Buchstaben A, B, C, ..., Z, eventuell auch a, b, c, ..., z,
- Sonderzeichen wie +, *, /, % und so weiter.

Die Zuordnung von Zeichen zu einer Bitfolge heißt **Codierung** und der umgekehrte Vorgang **Decodierung**.

Ein gerade auf Mikrocomputern weitverbreiteter Code ist **ASCII**: American Standard Code for Information Interchange:

ASCII-Zeichensatz   (Industriestandard Set #2)

NULL	☺	●	♥	♦	♣	♠	BEL	◘	TAB	LF	VT	FF	CR	♪	☼	►	◄	↕	‼
0	1	2	3	4	5	6	7	8	9	10	11	12	13	14	15	16	17	18	19
¶	§	▬	↨	↑	↓	→	←	∟	↔	▲	▼	BLANK	!	"	#	$	§	%	&
20	21	22	23	24	25	26	27	28	29	30	31	32	33	34	35	36	37	38	39
(	)	*	+	,	-	.	/	0	1	2	3	4	5	6	7	8	9	:	;
40	41	42	43	44	45	46	47	48	49	50	51	52	53	54	55	56	57	58	59
<	=	>	?	@	A	B	C	D	E	F	G	H	I	J	K	L	M	N	O
60	61	62	63	64	65	66	67	68	69	70	71	72	73	74	75	76	77	78	79
P	Q	R	S	T	U	V	W	X	Y	Z	[	\	]	^	_	`	a	b	c
80	81	82	83	84	85	86	87	88	89	90	91	92	93	94	95	96	97	98	99
d	e	f	g	h	i	j	k	l	m	n	o	p	q	r	s	t	u	v	w
100	101	102	103	104	105	106	107	108	109	110	111	112	113	114	115	116	117	118	119
x	y	z	{			}	~	⌂	Ç	ü	é	â	ä	à	å	ç	ê	ë	è	ï
120	121	122	123	124	125	126	127	128	129	130	131	132	133	134	135	136	137	138	139
î	ì	Ä	Å	É	æ	Æ	ô	ö	ò	û	ù	ÿ	Ö	Ü	¢	£	¥	₧	ƒ
140	141	142	143	144	145	146	147	148	149	150	151	152	153	154	155	156	157	158	159
á	í	ó	ú	ñ	Ñ	ª	º	¿	⌐	¬	½	¼	¡	«	»				
160	161	162	163	164	165	166	167	168	169	170	171	172	173	174	175	176	177	178	179
180	181	182	183	184	185	186	187	188	189	190	191	192	193	194	195	196	197	198	199
200	201	202	203	204	205	206	207	208	209	210	211	212	213	214	215	216	217	218	219
				α	ß	Γ	π	Σ	σ	µ	τ	Φ	Θ	Ω	δ	∞	ø	ε	∩
220	221	222	223	224	225	226	227	228	229	230	231	232	233	234	235	236	237	238	239
≡	±	≥	≤	⌠	⌡	÷	≈	°	∙	·	√	ⁿ	²	■					
240	241	242	243	244	245	246	247	248	249	250	251	252	253	254	255				

BEL	BELL	= Glocke, erzeugt eine akustische Ausgabe (Signalton).
TAB	TABULATOR	= springt zur nächsten Bildschirmtabulatorposition.
LF	LINE FEED	= aktuelle Position eine Zeile nach unten bewegen.
VT	HOME	= neue aktuelle Position ist die linke obere Ecke des Bildschirms.
FF	FORM FEED	= Bildschirminhalt wird gelöscht, neue Seite einrichten.
CR	CARRIAGE RETURN	= neue Zeile am linken Bildschirmrand beginnen.

Somit wird beispielsweise die Zeichenfolge «1995» im Rechner in 4 Bytes folgendermaßen hinterlegt («1» entspricht 49, dual 00110001, «9» entspricht 57, dual 00111001, und «5» entspricht 53, dual 00110101):

00110001	00111001	00111001	00110101

■ Zahlen

Zur Verarbeitung numerischer Informationen verwenden die Computer durchweg das **Dualsystem** $(...)_2$, das als Stellenwertsystem zur Basis 2 nur die beiden Ziffern 0 und 1 besitzt.

So bedeutet

$$(11111001011)_2$$

$$= 1 \cdot 2^{10} + 1 \cdot 2^9 + 1 \cdot 2^8 + 1 \cdot 2^7 + 1 \cdot 2^6 + 1 \cdot 2^3 + 1 \cdot 2^1 + 1 \cdot 2^0$$
$$= 1995$$

Wird eine **ganze Zahl** als Dualzahl mit 4 Bytes im Rechner hinterlegt, so erfolgt dies gemäß:

1. Byte		2. Byte	3. Byte	4. Byte
μ	$\alpha_{30} \ldots \alpha_{24}$	$\alpha_{23} \ldots \alpha_{16}$	$\alpha_{15} \ldots \alpha_8$	$\alpha_7 \ldots \alpha_0$

μ : Vorzeichenbit (0 bei nichtnegativer Zahl, 1 bei negativer Zahl)
$\alpha_0 \ldots \alpha_{30}$: Ziffern aus der Menge $\{0, 1\}$.

Damit stellt beispielsweise

0	0000000	00000000	00000111	11001011

die Dezimalzahl 1995 dar. Die größte darstellbare positive Zahl ist so mit $\mu = 0$ und $\alpha_0 = \ldots = \alpha_{30} = 1$

$$\sum_{k=0}^{30} 2^k = 2^{31} - 1 = 2147483647$$

Negative Zahlen werden über eine komplementäre Darstellung wiedergegeben, wodurch sich die Subtraktion auf die Addition zurückführen läßt. Da hierzu das Vorzeichenbit in die Rechnung mit eingebunden wird, läßt sich leider ein Zahlenüberfluß («Overflow») praktisch nicht feststellen (so wird allgemein die Summe zweier sehr großer Zahlen im Rechner fälschlicherweise eine negative Zahl sein).

Werden weniger Bytes zur Zahlendarstellung benutzt, so ist der wiedergebbare Zahlenbereich entsprechend kleiner.

Soll eine **reelle Zahl** im Rechner abgespeichert werden, so geschieht dies gewöhnlich in einer normalisierten Gleitpunktdarstellung. Im Dezimalsystem heißt dies, daß hinter dem Dezimalpunkt die erste signifikante Ziffer steht und eine Multiplikation mit einer entsprechenden Zehnerpotenz auf den korrekten Wert führt, beispielsweise

$$0.1995 \cdot 10^4 \quad \text{für} \quad 1995.0$$

Für die häufige Abspeicherung mit 4 Bytes gilt als weltweite Vorgabe die ANSI (American National Standards Institute) / IEEE (Institute of Electrical and Electronics Engineers)-Norm:

1. Byte		2. Byte		3. Byte	4. Byte
μ	$e_1 \ldots e_7$	e_8	$d_2 \ldots d_8$	$d_9 \ldots d_{16}$	$d_{17} \ldots d_{24}$

μ : Vorzeichenbit (0 bei nichtnegativer Zahl, 1 bei negativer Zahl)
$e_1 \ldots e_8$: Dualdarstellung des Exponenten e in verschobener Form:
$e = (e_1 \ldots e_8)_2 - 127$
$d_2 \ldots d_{24}$: Mantisse im Dualsystem, bei der in der normalisierten Darstellung $d_1 = 1$ zu ergänzen ist.
Mithin gilt bei positiven reellen Zahlen x

$$x = (0.\, d_1\, d_2 \ldots d_{24})_2 \cdot 2^e = \left(\sum_{k=1}^{24} d_k \cdot 2^{-k} \right) \cdot 2^e \, ,$$

also beispielsweise für die reelle Zahl 1995.0 :

$$1995.0 = (0.11111001011)_2 \cdot 2^{11}$$

Die Abspeicherung (Mantisse ab $d_2 = 1$) mit dem verschobenen Exponenten

$$138 = (10001010)_2 \quad (\text{Exponent } e = 138 - 127 = 11)$$

wäre demnach

0	1000101	0	1111001	01100000	00000000

Zur Darstellung höherer Genauigkeiten und größerer Zahlenbereiche werden mehr Bytes (zum Beispiel 8) benötigt.
Negative Zahlen werden wiederum komplementär dargestellt, damit eine Subtraktion $x - y$ auf eine Addition $x + (-y)$ zurückführbar ist und so mit derselben arithmetischen Einheit bewerkstelligt werden kann.
Programmiersysteme brauchen sich nicht an vorgegebene Normen wie die hier beschriebenen zu halten. Was aber stets zu einem Bitmuster als Information bekannt sein muß, ist

- die Länge des Bitmusters (Anzahl Bytes) und
- seine Interpretation.

Die obigen Beispiele ergaben jeweils 1995 für die 4 Bytes
- als Zeichen:

| 00110001 | 00111001 | 00111001 | 00110101 |

- als ganze Zahl:

| 00000000 | 00000000 | 00000111 | 11001011 |

- als reelle Zahl:

| 01000101 | 01111001 | 01100000 | 00000000 |

und eine falsche Interpretation würde im Gegensatz zur vorgesehenen Bedeutung zu einem recht willkürlichen Ergebnis führen!

11.3 Klassifizierung von Fortran-90-Anweisungen

Eine Fortran-90-Anweisung ist entweder **ausführbar** oder **nicht ausführbar**.

Zu den ausführbaren Anweisungen, die Aktionen des Programms bewirken, gehören:

ALLOCATE	*ELSE WHERE*	*IF*
BACKSPACE	*END*	*IF ... THEN*
CALL	*END DO*	*OPEN*
CASE	*END FILE*	*READ*
CASE DEFAULT	*END FUNCTION*	*RETURN*
CLOSE	*END IF*	*REWIND*
CONTINUE	*END PROGRAM*	*SELECT CASE*
CYCLE	*END SELECT*	*STOP*
DEALLOCATE	*END SUBROUTINE*	*WHERE*
DO	*END WHERE*	*WRITE*
ELSE	*EXIT*	Zuweisungs-
ELSE IF	*GOTO*	anweisung

Vervollständigt werden die ausführbaren Anweisungen durch folgende, in diesem Buch nicht behandelte (teilweise überholte) Anweisungen:

arithmetisches *IF*   gesetztes *GOTO*   *PAUSE*
ASSIGN   *INQUIRE*   *PRINT*
berechnetes *GOTO*   *NULLIFY*   Zeigerzuweisung

Alle anderen Anweisungen, insbesondere diejenigen im Vereinbarungsteil (Spezifikationsanweisungen), sind nichtausführbare Anweisungen. Ausführbare Anweisungen, die nur zusammen mit anderen Anweisungen als sogenannte Anweisungsblöcke auftreten, sind:

IF- und Block-*IF*-Struktur   *DO*-Schleife
CASE-Struktur   Block-*WHERE*-Struktur

11.4 Hierarchie der Fortran-90-Operatoren/ -Operationen

Enthält ein Ausdruck eine Reihe verschiedenartiger Operatoren, dann wird er gemäß der folgenden Rangfolge interpretiert, wobei «1.» für die höchste und «11.» für die niedrigste Priorität steht:

Rangfolge	Operation	Operator
1.	Klammerung	
2.	Funktionsaufruf	
3.	Exponentiation	**
4.	Multiplikation und Division	* , /
5.	Vorzeichen, Addition und Subtraktion	+ , −
6.	Verkettung	//
7.	Vergleich	> , >= , == , /= , <= , < .GT. , .GE. , .EQ. , .NE. , .LE. , .LT.
8.	logische Negation	.NOT.
9.	logisches UND, Konjunktion	.AND.
10.	logisches ODER, Disjunktion	.OR.
11.	Äquivalenz und Antivalenz	.EQV. , .NEQV.

Bei gleichrangigen Operationen erfolgt die Auswertung in der Reihenfolge von links nach rechts (mit Ausnahme der Exponentiation, vgl. Kapitel 4.1).

(Fortran 90 läßt auch benutzerdefinierte Operatoren zu, wobei der einstellige Operator noch vor der Exponentiation und der zweistellige Operator an letzter Rangstelle eingestuft werden.)

11.5 Verwendete Fortran-90-Systeme

Alle Beispiele in diesem Buch wurden mit den folgenden drei Fortran-90-Compilern behandelt:

- Lahey Fortran 90 (LF90), Version 1.00,
- Salford Software / NAG FTN90, Version 2.05,
- Salford Software / NAG FTN90 Entry Level Edition, Version 1.21.

Der Compiler von Salford Software und NAG (The Numerical Algorithms Group Ltd.) ist in der Vollversion «FTN90» und der Einstiegsversion «FTN90 Entry Level Edition» verfügbar. Die Einstiegsversion läßt als einzige Übersetzungsmethode die «Lade-und-starte»-Einrichtung («Load and Go») der Vollversion zu. Dadurch wird ein Programm durch einen Befehl übersetzt, gebunden und ausgeführt; ein Object-Code und eine ausführbare Datei werden dem Benutzer nicht bereitgestellt.

Die nachstehende Tabelle gibt einen Überblick über den Leistungsumfang und die Hardwarevoraussetzungen dieser PC-Systeme:

Produkt	Lahey Fortran 90 (LF90)	Salford Software / NAG FTN90 (Vollversion)	Salford Software / NAG FTN90 Entry Level Edition
zulässige Prozessoren	80386, 80486 oder Pentium	80386SX oder höher	80386SX oder höher
Coprozessor	notwendig	nicht notwendig, aber empfehlenswert	nicht notwendig, aber empfehlenswert
Hauptspeicher-größe (minimal / empfohlen)	8 MB / 8 MB	2 MB / 4 MB	2 MB / 4 MB
benötigter freier Platz auf der Festplatte	ca. 10 MB	ca. 7 MB	ca. 5 MB
Betriebssystem	MS-DOS 3.30, Compaq DOS 3.31, PC-DOS, DR DOS, Novell DOS 7 oder jeweils neuer	MS-DOS 3.30, Compaq DOS 3.31, PC-DOS, DR DOS, Novell DOS 7 oder jeweils neuer	MS-DOS 3.30, Compaq DOS 3.31, PC-DOS, DR DOS, Novell DOS 7 oder jeweils neuer
integrierter Editor	ja	nein	nein
integrierter Quell-code-Debugger	ja	ja	ja

Um einen störungsfreien und effizienten Einsatz der Fortran-90-Systeme zu gewährleisten, sind Anpassungen in den Dateien CONFIG.SYS und AUTOEXEC.BAT vorzunehmen, die die Installationsprogramme wahlweise automatisch durchführen.

Eine merkliche Steigerung der Arbeitsgeschwindigkeit kann mit Hilfe eines Disk-Cache-Programms (wie zum Beispiel SMARTDRV.SYS) erreicht werden. Da die Fortran-90-Systeme von Salford Software / NAG das eigene Speicherverwaltungsprogramm DBOS benutzen, wird von einer gleichzeitigen Verwendung eines Programms mit einem Festplatten-Schreibcache dringend abgeraten.

11.6 Lösungen zu den Aufgaben

▓ Kapitel 1

Aufgabe 1.1
Das Programm ist lauffähig.

Aufgabe 1.2
```
PROGRAM Waehrungsumrechnung_2
INTEGER   :: DM_Betrag, Drachmen_Betrag
WRITE(*,*) 'Geben Sie einen Betrag in DM ein:'
READ(*,*) DM_Betrag
Drachmen_Betrag = 154 * DM_Betrag
WRITE(*,*) 'Sie erhalten dafür in Drachmen:',Drachmen_Betrag
STOP
END PROGRAM Waehrungsumrechnung_2
```

Aufgabe 1.3
Das Struktogramm befindet sich im Kapitel 3.2 unter «Weizenkörner-Schachbrett» (1. Version).

Aufgabe 1.4
Das Struktogramm befindet sich im Kapitel 6.1 unter «Allgemeine Lösung einer quadratischen Gleichung» (1. Teil).

Aufgabe 1.5
Das Struktogramm sieht wie folgt aus:

Aufgabe 1_5

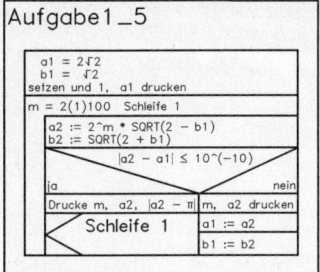

```
a1 = 2√2
b1 = √2
setzen und 1, a1 drucken
```

m = 2(1)100   Schleife 1

```
a2 := 2^m * SQRT(2 − b1)
b2 := SQRT(2 + b1)
```

|a2 − a1| ≤ 10^(−10)

ja   nein

Drucke m, a2, |a2 − π|	m, a2 drucken
Schleife 1	a1 := a2
	b1 := b2

■ Kapitel 2

Aufgabe 2.1

```
PROGRAM Summenberechnung        ! Dieses Programm berechnet
                                ! die Summe der Zahlen von
                                ! 1 bis n
INTEGER   :: i, n, Summe = 0
WRITE(*,*) 'Geben Sie eine Obergrenze n > 0 ein: '
READ(*,*) n
IF ( n <= 0 ) THEN
   WRITE(*,*) ' n ist zu klein!'
   STOP 'falsche Obergrenze'
END IF
DO i = 1, n
   Summe = Summe + i
END DO
WRITE(*,*) ' Summe der Zahlen von 1 bis ',n,' : ',Summe
STOP 'alles o. k.'
END PROGRAM Summenberechnung
```

Aufgabe 2.2

```
PROGRAM Fakultaet       ! Berechnet die Fakultäten der Zahlen
                        ! von 0 bis 20
INTEGER :: k, kFak = 1
WRITE(*,*) 0, '! =', kFak
DO k = 1, 20
   kFak = kFak * k
   WRITE(*,*) k, '! =', kFak
END DO
STOP
END PROGRAM Fakultaet
```

```
0 ! = 1
1 ! = 1
2 ! = 2
3 ! = 6
```

```
 4 !  =  24
 5 !  =  120
 6 !  =  720
 7 !  =  5040
 8 !  =  40320
 9 !  =  362880
10 !  =  3628800
11 !  =  39916800
12 !  =  479001600
13 !  =  1932053504
14 !  =  1278945280
15 !  =  2004310016
16 !  =  2004189184
17 !  =  -288522240
18 !  =  -898433024
19 !  =  109641728
20 !  =  -2102132736
```

Bis 12! werden die korrekten Werte ermittelt, danach nicht mehr!
Dem liegt kein logischer Programmierfehler zugrunde, sondern die systembedingte Einschränkung des Darstellungsbereiches ganzer Zahlen (vgl. auch Kapitel 3.2, 3.8 und 11.2).

Aufgabe 2.3

```
PROGRAM Rechtecke                  ! Dieses Programm bestimmt
                                   ! Rechtecke mit
                                   ! Umfang = Flaecheninhalt
INTEGER   :: a, b, Umfang, Inhalt
DO a = 1, 50
   DO b = 1, 50
      Umfang = 2*(a + b)
      Inhalt = a*b
      IF ( Umfang == Inhalt ) THEN
         WRITE(*,900) a, b, Umfang
      END IF
   END DO
END DO
STOP
900 FORMAT(1X,'Für die Seiten a = ',I2,' und b = ',         &
              I2,' ist Umfang = Inhalt = ',I4)
END PROGRAM Rechtecke
```

Das Programm ermittelt als Lösungen:

```
Für die Seiten a =  3 und b =  6 ist Umfang = Inhalt =   18
Für die Seiten a =  4 und b =  4 ist Umfang = Inhalt =   16
Für die Seiten a =  6 und b =  3 ist Umfang = Inhalt =   18
```

Wegen

$$a \cdot b = \frac{1}{2}\,ab + \frac{1}{2}\,ab = \frac{b}{2}\,a + \frac{a}{2}\,b > 2a + 2b$$

für $b > 4$ und $a > 4$ gibt es keine weiteren Lösungen, bei denen beide Rechteckseiten > 4 sind. Ist (mindestens) eine Rechteckseite ≤ 4, so bleiben nur die oben ermittelten Resultate übrig, so daß damit alle ganzzahligen Lösungen gefunden wurden.

Aufgabe 2.4
Das Programm mit den zur Verfügung stehenden Dateien *BSP2_1.F90* und *BSP2_2.F90* stellt ein lauffähiges Fortran-90-Programm dar.

Aufgabe 2.5
```fortran
PROGRAM Waehrung                  ! Dieses Programm führt
                                  ! Währungsumrechnungen durch
INTEGER  :: DM_Betrag,Umrechnungs_Betrag,An_oder_Verkauf,Land
DO
  WRITE(*,900) ; WRITE(*,905) ; READ(*,800,END=100) Land
  WRITE(*,910) ; READ(*,800) DM_Betrag
  WRITE(*,915) ; READ(*,800) An_oder_Verkauf
  IF ( Land == 1 ) THEN
     WRITE(*,920)
     INCLUDE 'ITALIEN.F90'
  END IF
  IF ( Land == 2 ) THEN
     WRITE(*,925)
     INCLUDE 'SPANIEN.F90'
  END IF
  IF ( Land == 3 ) THEN
     WRITE(*,930)
     INCLUDE 'GRIECHEN.F90'
  END IF
  IF ( Land == 4 ) THEN
     WRITE(*,935)
     INCLUDE 'PORTUGAL.F90'
  END IF
END DO
100 STOP
800 FORMAT(I4)
900 FORMAT(1X,'Wählen Sie ein Land:')
```

```
905 FORMAT(1X,'1=Italien, 2=Spanien, 3=Griechenland,',      &
            ' 4=Portugal ')
910 FORMAT(1X,'Geben Sie einen DM-Betrag ein: ')
915 FORMAT(1X,'Geben Sie eine Zahl für den Umtauschwert ',  &
            'nach Verkauf (Zahl >= 0) oder Ankauf ',        &
            '(Zahl < 0) ein: ')
920 FORMAT(1X,' Umrechnung DM -> Lire:')
925 FORMAT(1X,' Umrechnung DM -> Peseten:')
930 FORMAT(1X,' Umrechnung DM -> Drachmen:')
935 FORMAT(1X,' Umrechnung DM -> Escudos:')
940 FORMAT(1X,' Für ',I4,' DM gibt es im Verkauf: ',I8)
950 FORMAT(1X,I4,' DM erhält man im Ankauf von: ',I8)
END PROGRAM Waehrung
```

Neben den in Abschnitt 2.3 angegebenen *INCLUDE*-Dateien *ITALI-EN.F90* und *PORTUGAL.F90* werden dazu noch die beiden folgenden Dateien benötigt:

INCLUDE-Datei *SPANIEN.F90:*

```
IF ( An_oder_Verkauf >= 0 ) THEN
   Umrechnungs_Betrag = 82 * DM_Betrag
   WRITE(*,940) DM_Betrag, Umrechnungs_Betrag
ELSE
   Umrechnungs_Betrag = 91 * DM_Betrag
   WRITE(*,950) DM_Betrag, Umrechnungs_Betrag
ENDIF
```

INCLUDE-Datei *GRIECHEN.F90:*

```
IF ( An_oder_Verkauf >= 0 ) THEN
   Umrechnungs_Betrag = 154 * DM_Betrag
   WRITE(*,940) DM_Betrag, Umrechnungs_Betrag
ELSE
   Umrechnungs_Betrag = 189 * DM_Betrag
   WRITE(*,950) DM_Betrag, Umrechnungs_Betrag
ENDIF
```

Kapitel 3
Aufgabe 3.1
−20E+2	REAL
.1	REAL
(1., −3)	COMPLEX
.OE-1	enthält unzulässiges Zeichen Oh

TRUE   unzulässig (korrekte logische Konstante: .TRUE.)
-17000000   INTEGER
OD4   enthält unzulässiges Zeichen Oh
+10E1   REAL
0D-44   DOUBLE PRECISION

Aufgabe 3.2

200	und 2E2	sind nicht identisch (INTEGER/REAL)
-17000.	und -170E+02	sind identisch (REAL)
176	und +176	sind identisch (INTEGER)
1995.0	und 0.001995E6	sind identisch (REAL)
1E-3	und 1.0E-3	sind identisch (REAL)
(3, -2)	und (3.0, -2.)	sind identisch (COMPLEX)
19.1	und 191D-1	sind nicht identisch (REAL/DOUBLE PRECISION)
0.1_1	und 0.1_2	sind nicht identisch (REAL(1)/REAL(2) bei FTN90)
0.1_4	und 0.1_8	sind nicht identisch (REAL(4)/REAL(8) bei LF90)

Aufgabe 3.3

200_1	Unzulässig, da der Wert 200_1 nicht in der Wertemenge für INTEGER(1) (-128 bis +127) liegt
-1128_0	Unzulässig, da der Typparameter 0 für INTEGER (KIND = 1, 2 oder 3) nicht bekannt ist
4711_4	Unzulässig, da der Typparameter 4 für INTEGER (KIND = 1, 2 oder 3) nicht bekannt ist
(1.5_3, -1._3)	Unzulässig, da der Typparameter 3 für COMPLEX (KIND = 1 oder 2) nicht bekannt ist
3.14159265358979_1	Zulässig (REAL(1))
2.718281828459_0	Unzulässig, da der Typparameter 0 für REAL (KIND = 1 oder 2) nicht bekannt ist
(3.7_2, -1)	Zulässig (COMPLEX(2))
1E-1_2	Zulässig (REAL(2))

Aufgabe 3.4

```
INTEGER(2) : icks, üpsilon
```

Die gesamte Anweisung ist auf allen drei Systemen fehlerhaft, da nur ein Doppelpunkt hinter *INTEGER(2)* steht. Zudem enthält der Variablenname *«üpsilon»* ein nicht erlaubtes Zeichen (*«ü»*)

`COMPLEX a, b, c`
Auf allen drei Compilern eine zulässige Deklaration.

`REAL (KIND = 0.0D0) :: eins, zwei, drei = 1.0`
Auf allen drei Compilern eine unzulässige Deklaration, da der Typparameter *KIND* nur ganzzahlige Werte enthalten darf.

`INTEGER (KIND = 17000000) :: Zahl = 17000000, weiter`
Die Deklaration ist auf allen Compilern unzulässig, da der Typparameter *KIND=17000000* nicht erlaubt ist.

`DOUBLE :: hilf_1, hilf_2`
Diese Deklaration ist falsch, da es keinen Datentyp *DOUBLE* in Fortran 90 gibt (sondern nur *DOUBLE PRECISION*).

`REAL (KIND(1D0) :: Rhein = 2, Oder = 4E-120`
In dieser Deklaration fehlt eine schließende Klammer, wodurch sie unzulässig wird. Korrekt wäre:
`REAL (KIND(1D0)) :: Rhein = 2, Oder = 4E-120`

Aufgabe 3.5
```
COMPLEX(1) :: c = (1.0, -2.5) ! Für alle Salford-Fortran-90-
                             ! Compiler
COMPLEX(4) :: c = (1.0, -2.5) ! Für den Lahey-Fortran-90-
                             ! Compiler
REAL       :: x = -1.5, y, z = 0.5
INTEGER    :: k = -10**2, m
LOGICAL    :: alles_klar = .TRUE.
```

Bemerkung: *z = x + 2.0* in einer Vereinbarungsanweisung ist unzulässig, nicht aber *z = -1.5 + 2.0*!

Aufgabe 3.6
a) Richtig: Rechnet man mit *REAL*-Zahlen, so treten meist unvermeidliche Rundungsfehler auf, die das Ergebnis verfälschen.
b) Falsch: Da die Anzahl der signifikanten Ziffern unterschiedlich ist, sind auch scheinbar gleiche Zahlen in verschiedenen Genauigkeitsvarianten ungleich.
c) Richtig: Fortran 90 stellt für die Bestimmung der numerischen Genauigkeit eine Vielzahl von Standardfunktionen zur Verfügung (vgl. Kapitel 3.8).

d) Richtig (Erklärung siehe c)).

e) Falsch: Die Festlegung der Genauigkeit der Standarddatentypen liegt in der Verantwortung der Compiler-Hersteller.

▒ Kapitel 4
Aufgabe 4.1

```
2 <= i**3 - (x + 2) / 6.0
```

Wenn i und x numerische Variablen (*INTEGER*, *REAL* oder *COMPLEX*) sind, handelt es sich hierbei um einen logischen Ausdruck, das heißt, der Ausdruck liefert ein logisches Ergebnis. Der Teilausdruck *i**3 – (x + 2) / 6.0* ist dann ein numerischer Ausdruck.

```
i = 2
```

Hierbei handelt es sich um eine Zuweisungsanweisung und keinen logischen oder numerischen Ausdruck. In der Form *i == 2* würde es, wenn *i* eine numerische Variable ist, einen logischen Ausdruck wiedergeben.

```
x1**2 + x2**2 - SQRT(x1 * x2)
```

Sind *x1* und *x2* numerische Variablen, so ist dieser Ausdruck ein numerischer Ausdruck.

```
-1.7 <= x < 1.6
```

Dieser Ausdruck ist unzulässig. Die Operatoren <= und < sind gleichrangige numerische Vergleichsoperatoren, die jeweils zwei numerische Operanden miteinander verknüpfen. Da gleichrangige Operatoren von links nach rechts mit den Operanden verknüpft werden, wird aus *-1.7 <= x* zunächst ein logischer Wert. Auf logische Werte kann jedoch der Operator < nicht angewendet werden. Richtig wäre als logischer Ausdruck: *-1.7 <= x .AND. x < 1.6*.

```
(ok .OR. .FALSE.) .AND. (.TRUE. .OR. ok)
```

Hierbei handelt es sich um einen logischen Ausdruck, wenn die Variable *ok* vom Typ *LOGICAL* ist.

Aufgabe 4.2

```
y = (c+2.0) / (x + b/(3.0*x+d))   &
    + a**(k+1) / (pi+x)             ! Ausdruck für Formel 1

y = SQRT( ABS( a*b/(a+b) ) )         ! Ausdruck für Formel 2

z = EXP( -x**(2*k)/(4.0*a*t )     &
    / ( t**(1.0/3.0) )              ! Ausdruck für Formel 3

alpha = SIN(SQRT(2.0*ABS(x)))*1E-2  ! Ausdruck für Formel 4
```

Aufgabe 4.3

```
  z = (a-d)/1.05_1-b*c/(a-87D0)
!
! Umwandlungs- und Rechenschritte:
!     a-d                         Umwandlung von d in den
!                                 Typparameterwert 2 von a;
!                                 rechnen
!     (a-d)/1.05_1                Umwandlung von 1.05_1 in
!                                 1.05_2; rechnen
!                 b*c             Umwandlung von c in den
!                                 Typparameterwert 2 von b;
!                                 rechnen
!                     a-87D0      rechnen
!                 b*c/(a-87D0)    rechnen
!     (a-d)/1.05_1-b*c/(a-87D0)   rechnen
!
! Das Ergebnis hat den Typparameterwert 2 und muß vor der Zu-
! weisung in den Typparameterwert 1 von z umgewandelt werden.
!
  p = (i-j)*12345_2+(k+123_1)/m
!
!     i-j                         rechnen
!     (i-j)*12345_2               Umwandlung des Typparame-
!                                 terwertes 1 von  i-j  in
!                                 den des 2. Faktors (=2);
!                                 rechnen
!                 k+123_1         Umwandlung von 123_1 in
!                                 123_3; rechnen
!                 (k+123_1)/m     rechnen
!                                 (INTEGER-Division!)
!     (i-j)*12345_2+(k+123_1)/m   Umwandlung des 1. Summan-
!                                 den in den Typparameter-
!                                 wert 3; rechnen
!
! Das Ergebnis hat den gleichen Typparameterwert wie p und
! braucht deshalb für die Zuweisung nicht weiter behandelt
! werden.
```

z enthält nach der Verarbeitung den Wert 19.133049 und p den Wert 74070.

Aufgabe 4.4

Ausgabe mit LF90:

5ist kleiner gleich	7
6ist kleiner gleich	7
7ist kleiner gleich	7

Ausgabe mit FTN90 und FTN90 Entry Level:

```
5 ist kleiner gleich 7
6 ist kleiner gleich 7
7 ist kleiner gleich 7
```

Aufgabe 4.5

```
PROGRAM Pi_Berechnung           ! Dieses Programm berechnet
                                ! eine Näherung für Pi iterativ
IMPLICIT NONE
REAL(KIND(0D0))   :: pi, a1, a2, b1, b2, Potenz_2
INTEGER           :: m

pi = 4.0D0*ATAN(1.0D0)                      ! Kreiszahl Pi
                                            ! (zum Vergleich)
b1 = SQRT(2.0D0) ; a1 = 2.0D0*b1
WRITE(*,*) '1 -te Näherung: ',a1
Potenz_2 = 2.0D0
DO m = 2, 100                               ! höchstens 100mal
   Potenz_2 = Potenz_2 * 2.0D0
   a2 = Potenz_2 * SQRT(2.0D0 - b1)
   b2 = SQRT(2.0D0 + b1)
   IF ( ABS(a2 - a1) <= 1D-10 ) THEN        ! Abbruch?
     WRITE(*,*) m,'-te Näherung: ',a2
     WRITE(*,*) 'Fehler: ',ABS(a2 - pi)
     STOP 'Genauigkeit erreicht'
   ELSE
     WRITE(*,*) m,'-te Näherung: ',a2       ! nächsten Schritt
     a1 = a2 ; b1 = b2                       ! vorbereiten
   END IF
END DO
STOP 'Genauigkeit nach 100 Schritten nicht erreicht'
END PROGRAM Pi_Berechnung
```

Dieses Programm liefert folgende Ausgabe:

```
 1 -te Näherung:    2.8284271247461903
 2 -te Näherung:    3.06146745892071 78
 3 -te Näherung:    3.1214451522580529
 4 -te Näherung:    3.1365484905459407
 5 -te Näherung:    3.1403311569547392
 6 -te Näherung:    3.1412772509327569
 7 -te Näherung:    3.1415138011441455
 8 -te Näherung:    3.1415729403678827
 9 -te Näherung:    3.1415877252799609
10 -te Näherung:    3.1415914215046352
```

```
11 -te Näherung:    3.1415923456110768
12 -te Näherung:    3.1415925765450044
13 -te Näherung:    3.1415926334632482
14 -te Näherung:    3.1415926453212153
15 -te Näherung:    3.1415926453212153
Fehler:    8.2685778224345086E-09
```

Aufgabe 4.6

```fortran
PROGRAM Goldener_Schnitt          ! Dieses Programm berechnet
                                  ! iterativ Näherungen für
                                  ! den Goldenen Schnitt
IMPLICIT NONE
REAL(KIND(0D0)) :: xn_1, xn, yn_1, yn, phi
INTEGER         :: n_a, n_b
LOGICAL         :: Teil_a = .TRUE.

phi = 0.5D0 * (1.0D0 + SQRT(5.0D0))     ! Goldener Schnitt
                                        ! rechnerexakt
xn = 1.0D0 ; n_a = 1 ; yn = 1.0D0 ; n_b = 1

DO
  IF ( Teil_a ) THEN

!** iterative Berechnung über die Kettenwurzeldarstellung **

    n_a = n_a + 1 ; xn_1 = xn ; xn = SQRT(1.0D0 + xn_1)
    IF ( ABS(xn - xn_1) < 1D-10 ) THEN
      WRITE(*,*) 'Goldener Schnitt über Kettenwurzel',      &
                 'darstellung:'
      WRITE(*,*) n_a,'-te Näherung: ',xn
      WRITE(*,*) ' Fehler: ',ABS(phi - xn)
      Teil_a = .FALSE.
    END IF

  ELSE

!** iterative Berechnung über die Kettenbruchdarstellung **

    n_b = n_b + 1 ; yn_1 = yn ; yn = 1.0D0 + 1.0D0 / yn_1
    IF ( ABS(yn - yn_1) < 1D-10 ) THEN
      WRITE(*,*) 'Goldener Schnitt über Kettenbruch',       &
                 'darstellung:'
      WRITE(*,*) n_b,'-te Näherung: ',yn
      WRITE(*,*) ' Fehler: ',ABS(phi - yn)
      STOP
    END IF
  END IF
END DO
END PROGRAM Goldener_Schnitt
```

Nach dem Übersetzen und Starten dieses Programmes erscheint als Ausgabe:

```
Goldener Schnitt über Kettenwurzeldarstellung:
21 -te Näherung:    1.6180339887070878
 Fehler:    4.2807091205077086E-11
Goldener Schnitt über Kettenbruchdarstellung:
27 -te Näherung:    1.6180339887383031
 Fehler:    1.1591838600111259E-11
```

Aufgabe 4.7

```
PROGRAM Binomialkoeffizienten    ! Dieses Programm berechnet
                                 ! ökonomisch und genau
                                 ! Binomialkoeffizienten
IMPLICIT NONE
REAL(KIND(0D0))    :: n_ueber_k
INTEGER            :: n, k, i, k_min
DO
  WRITE(*,*) 'Geben Sie n und k ein: '
  READ(*,*,END=100) n, k
  IF ( n-k < k ) THEN
     k_min = n-k                  ! es wird von (n über k)
  ELSE                            ! und (n über n-k) derje-
     k_min = k                    ! nige ausgewählt, der
  END IF                          ! günstiger ist
  IF ( n >= k .AND. k >= 0 ) THEN   ! wenn Werte zulässig,
     n_ueber_k = 1.0D0            ! dann Berechnung nach
     DO i = 1, k_min              ! Rekursionsformel
       n_ueber_k = n_ueber_k * REAL(n-i+1,KIND(0D0)) /    &
                   REAL(i,KIND(0D0))
     END DO
     WRITE(*,900) n, k, n_ueber_k
  ELSE
     WRITE(*,*) 'Falsche Eingabe'
  END IF
END DO
100 STOP
900 FORMAT(1X,I3,' über ',I3,' : ',F16.0)
END PROGRAM Binomialkoeffizienten
```

Dieses Programm ermittelt speziell:

```
40 über  5 :        658008.
40 über  8 :      76904685.
40 über 10 :     847660528.
40 über 15 :   40225345056.
```

```
40 über  20 :    137846528820.
40 über  25 :     40225345056.
49 über   6 :        13983816.
```

Die Größenordnung der Ergebnisse zeigt, daß der gewählte Datentyp (REAL) mit doppelter Genauigkeit schon zur Berechnung erforderlich ist. Eine Rechnung mit dem Datentyp INTEGER versagt hier, und die Verwendung des Datentyps REAL mit nur einfacher Genauigkeit führt gerade noch zur richtigen Größenordnung des Ergebnisses (die hinteren Stellen werden verfälscht sein; siehe auch Kapitel 3.2 und 3.3).

▨ Kapitel 5
Aufgabe 5.1

```
PROGRAM Umrechnungstabelle          ! Dieses Programm stellt Um-
                                    ! rechnungstabellen zu den
                                    ! Währungen Lire, Peseten,
                                    ! Drachmen und Escudos auf
IMPLICIT NONE
REAL       :: Lire = 1212.0, Peseten = 91.0,         &
              Drachmen = 189.0, Escudos = 120.0
INTEGER    :: i, anfang, ende, delta
WRITE(*,*) 'Umrechnung Lire -> DM (Ankauf):'
WRITE(*,*) 'I    Lire    I    DM    I'
anfang = 1000000; ende = 6000000 ! von 'anfang' bis 'ende'
delta  = 1000000                 ! in 'delta'-Schritten:
DO i = anfang, ende, delta       ! Tabelle für Lire
  WRITE(*,900) REAL(i), REAL(i) / Lire
END DO
WRITE(*,*)
WRITE(*,*) 'Umrechnung Peseten -> DM (Ankauf)'
WRITE(*,*) 'I    Peseten   I    DM    I'
anfang = 50000 ; ende = 450000   ! von 'anfang' bis 'ende'
delta = 50000                    ! in 'delta'-Schritten:
DO i = anfang, ende, delta       ! Tabelle für Peseten
  WRITE(*,900) REAL(i), REAL(i) / Peseten
END DO
WRITE(*,*)
WRITE(*,*) 'Umrechnung Drachmen -> DM (Ankauf)'
WRITE(*,*) 'I   Drachmen   I    DM    I'
anfang = 100000 ; ende = 1000000 ! von 'anfang' bis 'ende'
delta = 100000                   ! in 'delta'-Schritten:
DO i = anfang, ende, delta       ! Tabelle für Drachmen
  WRITE(*,900) REAL(i), REAL(i) / Drachmen
END DO
WRITE(*,*)
```

```
WRITE(*,*) 'Umrechnung Escudos -> DM (Ankauf)'
WRITE(*,*) 'I    Escudos    I    DM    I'
anfang = 100000 ; ende = 600000   ! von 'anfang' bis 'ende'
delta = 100000                     ! in 'delta'-Schritten:
DO i = anfang, ende, delta         ! Tabelle für Escudos
  WRITE(*,900) REAL(i), REAL(i) / Escudos
END DO
STOP
900 FORMAT(1X,'I',F12.2,2X,'I',F9.2,2X,'I')
END PROGRAM Umrechnungstabelle
```

Damit die Tabellen hier nicht zu umfangreich werden, sind entsprechend grobe Werte für *anfang*, *ende* und *delta* eingesetzt worden:

```
Umrechnung Lire -> DM (Ankauf):
I      Lire    I    DM    I
I 1000000.00   I   825.08 I
I 2000000.00   I  1650.17 I
I 3000000.00   I  2475.25 I
I 4000000.00   I  3300.33 I
I 5000000.00   I  4125.41 I
I 6000000.00   I  4950.50 I

Umrechnung Peseten -> DM (Ankauf)
I     Peseten  I    DM    I
I   50000.00   I   549.45 I
I  100000.00   I  1098.90 I
I  150000.00   I  1648.35 I
I  200000.00   I  2197.80 I
I  250000.00   I  2747.25 I
I  300000.00   I  3296.70 I
I  350000.00   I  3846.15 I
I  400000.00   I  4395.60 I
I  450000.00   I  4945.06 I

Umrechnung Drachmen -> DM (Ankauf)
I    Drachmen  I    DM    I
I  100000.00   I   529.10 I
I  200000.00   I  1058.20 I
I  300000.00   I  1587.30 I
I  400000.00   I  2116.40 I
I  500000.00   I  2645.50 I
I  600000.00   I  3174.60 I
I  700000.00   I  3703.70 I
I  800000.00   I  4232.80 I
I  900000.00   I  4761.90 I
I 1000000.00   I  5291.01 I
```

```
Umrechnung Escudos -> DM (Ankauf)
I   Escudos    I     DM     I
I  100000.00   I    833.33  I
I  200000.00   I   1666.67  I
I  300000.00   I   2500.00  I
I  400000.00   I   3333.33  I
I  500000.00   I   4166.67  I
```

Aufgabe 5.2

```
PROGRAM Funktionstabelle        ! Dieses Progrqamm erstellt
                                ! eine Tabelle der Funktio-
                                ! nen ACOS, SINH, TANH, COT, LOG
IMPLICIT NONE
REAL    :: x
INTEGER :: k
WRITE(*,900)
WRITE(*,910)
DO k = -20, 20
   x = 0.1 * REAL(k)
   WRITE(*,920,ADVANCE = 'NO') x
   IF ( ABS(x) <= 1.0 ) THEN              ! Definitions-
     WRITE(*,930,ADVANCE = 'NO') ACOS(x)  ! bereich von
   ELSE                                   ! "arccos x"
     WRITE(*,990,ADVANCE = 'NO')          ! beachten
   END IF
   WRITE(*,940,ADVANCE = 'NO') SINH(x)    ! "sinh x"
   WRITE(*,930,ADVANCE = 'NO') TANH(x)    ! "tanh x"
   IF ( ABS(x) < 1E-6 ) THEN
     WRITE(*,990,ADVANCE = 'NO')          ! Definitions-
   ELSE                                   ! bereich von
     WRITE(*,940,ADVANCE = 'NO') 1.0/TAN(x) ! "cot x"
   END IF                                 ! beachten
   IF ( x > 0.0 ) THEN
     WRITE(*,930) LOG10(x)                ! Definitions-
   ELSE                                   ! bereich von
     WRITE(*,990)                         ! "lg x"
   END IF                                 ! beachten
END DO
STOP
900 FORMAT(1X,'I   x   I  arccos x I   sinh x  I', &
             '  tanh x  I   cot x   I   lg x   I')
910 FORMAT(1X,69('='))
920 FORMAT(1X,'I',F6.2,' I')
930 FORMAT(1X,F9.4,' I')
940 FORMAT(1X,E9.3,' I')
990 FORMAT(1X,'NICHT DEF I')
END PROGRAM Funktionstabelle
```

Dieses Programm führt zu folgender Ausgabe:

```
I   x   I arccos x I   sinh x  I   tanh x  I   cot x   I    lg x   I
====================================================================
I -2.00 I NICHT DEF I -.363E+01 I  -0.9640 I 0.458E+00 I NICHT DEF I
I -1.90 I NICHT DEF I -.327E+01 I  -0.9562 I 0.342E+00 I NICHT DEF I
I -1.80 I NICHT DEF I -.294E+01 I  -0.9468 I 0.233E+00 I NICHT DEF I
I -1.70 I NICHT DEF I -.265E+01 I  -0.9354 I 0.130E+00 I NICHT DEF I
I -1.60 I NICHT DEF I -.238E+01 I  -0.9217 I 0.292E-01 I NICHT DEF I
I -1.50 I NICHT DEF I -.213E+01 I  -0.9051 I -.709E-01 I NICHT DEF I
I -1.40 I NICHT DEF I -.190E+01 I  -0.8854 I -.172E+00 I NICHT DEF I
I -1.30 I NICHT DEF I -.170E+01 I  -0.8617 I -.278E+00 I NICHT DEF I
I -1.20 I NICHT DEF I -.151E+01 I  -0.8337 I -.389E+00 I NICHT DEF I
I -1.10 I NICHT DEF I -.134E+01 I  -0.8005 I -.509E+00 I NICHT DEF I
I -1.00 I   3.1416 I -.118E+01 I  -0.7616 I -.642E+00 I NICHT DEF I
I -0.90 I   2.6906 I -.103E+01 I  -0.7163 I -.794E+00 I NICHT DEF I
I -0.80 I   2.4981 I -.888E+00 I  -0.6640 I -.971E+00 I NICHT DEF I
I -0.70 I   2.3462 I -.759E+00 I  -0.6044 I -.119E+01 I NICHT DEF I
I -0.60 I   2.2143 I -.637E+00 I  -0.5370 I -.146E+01 I NICHT DEF I
I -0.50 I   2.0944 I -.521E+00 I  -0.4621 I -.183E+01 I NICHT DEF I
I -0.40 I   1.9823 I -.411E+00 I  -0.3799 I -.237E+01 I NICHT DEF I
I -0.30 I   1.8755 I -.305E+00 I  -0.2913 I -.323E+01 I NICHT DEF I
I -0.20 I   1.7722 I -.201E+00 I  -0.1974 I -.493E+01 I NICHT DEF I
I -0.10 I   1.6710 I -.100E+00 I  -0.0997 I -.997E+01 I NICHT DEF I
I  0.00 I   1.5708 I 0.000E+00 I   0.0000 I NICHT DEF I NICHT DEF I
I  0.10 I   1.4706 I 0.100E+00 I   0.0997 I 0.997E+01 I  -1.0000 I
I  0.20 I   1.3694 I 0.201E+00 I   0.1974 I 0.493E+01 I  -0.6990 I
I  0.30 I   1.2661 I 0.305E+00 I   0.2913 I 0.323E+01 I  -0.5229 I
I  0.40 I   1.1593 I 0.411E+00 I   0.3799 I 0.237E+01 I  -0.3979 I
I  0.50 I   1.0472 I 0.521E+00 I   0.4621 I 0.183E+01 I  -0.3010 I
I  0.60 I   0.9273 I 0.637E+00 I   0.5370 I 0.146E+01 I  -0.2218 I
I  0.70 I   0.7954 I 0.759E+00 I   0.6044 I 0.119E+01 I  -0.1549 I
I  0.80 I   0.6435 I 0.888E+00 I   0.6640 I 0.971E+00 I  -0.0969 I
I  0.90 I   0.4510 I 0.103E+01 I   0.7163 I 0.794E+00 I  -0.0458 I
I  1.00 I   0.0000 I 0.118E+01 I   0.7616 I 0.642E+00 I   0.0000 I
I  1.10 I NICHT DEF I 0.134E+01 I   0.8005 I 0.509E+00 I   0.0414 I
I  1.20 I NICHT DEF I 0.151E+01 I   0.8337 I 0.389E+00 I   0.0792 I
I  1.30 I NICHT DEF I 0.170E+01 I   0.8617 I 0.278E+00 I   0.1139 I
I  1.40 I NICHT DEF I 0.190E+01 I   0.8854 I 0.172E+00 I   0.1461 I
I  1.50 I NICHT DEF I 0.213E+01 I   0.9051 I 0.709E-01 I   0.1761 I
I  1.60 I NICHT DEF I 0.238E+01 I   0.9217 I -.292E-01 I   0.2041 I
I  1.70 I NICHT DEF I 0.265E+01 I   0.9354 I -.130E+00 I   0.2304 I
I  1.80 I NICHT DEF I 0.294E+01 I   0.9468 I -.233E+00 I   0.2553 I
I  1.90 I NICHT DEF I 0.327E+01 I   0.9562 I -.342E+00 I   0.2788 I
I  2.00 I NICHT DEF I 0.363E+01 I   0.9640 I -.458E+00 I   0.3010 I
```

Vorsicht ist bei der Verwendung des Skalierungsfaktors nP geboten, da er sich auch auf die restlichen Formatspezifikationen bezieht, wenn man ihn nicht wieder durch $0P$ aufhebt.

So führt beispielsweise das Programm

```
PROGRAM Formate
WRITE(*,900) 0.1, 0.1, 0.1, 0.1
WRITE(*,910) 0.1, 0.1, 0.1, 0.1
WRITE(*,920) 0.1, 0.1, 0.1, 0.1
STOP
900 FORMAT(1X,F5.2,2X,1PE8.2,2X,ES8.2,2X,F5.2)
910 FORMAT(1X,F5.2,2X,1PE8.2,2X,E8.2,2X,0PF5.2)
920 FORMAT(1X,F5.2,2X,1P,E8.2,2X,E8.2,0P,2X,F5.2)
END
```

zur Ausgabe

```
0.10   1.00E-01   1.00E-01   1.00
0.10   1.00E-01   1.00E-01   0.10
0.10   1.00E-01   1.00E-01   0.10
```

Obwohl in der ersten Zeile die Zahl 0.1 mit der Formatspezifikation *F5.2* einmal zu Beginn und einmal am Ende ausgegeben wird, erscheint sie unterschiedlich (und einmal falsch!). Der Faktor *1P* wirkt auf alle folgenden gewöhnlichen *E*- und *F*-Formatangaben, bis das Format verbraucht ist. Der Skalierungsfaktor kann vorgestellt oder extra aufgeführt werden.

▦ Kapitel 6
Aufgabe 6.1a

```
PROGRAM Annuitaetentilgung          ! Dieses Programm erstellt
                                    ! einen spez. Tilgungsplan
IMPLICIT NONE
REAL      :: Kap, A, Tk, Zk, p, q, r, Rest
INTEGER   :: n, k
Kap = 200000.00 ; p = 8.0 ; n = 10      ! Rahmen festlegen
r = 0.01 * p ; q = 1.0 + r ; Rest = Kap
A = Kap * q**n * (q - 1.0)/(q**n - 1.0) ! Annuität ermitteln
WRITE(*,900) Kap, p, n ; WRITE(*,*)
WRITE(*,910)            ; WRITE(*,*)
DO k = 1, n
   Tk = (A - Kap*r) * q**(k-1)          ! Tilgungs- und Zins-
   Zk = A - Tk                          ! anteil im k-ten Jahr
   WRITE(*,920) k, Rest, Zk, Tk, A
   Rest = Rest - Tk                     ! Restschuld
```

```
END DO
STOP
900 FORMAT(1X,'Bauherren-Tilgungsplan für ',F9.2,' DM bei', &
            F4.1,'% in ',I2,' Jahren:')
910 FORMAT(1X,'Jahr Restschuld    Zinsen    Tilgung ',   &
            ' Annuität ')
920 FORMAT(1X,I3,3X,4(F9.2,2X))
END PROGRAM Annuitaetentilgung
```

Dazugehörige Ausgabe:

```
Bauherren-Tilgungsplan für 200000.00 DM bei 8.0% in 10 Jahren:

Jahr   Restschuld    Zinsen     Tilgung    Annuität

  1    200000.00   16000.00   13805.90    29805.90
  2    186194.09   14895.53   14910.38    29805.90
  3    171283.72   13702.70   16103.21    29805.90
  4    155180.52   12414.44   17391.46    29805.90
  5    137789.05   11023.12   18782.78    29805.90
  6    119006.27    9520.50   20285.41    29805.90
  7     98720.86    7897.67   21908.24    29805.90
  8     76812.63    6145.01   23660.90    29805.90
  9     53151.73    4252.13   25553.77    29805.90
 10     27597.96    2207.83   27598.07    29805.90
```

Kleinere Ungenauigkeiten im Pfennigbereich beruhen auf Rundungsfehlern als Auswirkung der Rechnung mit *REAL*-Größen; sie lassen sich durch die Verwendung einer höheren Genauigkeitsvariante in den unmerklichen Bereich unterdrücken.

Aufgabe 6.1b

```
PROGRAM Annuitaetentilgung_2      ! Dieses Programm erstellt
                                  ! einen spez. Tilgungsplan
IMPLICIT NONE
REAL      :: Kap, A, Tk, Zk, p, q, r, Rest
INTEGER   :: n, k
Kap = 60000.00 ; p = 6.0                   ! Rahmen festlegen
r = 0.01 * p ; q = 1.0 + r ; Rest = Kap
A = 12000.00
n = INT((LOG(A)-LOG(A-Kap*r))/LOG(q))+1 ! Laufzeit ermitteln
WRITE(*,900) Kap, p, n ; WRITE(*,*)
WRITE(*,910)           ; WRITE(*,*)
DO k = 1, n-1
   Tk = (A - Kap*r) * q**(k-1)            ! Tilgungs- und Zins-
   Zk = A - Tk                            ! anteil im k-ten Jahr
```

```
     WRITE(*,920) k, Rest, Zk, Tk, A
     Rest = Rest - Tk                       ! Restschuld
END DO
Tk = Rest ; Zk = Rest*r ; A = Tk + Zk
WRITE(*,920) n, Rest, Zk, Tk, A
STOP
900 FORMAT(1X,'Bauherren-Tilgungsplan für ',F9.2,' DM bei', &
            F4.1,'% in ',I2,' Jahren:')
910 FORMAT(1X,'Jahr  Restschuld    Zinsen    Tilgung ',   &
            ' Annuität ')
920 FORMAT(1X,I3,3X,4(F9.2,2X))
END PROGRAM Annuitaetentilgung_2
```

Dazugehörige Ausgabe:

```
Bauherren-Tilgungsplan für  60000.00 DM bei 6.0% in  7 Jahren:

Jahr  Restschuld     Zinsen     Tilgung    Annuität

  1    60000.00    3600.00    8400.00    12000.00
  2    51600.00    3096.00    8904.00    12000.00
  3    42696.00    2561.76    9438.24    12000.00
  4    33257.76    1995.47   10004.53    12000.00
  5    23253.23    1395.20   10604.80    12000.00
  6    12648.42     758.91   11241.09    12000.00
  7     1407.33      84.44    1407.33     1491.77
```

Aufgabe 6.2

```
PROGRAM Schnecke                    ! Dieses Programm vollzieht
                                    ! eine kriech-schlafende
                                    ! Schnecke im Brunnen nach
IMPLICIT NONE
INTEGER :: Stunde, Tag = 1, Minute
REAL    :: Hoehe = 0.0, rauf = 1.0, runter = 0.2
WRITE(*,*) 'Anfangsstunde zwischen 0 und 23 vorgeben:'
READ(*,*) Stunde ; WRITE(*,900) Stunde
DO WHILE ( Hoehe < 15.0 )
   Stunde = Stunde + 1
   SELECT CASE ( Stunde )
     CASE ( 9:13, 16:18 )
        Hoehe = Hoehe + rauf              ! Schnecke kriecht
     CASE ( 0:8, 14:15, 19:23 )
        Hoehe = MAX(Hoehe - runter, 0.0)  ! Schnecke ruht
     CASE ( 24 )
        Hoehe = MAX(Hoehe - runter, 0.0)  ! Schnecke ruht
        Tag = Tag + 1 ; Stunde = 0        ! beim Tageswechsel
   END SELECT
```

```
END DO
Stunde = Stunde - 1
Minute = NINT( 60.0/rauf * (15.0 - Hoehe) ) + 60
WRITE(*,910) Tag, Stunde, Minute
STOP
900 FORMAT(1X,'Die Schnecke beginnt am 1. Tag um ',I2,' Uhr')
910 FORMAT(1X,'und erreicht den Brunnenrand am ',            &
           I1,'. Tag um ',I2,'.',I2,' Uhr.')
END PROGRAM Schnecke
```

Für die zunächst vorgegebene Startzeit 8 Uhr ergibt sich damit:

```
Anfangsstunde zwischen 0 und 23 vorgeben:
8
Die Schnecke beginnt am 1. Tag um  8 Uhr
und erreicht den Brunnenrand am 3. Tag um 15.48 Uhr.
```

Aufgabe 6.3

```
PROGRAM magische_Zahlen            ! Dieses Programm ermittelt
                                   ! magische Zahlen
IMPLICIT NONE
INTEGER    :: n, k, s
magische_Zahl: DO n = 1, 999
   SELECT CASE ( n )              ! Schrittweite s für die
     CASE ( 1:9 )                 ! Vergleichszahlen bestimmen
       s = 10
     CASE ( 10:99 )
       s = 100
     CASE DEFAULT
       s = 1000
   END SELECT
   Test: DO k = n, 1000000, s     ! Überprüfung mit entspre-
                                   ! chenden Vergleichszahlen
     IF ( MOD( k, n ) /= 0 ) CYCLE magische_Zahl
   END DO Test
   WRITE(*,900) n
END DO magische_Zahl
STOP
900 FORMAT(1X,I3,' ist eine magische Zahl.')
END PROGRAM magische_Zahlen
```

Über dieses Programm werden die folgenden 12 magischen Zahlen ermittelt:

```
    1 ist eine magische Zahl.
    2 ist eine magische Zahl.
    5 ist eine magische Zahl.
   10 ist eine magische Zahl.
   20 ist eine magische Zahl.
   25 ist eine magische Zahl.
   50 ist eine magische Zahl.
  100 ist eine magische Zahl.
  125 ist eine magische Zahl.
  200 ist eine magische Zahl.
  250 ist eine magische Zahl.
  500 ist eine magische Zahl.
```

Aufgabe 6.4

```
PROGRAM Liegestuetze                ! Dieses Programm stellt
                                    ! einen Liegestützeplan auf
IMPLICIT NONE
INTEGER   :: Tageszahl = 10 , Gesamtzahl = 0 , Tag = 0, j
Training: DO
  Tageszahl = Tageszahl + 1                  ! Stützen am Tag
  pro_Tag: DO j = 1, Tageszahl - 10
     Gesamtzahl = Gesamtzahl + Tageszahl    ! alle bisherigen
     Tag = Tag + 1
     IF ( Tageszahl >= 50 ) EXIT Training   ! 50 geschafft?
     IF ( MOD(Tag,7) == 0 ) THEN
        WRITE(*,900) Tag, Tageszahl          ! Wochen-
        WRITE(*,910) Gesamtzahl              ! ergebnisse
     END IF
  END DO pro_Tag
END DO Training
WRITE(*,920) Tag
WRITE(*,930) Gesamtzahl
STOP
900 Format(1X,'Am ',I3,'. Tag wurden ',I3,' Liegestütze ',  &
              'geschafft.')
910 FORMAT(1X,'Gesamtzahl der Liegestütze bisher: ',I5)
920 FORMAT(1X,'Die Traumgrenze von 50 Liegestütze wird am ',&
              I3,'. Tag erreicht!')
930 FORMAT(1X,'Gesamtzahl der geleisteten Liegestütze: ',I5)
END PROGRAM Liegestuetze
```

Dieses Programm erzeugt insgesamt 224 Ausgabezeilen.
Zur Kontrolle sind im folgenden nur die ersten fünf und die letzten drei
Zwischenergebnisse sowie das Endresultat angegeben:

```
Am   7. Tag wurden  14 Liegestütze geschafft.
```

```
Gesamtzahl der Liegestütze bisher:     88
Am  14. Tag wurden  15 Liegestütze geschafft.
Gesamtzahl der Liegestütze bisher:    190
Am  21. Tag wurden  16 Liegestütze geschafft.
Gesamtzahl der Liegestütze bisher:    301
Am  28. Tag wurden  17 Liegestütze geschafft.
Gesamtzahl der Liegestütze bisher:    420
Am  35. Tag wurden  18 Liegestütze geschafft.
Gesamtzahl der Liegestütze bisher:    546
.
.
.
Am 763. Tag wurden  49 Liegestütze geschafft.
Gesamtzahl der Liegestütze bisher: 27507
Am 770. Tag wurden  49 Liegestütze geschafft.
Gesamtzahl der Liegestütze bisher: 27850
Am 777. Tag wurden  49 Liegestütze geschafft.
Gesamtzahl der Liegestütze bisher: 28193
Die Traumgrenze von 50 Liegestütze wird am 781. Tag erreicht!
Gesamtzahl der geleisteten Liegestütze: 28390
```

Aufgabe 6.5

Ostersonntag fällt auf den ersten Sonntag nach dem Frühlingsvollmond und kann deshalb nur Ende März oder im April liegen. Andere Monate kommen für Karfreitag und Ostermontag auch nicht in Frage. Die Pfingstfeiertage können folglich nur im Mai oder im Juni auftreten. Wenn Sie den folgenden Programmausschnitt direkt vor die *STOP*-Anweisung in das Programm *Ostern* aus Kapitel 6.2 einfügen, so werden damit auch die geforderten weiteren Feiertage bestimmt:

```
SELECT CASE ( Tag )
  CASE ( :2 )
    WRITE(*,*) ' Karfreitag: ',Tag+29,'.',Monat-1,'.',Jahr
    WRITE(*,*) 'Ostermontag: ',Tag+1,'.',Monat,'.',Jahr
  CASE ( 31: )
    WRITE(*,*) ' Karfreitag: ',Tag-2,'.',Monat,'.',Jahr
    WRITE(*,*) 'Ostermontag: ',Tag-30,'.',Monat+1,'.',Jahr
  CASE DEFAULT
    WRITE(*,*) ' Karfreitag: ',Tag-2,'.',Monat,'.',Jahr
    WRITE(*,*) 'Ostermontag: ',Tag+1,'.',Monat,'.',Jahr
END SELECT
Tag = Tag + 49
DO WHILE ( Tag > 31 )
  SELECT CASE ( Monat )
    CASE ( 3, 5 )
      Tag = Tag - 31 ; Monat = Monat + 1
    CASE ( 4 )
      Tag = Tag - 30 ; Monat = Monat + 1
```

```
    END SELECT
  END DO
  WRITE(*,*) 'Pfingstsonntag: ',Tag,'.',Monat,'.',Jahr
  IF ( Tag < 31 ) THEN
     WRITE(*,*) ' Pfingstmontag: ',Tag+1,'.',Monat,'.',Jahr
  ELSE
     WRITE(*,*) ' Pfingstmontag: ',Tag-30,'.',Monat+1,'.',Jahr
  END IF
```

Aufgabe 6.6

a) Nein, es wird stets höchstens ein Anweisungsblock durchlaufen. (Nur wenn ein *ELSE*-Block angegeben ist, wird stets genau ein Block durchlaufen.)

b) Gibt es einen *CASE-DEFAULT*-Block, so wird immer genau ein Anweisungsblock durchlaufen. Gibt es keinen *CASE-DEFAULT*-Block, so wird kein oder ein Anweisungsblock durchlaufen.

c) Ja; beispielsweise wird eine Zählschleife mit
```
DO i = 1, n
```
für Werte n < 1 nicht durchlaufen.

d) Ja.

e) Ja, wobei die Laufvariable zuvor mit dem Anfangswert belegt sein muß und die Veränderung um die Schrittweite im Schleifenrumpf selbst durchzuführen ist. (Die Umkehrung gilt allerdings nicht!)

f) Ja. Die Umkehrung gilt wiederum nicht, da als Auswahlausdruck zum Beispiel keine *REAL*-Größen vorkommen dürfen.

g) Da innerhalb des Rechners *REAL*-Zahlen nur ungefähr wiedergegeben werden können (begrenzte Stellenzahl), ist es nicht sinnvoll, eine Prüfung auf exakt null durchzuführen. Besser ist es, mit Hilfe der Maschinengenauigkeit die Abfrage etwa wie folgt
```
IF (ABS(x) <= 4.0 * EPSILON(x)) ...
```
mit der zur Genauigkeitsvariante von x gehörenden Maschinengenauigkeit *EPSILON(x)* (vgl. Kapitel 3.8) zu gestalten.

▨ Kapitel 7
Aufgabe 7.1
```
PROGRAM Kaufhaus
IMPLICIT NONE
INTEGER :: Preis(1:230), Absatz(1:7, 1:230), Umsatz(1:7), &
           Gesamtumsatz,  j
!   .
!   .                     ! Eingabe der Werte für Preis und Absatz
!   .
```

```
Umsatz        = MATMUL(Absatz,Preis)
GesamtUmsatz = SUM(Umsatz)
!   .
!   .                              ! Ausgabe der Werte
!   .
STOP
END PROGRAM Kaufhaus
```

Aufgabe 7.2

```
PROGRAM Primzahlzwillinge        ! Dieses Programm bestimmt
                                 ! Primzahlzwillinge
IMPLICIT NONE
INTEGER, DIMENSION( : ), ALLOCATABLE  :: prim
INTEGER                               :: i, n
WRITE(*,900,ADVANCE = 'NO') ; READ(*,*) n
                                          ! passenden Spei-
ALLOCATE( prim(1:n) )                     ! cherplatz reser-
                                          ! vieren und
prim = (/ (i, i = 1, n) /)                ! vorbesetzen
DO i = 2, INT(SQRT(REAL(n)))
   IF ( prim(i) /= 0 ) prim(2*i:n:i) = 0  ! Primzahlen
END DO                                    ! bestimmen
WRITE(*,*) 'Primzahlzwillinge bis zur Zahl',n,':'
DO i = 2, n-2
   IF ( prim(i) /= 0 ) THEN
       IF ( prim(i+2) /= 0 ) WRITE(*,*) prim(i), prim(i+2)
   END IF
END DO
                                          ! reservierten
DEALLOCATE ( prim )                       ! Speicherplatz
                                          ! wieder freigeben
STOP
900 FORMAT(1X,'Obere Schranke für die Primzahlzwillinge: ')
END PROGRAM Primzahlzwillinge
```

Wird 100 als obere Grenze eingegeben, so ermittelt das Programm die folgenden Primzahlzwillinge:

```
Primzahlzwillinge bis zur Zahl 100 :
 3  5
 5  7
11 13
17 19
29 31
41 43
59 61
71 73
```

Aufgabe 7.3

```
PROGRAM Pascalsches_Dreieck     ! Dieses Programm stellt das
                                ! Pascalsche Dreieck in ver-
                                ! schobener Form auf
IMPLICIT NONE
INTEGER, DIMENSION( : , : ), ALLOCATABLE :: Pascal
INTEGER                                  :: n = -1, i, k
DO WHILE ( n < 0 )
   WRITE(*,*) 'Geben Sie einen Wert für n ein:'
   READ(*,*) n
   IF ( n < 0 ) WRITE(*,*) 'n muß >= 0 sein!'
END DO
                                ! passenden Speicher-
ALLOCATE( Pascal(1:n+1,1:n+1) )  ! platz reservieren

Pascal = 0 ; Pascal(1:n+1,1) = 1  ! Pascalsches Dreieck
DO i = 2, n+1                     ! berechnen
   DO k = 2, i
      Pascal(i,k) = Pascal(i-1,k-1) + Pascal(i-1,k)
   END DO
END DO
DO i = 1, n+1                    ! Ausgabe in ver-
   DO k = 1, i                   ! schobener Form
      WRITE(*,900,ADVANCE = 'NO') Pascal(i,k)
   END DO
   WRITE(*,*)
END DO
DEALLOCATE ( Pascal )           ! Speicher freigeben
STOP
900 FORMAT(1X,I5)
END PROGRAM Pascalsches_Dreieck
```

Mit *n* = 8 gibt das Programm aus:

```
    1
    1    1
    1    2    1
    1    3    3    1
    1    4    6    4    1
    1    5   10   10    5    1
    1    6   15   20   15    6    1
    1    7   21   35   35   21    7    1
    1    8   28   56   70   56   28    8    1
```

Aufgabe 7.4

```
PROGRAM quadratische_Form      ! Dieses Programm berechnet
                               ! eine spezielle quadr. Form
```

```
IMPLICIT NONE
REAL      :: a(1:10,1:10) , x(1:10), q, pi
INTEGER   :: i, k

pi = 4.0 * ATAN( 1.0 )                          ! Pi ermitteln
x  = (/ ( COS(REAL(i*i)), i = 1, 10 ) /)        ! x vorbesetzen
DO i = 1, 10                                     ! a vorbesetzen
  a(i, : ) = (/ ( SIN(REAL(i)*pi/REAL(k+i)), k = 1, 10 ) /)
END DO

                                                ! quadratische
q = DOT_PRODUCT( x, MATMUL( a, x) )             ! Form
                                                ! berechnen
WRITE(*,*) 'Matrix A:'
DO i = 1, 10
   WRITE(*,900) a(i, : )
END DO
WRITE(*,*)
WRITE(*,*) 'Vektor x:' ; WRITE(*,900) x
WRITE(*,*)
WRITE(*,*) 'Quadratische Form: ',q
STOP
900 FORMAT(10(1X,F6.4))
END PROGRAM quadratische_Form
```

Zugehörige Ausgabe:

```
Matrix A:
1.0000 0.8660 0.7071 0.5878 0.5000 0.4339 0.3827 0.3420 0.3090 0.2817
0.8660 1.0000 0.9511 0.8660 0.7818 0.7071 0.6428 0.5878 0.5406 0.5000
0.7071 0.9511 1.0000 0.9749 0.9239 0.8660 0.8090 0.7557 0.7071 0.6631
0.5878 0.8660 0.9749 1.0000 0.9848 0.9511 0.9096 0.8660 0.8230 0.7818
0.5000 0.7818 0.9239 0.9848 1.0000 0.9898 0.9659 0.9350 0.9010 0.8660
0.4339 0.7071 0.8660 0.9511 0.9898 1.0000 0.9927 0.9749 0.9511 0.9239
0.3827 0.6428 0.8090 0.9096 0.9659 0.9927 1.0000 0.9945 0.9808 0.9618
0.3420 0.5878 0.7557 0.8660 0.9350 0.9749 0.9945 1.0000 0.9957 0.9848
0.3090 0.5406 0.7071 0.8230 0.9010 0.9511 0.9808 0.9957 1.0000 0.9966
0.2817 0.5000 0.6631 0.7818 0.8660 0.9239 0.9618 0.9848 0.9966 1.0000

Vektor x:
0.5403 -.6536 -.9111 -.9577 0.9912 -.1280 0.3006 0.3919 0.7767 0.8623

Quadratische Form:    3.0944400
```

Aufgabe 7.5

Durch eine geschickte Vorüberlegung erübrigt sich die Sonderbehandlung der Felder am Spielbrettrand: Das Spielbrett wird intern nach allen Seiten um eine Reihe erweitert, und diese zusätzlichen Felder wer-

den im Sinne der Aufgabe als besetzt angesehen. So lassen sich für alle
originären Spielbrettfelder die Nachbarpositionen (oben, unten, links
und rechts) überprüfen.

```
PROGRAM Spielbrett                ! Dieses Programm ermittelt die
                                  ! Anzahl freier Felder, deren
                                  ! Nachbarfelder besetzt sind
IMPLICIT NONE
LOGICAL, DIMENSION(0:21,0:21) :: brett
INTEGER                       :: i, k, anzahl = 0
                                              ! Spielbrett
brett = .TRUE. ; brett(1:20,1:20) = .FALSE.   ! zunächst
                                              ! unbelegt
DO
  WRITE(*,900,ADVANCE = 'NO')                 ! Spielbrett
  READ(*,*,END=10) i, k                       ! belegen
  IF ( i > 0 .AND. i < 21 .AND. k > 0 .AND. k < 21 )       &
    brett(i,k) = .TRUE.
END DO
10 CONTINUE                                   ! Eingabe beendet
DO i = 1, 20
  DO k = 1, 20
    IF ( .NOT. brett(i,k) ) THEN              ! Feld ist leer
      IF ( brett(i-1,k) .AND. brett(i+1,k)                 &
          .AND. brett(i,k-1) .AND. brett(i,k+1) )          &
          anzahl = anzahl + 1                 ! Nachbarfelder
    END IF                                    ! sind besetzt
  END DO
END DO
WRITE(*,*) 'Anzahl leerer Felder mit besetzten ',         &
           'Nachbarfeldern: ',anzahl
STOP
900 FORMAT(1X,'Mit Spielstein belegte Spielbrettposition: ')
END PROGRAM Spielbrett
```

Aufgabe 7.6

```
PROGRAM Matrix                    ! Dieses Programm belegt eine
                                  ! Matrix mit Zahlen in einer
                                  ! vorgegebenen Reihenfolge
IMPLICIT NONE
INTEGER, DIMENSION( : , : ), ALLOCATABLE  :: ma
INTEGER                                   :: n, i, k
INTEGER                                   :: error, wert
WRITE(*,900,ADVANCE = 'NO') ; READ(*,*) n
                                              ! passenden
ALLOCATE( ma(1:n,1:n), STAT=error )           ! Speicherplatz
                                              ! reservieren
IF ( error /= 0 ) THEN
```

```
   WRITE(*,*) 'Fehler',error,'bei der Speicherreservierung'
   STOP 'Fehler aufgetreten'
END IF
wert = 1
DO i = n, 1, -1
   DO k = 1, i                              ! Matrix winkel-
      ma(i,k) = wert ; wert = wert + 1      ! förmig durch-
   END DO                                   ! laufen und mit
   DO k = i-1, 1, -1                        ! wachsenden na-
      ma(k,i) = wert ; wert = wert + 1      ! türlichen Zah-
   END DO                                   ! len belegen
END DO
DO i = 1, n                                 ! Matrix
   WRITE(*,'(15(2X,I3))') ma(i, : )         ! zeilenweise
END DO                                      ! ausgeben
STOP 'alles o.k.'
900 FORMAT(1X,'Matrixgröße n: ')
END PROGRAM Matrix
```

Die beiden inneren Schleifen lassen sich unter Einbeziehung feldbezo-
gener Sprachelemente auch anders formulieren. Folgender Programmausschnitt belegt die Matrix in gleicher Weise:

```
wert = 1
DO i = n, 1, -1
   ma(i,1:i) = (/ ( k, k = wert, wert + i ) /)
   wert = wert + i
   ma(i-1:1:-1,i) = (/ ( k, k = wert, wert + i -1 ) /)
   wert = wert + i - 1
END DO
```

Aufgabe 7.7

```
A(1,:)            =   2 3 4
A(2,:)            =   5 6 7
SUM(A)            =   27
PRODUCT(A)        =   5040
TRANSPOSE(A) * B  =   4 -9 16 0 -6 -14
MATMUL(A, B)      =   11 20 -11 -20
```

Aufgabe 7.8

```
WHERE (MOD(A, 2.0) == 0) C = 0
```
Diese *WHERE*-Anweisung ist erlaubt, da *A* und *C* konforme Felder sind.

```
WHERE (-5 < n .AND. n < 5) C = 10.0
```

Diese Anweisung ist nicht erlaubt, da der Maskenausdruck (ein Skalar) und der Feldausdruck (ein Feld der Gestalt [5]) nicht konform sind.

```
WHERE (B * A >= 20.0)
   C = B * A
   D = 1.2
ELSEWHERE
   C = 1
   D = -1.2
ENDWHERE
```

Die *WHERE*-Struktur ist unzulässig: Die Feldzuweisungen mit dem Feld *D* sind nicht erlaubt, da *D* ein nicht konformes Feld zu *B * A* ist.

```
WHERE (D /= A) A = 0.0
```

Da die Felder *D* und *A* nicht konform sind, ist die *WHERE*-Anweisung nicht zulässig.

Aufgabe 7.9
a) Richtig.
b) Falsch: Es kann entweder auf ein einzelnes Feldelement, auf ein Teilfeld oder das ganze Feld zugegriffen werden.
c) Richtig: Die Matrix wird in gewöhnlicher Form in 7 Zeilen ausgegeben. Da in dem Ausgabeformat zuwenig Formatangaben für alle Elemente von *matrix* stehen, wird das Format wiederholt. Jede Formatwiederholung erzeugt eine neue Zeile.
d) Richtig.
e) Falsch: Der Ausdruck *FELDNAME(:2)* ist ein Teilfeldausdruck, der alle Feldelemente vom ersten Element bis zum Feldelement mit dem Index *2* enthält.
f) Richtig.

■ Kapitel 8
Aufgabe 8.1
```
REAL(KIND(0D0)) FUNCTION f(x)
!*************************************************************
!** Funktion zur Berechnung der Reihe f(x) doppelt genau **
!*************************************************************
IMPLICIT NONE
REAL(KIND(0D0))  :: x, lj = 1D0, j = 1D0
f = SIN(x)
DO WHILE ( ABS(lj) > 1D-10 )
   lj = (lj + 1D0) / (j*j) ; j = j + 1D0
   f  = f + lj * SIN(lj * x)
END DO
```

```
RETURN
END FUNCTION f

PROGRAM f_Tabelle
IMPLICIT NONE
REAL(KIND(0D0))  :: x, f
INTEGER          :: i
DO i = 0, 10
   x = REAL(i,KIND(0D0)) * 1D-1
   WRITE(*,900) x, f(x)
END DO
STOP
900 Format(1X,'x = ',F5.2,3x,'f(x) = ',F12.8)
END PROGRAM f_Tabelle
```

Damit erhält man die folgende Funktionstabelle:

```
x =   0.00    f(x) =    0.00000000
x =   0.10    f(x) =    0.09983342
x =   0.20    f(x) =    0.19866933
x =   0.30    f(x) =    0.29552021
x =   0.40    f(x) =    0.38941834
x =   0.50    f(x) =    0.47942554
x =   0.60    f(x) =    0.56464247
x =   0.70    f(x) =    0.64421769
x =   0.80    f(x) =    0.71735609
x =   0.90    f(x) =    0.78332691
x =   1.00    f(x) =    0.84147098
```

(Zur Berechnung eines Funktionswertes werden übrigens aufgrund des vorgegebenen Abbruchkriteriums etwa 100 000 Summanden der Reihe zu f(x) benötigt!)

Aufgabe 8.2

```
INCLUDE 'gauss.f90'        ! SUBROUTINE gauss einbinden

SUBROUTINE ausgleich (k, n, x, y, ak, fehler)
!
!****************************************************************
!                                                              *
!  Dieses Unterprogramm bestimmt die Koeffizienten des die     *
!  über ( x(i), y(i) ) gegebenen Wertepaare ausgleichenden     *
!  Polynoms nach der Gaußschen Fehlerquadratmethode.           *
!                                                              *
!  Eingabeparameter:                                           *
!  k       : Grad des Ausgleichspolynoms (Normalyp INTEGER)    *
```

```
!  n      : Anzahl der Wertepaare Normaltyp INTEGER)      *
!           Es muß n > k >= 0 sein !                      *
!  x      : Feld der Gestalt [n] vom Normaltyp REAL       *
!           x enthält die Abszissenwerte der Wertepaare   *
!  y      : Feld der Gestalt [n] vom Normaltyp REAL       *
!           y enthält die Ordinatenwerte der Wertepaare   *
!                                                         *
!  Ausgabeparameter:                                      *
!  ak     : Feld der Gestalt [k+1] vom Normaltyp REAL     *
!           ak enthält die gesuchten Polynomkoeffizienten *
!           nach aufsteigenden x-Potenzen geordnet        *
!  fehler : Fehlerparameter (Normaltyp INTEGER)           *
!           = 0 : alles o. k.                             *
!           = 1 : falsche Eingabewerte für n oder k       *
!                                                         *
!  Benötigtes Unterprogramm: SUBROUTINE gauss             *
!                                                         *
!*************************************************************
!
IMPLICIT NONE
INTEGER, INTENT(IN)                  :: k, n
REAL, DIMENSION(1:n), INTENT(IN)     :: x, y
REAL, DIMENSION(0:k), INTENT(OUT)    :: ak
INTEGER, INTENT(OUT)                 :: fehler
INTEGER               :: i
REAL                  :: a(0:k,1:n), b(0:k), Mat(0:k,0:k)
IF ( n > k .AND. k >= 0 ) THEN
   fehler = 0                        ! Eingabedaten
ELSE                                 ! plausibel?
   fehler = 1 ; RETURN
END IF
a(0, : ) = 1.0                       !
DO i = 1, k                          ! Matrix a vorbesetzen
   a(i, : ) = x ** i                 !
END DO
Mat = MATMUL( a, TRANSPOSE( a ) )    ! lineares Gleichungs-
 b  = MATMUL( a, y )                 ! system aufbauen;
                                     ! gesuchte Koeffizienten
CALL gauss (Mat, k+1, b, ak)         ! sind Lösung des line-
                                     ! aren Gleichungssystems
RETURN
END SUBROUTINE Ausgleich


PROGRAM test
IMPLICIT NONE
INTEGER :: i, fehl
REAL    :: xa(1:7), ya(1:7), xb(1:5), yb(1:5), poly(0:4)
xa = (/ ( REAL(i), i = 0, 6 ) /)          ! Testdaten zu a)
```

```
ya = 1.0
xb = (/ ( REAL(i),    i = -2, 2 ) /)    ! Testdaten zu b)
yb = (/ ( REAL(i**4), i = -2, 2 ) /)
CALL ausgleich (2, 7, xa, ya, poly, fehl)
IF ( fehl == 0 ) THEN
  WRITE(*,900) 2
  WRITE(*,920) poly(0:2)
END IF
CALL ausgleich (4, 7, xa, ya, poly, fehl)
IF ( fehl == 0 ) THEN
  WRITE(*,900) 4
  WRITE(*,920) poly(0:4)
END IF
CALL ausgleich (2, 5, xb, yb, poly, fehl)
IF ( fehl == 0 ) THEN
  WRITE(*,910) 2
  WRITE(*,920) poly(0:2)
END IF
CALL ausgleich (4, 5, xb, yb, poly, fehl)
IF ( fehl == 0 ) THEN
  WRITE(*,910) 4
  WRITE(*,920) poly(0:4)
END IF
STOP
900 FORMAT(1X,'Beispiel a), Polynomgrad ',I1,              &
              ', Koeffizienten:')
910 FORMAT(1X,'Beispiel b), Polynomgrad ',I1,              &
              ', Koeffizienten:')
920 FORMAT(5(2X,F9.6))
END PROGRAM test
```

Das Testprogramm mit den Beispieldaten aus a) und b) führt zu:

```
  Beispiel a), Polynomgrad 2, Koeffizienten:
    1.000000    0.000000    0.000000
  Beispiel a), Polynomgrad 4, Koeffizienten:
    1.000001   -0.000004    0.000003   -0.000001    0.000000
  Beispiel b), Polynomgrad 2, Koeffizienten:
   -2.057143    0.000000    4.428571
  Beispiel b), Polynomgrad 4, Koeffizienten:
    0.000000    0.000000    0.000000    0.000000    1.000000
```

Dies ist plausibel, denn die Testdaten aus a) gehören zum Polynom $p(x)$ = 1 und die aus b) zu $p(x) = x^4$. Für Beispiel a) wird das vorgegebene Polynom korrekt reproduziert, und für Beispiel b) ist das beim Polynomgrad 4 auch der Fall.

(Eine Rechnung in einer höheren Genauigkeitsvariante von *REAL* würde die kleinen Ungenauigkeiten unterdrücken; dazu muß allerdings in allen Programmeinheiten der Vereinbarungsteil entsprechend angepaßt werden!)

Aufgabe 8.3

```
SUBROUTINE Tabelle (a, b, n, f, fehler)
!
!*************************************************************
!                                                           *
!  Dieses Unterprogramm erstellt eine Tabelle der Funktion  *
!  f(x) im Intervall [a,b] in n Teilschritten.              *
!                                                           *
!  Eingabeparameter:                                        *
!  a, b  : Intervallgrenzen (Normaltyp REAL)                *
!          Es muß b > a sein!                               *
!  n     : Anzahl der Teilschritte für die Tabellierung     *
!          (Normaltyp INTEGER); es muß n > 0 sein!          *
!  f     : zu tabellierende Funktion der Form f(x) (mit     *
!          f, x vom Normaltyp REAL); f muß in der rufen-    *
!          den Programmeinheit in einer EXTERNAL- oder      *
!          INTRINSIC-Anweisung aufgeführt sein!             *
!                                                           *
!  Ausgabeparameter:                                        *
!  fehler : Fehlerparameter                                 *
!           = 0 : alles o. k.                               *
!           = 1 : Intervallgrenzen nicht korrekt            *
!           = 2 : n nicht korrekt                           *
!                                                           *
!*************************************************************
!
IMPLICIT NONE
REAL, INTENT(IN)    :: a, b
REAL                :: f
INTEGER, INTENT(IN) :: n
INTEGER, INTENT(OUT) :: fehler
REAL                :: h, x
INTEGER             :: i
fehler = 0
IF ( b <= a ) THEN                       ! Über-
   fehler = 1                            ! gabe-
ELSE IF ( n <= 0 ) THEN                  ! daten
   fehler = 2                            ! korrekt?
END IF
IF ( fehler /= 0 ) RETURN                ! sonst zurück
h = (b - a) / REAL(n)                    ! Schrittweite h
```

```fortran
WRITE(*,900) ; WRITE(*,910)                    ! Tabellenkopf
DO i = 0, n
   x = a + REAL(i) * h                         ! x- und f(x)-Werte
   WRITE(*,920) x, f(x)                        ! ausgeben
END DO
RETURN
900 FORMAT(7X,'x',7X,'I',6X,'f(x)')
910 FORMAT(1X,14('='),'I',14('='))
920 FORMAT(1X,ES12.5,2X,'I',2X,ES12.5)
END SUBROUTINE Tabelle


REAL FUNCTION f(x)
IMPLICIT NONE
REAL, INTENT(IN) :: x
REAL            :: eps, nenn1, nenn2, wurz
eps = 4.0*EPSILON(x)                           ! Maschinengenauigkeit
                                               ! für Abfragen auf null
wurz  = 2.5*SIN(x) + 2.3
IF ( ABS(x) < eps ) THEN
   nenn1 = 0.0
ELSE
   nenn1 = 0.75*LOG(ABS(x)) - 1.5
END IF
nenn2 = 0.2*x*(ABS(2.0*COS(0.25*x))+3.2*SIN(0.5*x*x))
IF ( wurz < 0.0 .OR. ABS(nenn1) < eps                    &
               .OR. ABS(nenn2) < eps ) THEN
  f = 1E30
ELSE
  f = (SQRT(wurz)+(2.0/3.0*EXP(x/3.0)+x*x)/nenn1)*3.14/nenn2
END IF
RETURN
END FUNCTION f


PROGRAM test
IMPLICIT NONE
REAL            :: pi
REAL, EXTERNAL  :: f
INTEGER         :: fehl
pi = 4.0*ATAN(1.0)

CALL Tabelle (-pi, pi, 20, f, fehl)

IF ( fehl /= 0 ) WRITE(*,*) 'Fehler ',fehl
STOP
END PROGRAM test
```

Damit wird folgende Tabelle erstellt:

```
      x          I        f(x)
==============I================
-3.14159E+00   I   -4.16742E+01
-2.82743E+00   I   -6.34059E+01
-2.51327E+00   I    2.89652E+01
-2.19911E+00   I    9.60805E+00
-1.88496E+00   I    1.00000E+30
-1.57080E+00   I    1.00000E+30
-1.25664E+00   I    1.00000E+30
-9.42478E-01   I    1.82495E+00
-6.28319E-01   I   -3.89048E+00
-3.14159E-01   I   -2.18493E+01
 0.00000E+00   I    1.00000E+30
 3.14159E-01   I    3.24844E+01
 6.28319E-01   I    1.23190E+01
 9.42478E-01   I    4.58116E+00
 1.25664E+00   I    6.32966E-01
 1.57080E+00   I   -1.85384E+00
 1.88496E+00   I   -4.27889E+00
 2.19911E+00   I   -8.90207E+00
 2.51327E+00   I   -3.10341E+01
 2.82743E+00   I    7.26938E+01
 3.14159E+00   I    4.92773E+01
```

Das Ergebnis ist plausibel: Die ersten drei Funktionswerte mit 10^{30} sind in dem nicht auswertbaren Wurzelausdruck für die entsprechenden x-Werte begründet, und für $x = 0$ ist der Logarithmusausdruck nicht definiert.

Aufgabe 8.4

```
SUBROUTINE anzahl_tage (tag, monat, jahr, differenz)
!
!**************************************************************
!                                                             *
!    Dieses Unterprogramm bestimmt die Anzahl der Tage        *
!    zwischen dem übergebenen Datum  "tag.monat.jahr"  und    *
!    dem  1.1.1900 , wobei das übergebene Datum zwischen      *
!    dem  1.1.1900  und dem  31.12.2099  liegen und korrekt   *
!    sein muß.                                                *
!                                                             *
!    Eingabeparameter:                                        *
!    tag        : Tag des Datums   (Normaltyp INTEGER)        *
!    monat      : Monat des Datums (Normaltyp INTEGER)        *
!    jahr       : Jahr des Datums  (Normaltyp INTEGER)        *
!                                                             *
```

```
!   Ausgabeparameter:                                            *
!   differenz : Differenztage des Datums zum 1.1.1900            *
!               (Normaltyp INTEGER)                              *
!                                                                *
!****************************************************************
!
IMPLICIT NONE
INTEGER, INTENT(IN)              ::   tag, monat, jahr
INTEGER, INTENT(OUT)             ::   differenz
INTEGER, DIMENSION(1:12)         ::   alle_tage

alle_tage = (/ 0,31,59,90,120,151,    & ! Tage zwischen 1.1.
           181,212,243,273,304,334 /) ! und 1. eines Monats

differenz = (jahr-1900)*365+INT((jahr-1901)/4) ! Jahrestage
differenz = differenz + alle_tage(monat)       ! + vergangene
                                               ! Monatstage
IF( jahr > 1900 .AND. MOD(jahr,4) == 0 .AND. & ! evtl. Kor-
   monat > 2 ) differenz = differenz + 1       ! rektur im
                                               ! Schaltjahr
differenz = differenz + tag                    ! + aktuelle
                                               ! Monatstage
RETURN
END SUBROUTINE anzahl_tage


LOGICAL FUNCTION korrekt (tag, monat, jahr)
!
!****************************************************************
!                                                                *
!   Dieses Unterprogramm überprüft, ob das übergebene            *
!   Datum "tag.monat.jahr"  ein korrektes Datum zwischen         *
!   dem  1.1.1900  und dem  31.12.2099  ist.                     *
!                                                                *
!   Eingabeparameter:                                            *
!   tag      : Tag des Datums    (Normaltyp INTEGER)             *
!   monat    : Monat des Datums (Normaltyp INTEGER)              *
!   jahr     : Jahr des Datums   (Normaltyp INTEGER)             *
!                                                                *
!   Ausgabeparameter:                                            *
!   korrekt  : Wahrheitswert der Korrektheit des Datums          *
!              (Normaltyp LOGICAL)                               *
!                                                                *
!****************************************************************
!
IMPLICIT NONE
INTEGER, INTENT(IN)              ::   tag, monat, jahr
INTEGER, DIMENSION(1:12)         ::   tage
LOGICAL                          ::   ok_tag, ok_monat, ok_jahr
```

```fortran
tage = (/ 31, 28, 31, 30, 31, 30, 31, 31, 30, 31, 30, 31 /)
!
!*** Datumsüberprüfung (Schaltjahr besonders beachten!) ***
!
ok_jahr  = jahr >= 1900  .AND.  jahr <= 2099
ok_monat =  monat >= 1   .AND.   monat <= 12
IF (ok_monat) THEN
  ok_tag =   tag >= 1   .AND.  tag <= tage(monat)
ELSE
  ok_tag = .FALSE.
ENDIF
IF(jahr > 1900 .AND. MOD(jahr,4) == 0 .AND. monat == 2      &
               .AND. tag == 29)  ok_tag = .TRUE.

korrekt = ok_jahr .AND. ok_monat .AND. ok_tag

RETURN
END FUNCTION korrekt


PROGRAM kalender
!
!   Dieses Programm ermittelt zu zwei eingegebenen Daten,
!   die zwischen dem 1.1.1900 und dem 31.12.2099 liegen
!   und auf Korrektheit geprüft werden, die jeweiligen Wo-
!   chentage und die Anzahl der Tage zwischen diesen Daten.
!   Benötigte Unterprogramme:  LOGICAL FUNCTION korrekt
!                              SUBROUTINE anzahl_tage
!
IMPLICIT NONE
INTEGER, DIMENSION(1:2)     :: tag, monat, jahr, diff
INTEGER                     :: diff1_2, i
LOGICAL                     :: korrekt
DO i = 1, 2
  eingabe: DO                              ! Eingabe der
    WRITE(*,900,ADVANCE='NO') i            ! Daten mit
    READ(*,*) tag(i), monat(i), jahr(i)    ! Überprüfung
    IF( korrekt(tag(i), monat(i), jahr(i)) ) THEN
      EXIT eingabe
    ELSE
      WRITE(*,*) 'Falsches Datum eingegeben; Neuversuch:'
    ENDIF
  ENDDO eingabe
ENDDO

CALL anzahl_tage (tag(1), monat(1), jahr(1), diff(1))
CALL anzahl_tage (tag(2), monat(2), jahr(2), diff(2))
                                           ! Tage zwischen
diff1_2 = ABS(diff(1) - diff(2))           ! den Daten
DO i = 1, 2
```

```
  WRITE(*,910,ADVANCE = 'NO') tag(i), monat(i), jahr(i)
  SELECT CASE ( MOD(diff(i)-1,7) )              ! Wochentag
    CASE( 0 ) ; WRITE(*,*) 'Montag'
    CASE( 1 ) ; WRITE(*,*) 'Dienstag'
    CASE( 2 ) ; WRITE(*,*) 'Mittwoch'
    CASE( 3 ) ; WRITE(*,*) 'Donnerstag'
    CASE( 4 ) ; WRITE(*,*) 'Freitag'
    CASE( 5 ) ; WRITE(*,*) 'Samstag'
    CASE( 6 ) ; WRITE(*,*) 'Sonntag'
  END SELECT
END DO
WRITE(*,920) diff1_2
STOP
900 FORMAT(1X,I1,'-tes Datum eingeben (TAG  MONAT  JAHR): ')
910 FORMAT(1X,'Wochentag des ',I2,'.',I2,'.',I4,' : ')
920 FORMAT(1X,'Zwischen diesen Daten liegen ',I5,' Tage.')
END PROGRAM kalender
```

Dieses Programm kann mit vielen plausiblen Daten getestet werden.
Ein Durchlauf sieht dabei so aus:

```
Wochentag des 24.12.1996 :  Dienstag
Wochentag des  1. 1.2000 :  Samstag
Zwischen diesen Daten liegen  1103 Tage.
```

Aufgabe 8.5

```
SUBROUTINE vhorn (n, x, ak, pn)
!
!***************************************************************
!                                                             *
!  Dieses Unterprogramm bestimmt den Funktionswert und        *
!  sämtliche Ableitungswerte eines Polynoms n-ten Grades      *
!  an der Stelle x mit Hilfe des vollständigen Horner-        *
!  schemas.                                                   *
!                                                             *
!  Eingabeparameter:                                          *
!  n      : Grad des Polynoms (Normaltyp INTEGER)             *
!  x      : auszuwertende Stelle (Normaltyp REAL)             *
!  ak     : Feld der Gestalt [n+1] vom Normaltyp REAL,        *
!           das die Koeffizienten des Polynoms enthält        *
!                                                             *
!  Ausgabeparameter:                                          *
!  pn     : Feld der Gestalt [n+1] vom Normaltyp REAL,        *
!           das die gesuchten Werte enthält: Es ist           *
!           pn(i) = Wert der i-ten Ableitung an der           *
!           Stelle x (i = 0,...,n)                            *
```

```
!                                                              *
!**************************************************************
!
IMPLICIT NONE
INTEGER, INTENT(IN)    :: n
REAL, INTENT(IN)       :: x, ak(0:n)
REAL, INTENT(OUT)      :: pn(0:n)
INTEGER                :: j, k
pn = ak
DO j = 0, n-1
   DO k = n-1, j, -1                   ! vollständiges
      pn(k) = pn(k+1) * x + pn(k)      ! Hornerschema
   END DO
END DO
j = 1
DO k = 2, n
   j = j*k                             ! Fakultät
   pn(k) = pn(k)*REAL(j)               ! berücksichtigen
END DO
RETURN
END SUBROUTINE vhorn
```

Das Testprogramm

```
PROGRAM test
IMPLICIT NONE
REAL    :: koeff(0:4), p_n(0:4), x
INTEGER :: i
koeff = (/ 10.0, -2.0, 0.0, -3.5, 4.0 /)
WRITE(*,900) ; WRITE(*,*)
DO i = -10, 10
   x = 0.1*REAL(i)
   CALL vhorn(4, x, koeff, p_n)
   WRITE(*,910) x, p_n
END DO
STOP
900 FORMAT(3X,"x",6X,"p(x)",6X,"p'(x)",6X,"p''(x)",        &
           4X,"p'''(x)",4X,"p''''(x)")
910 FORMAT(1X,F4.1,5(2X,F9.4))
END PROGRAM test
```

führt zur folgenden (korrekten) Ausgabe:

x	p(x)	p'(x)	p''(x)	p'''(x)	p''''(x)
-1.0	19.5000	-28.5000	69.0000	-117.0000	96.0000
-0.9	16.9759	-22.1690	57.7800	-107.4000	96.0000
-0.8	15.0304	-16.9120	47.5200	-97.8000	96.0000

-0.7	13.5609	-12.6330	38.2200	-88.2000	96.0000
-0.6	12.4744	-9.2360	29.8800	-78.6000	96.0000
-0.5	11.6875	-6.6250	22.5000	-69.0000	96.0000
-0.4	11.1264	-4.7040	16.0800	-59.4000	96.0000
-0.3	10.7269	-3.3770	10.6200	-49.8000	96.0000
-0.2	10.4344	-2.5480	6.1200	-40.2000	96.0000
-0.1	10.2039	-2.1210	2.5800	-30.6000	96.0000
0.0	10.0000	-2.0000	0.0000	-21.0000	96.0000
0.1	9.7969	-2.0890	-1.6200	-11.4000	96.0000
0.2	9.5784	-2.2920	-2.2800	-1.8000	96.0000
0.3	9.3379	-2.5130	-1.9800	7.8000	96.0000
0.4	9.0784	-2.6560	-0.7200	17.4000	96.0000
0.5	8.8125	-2.6250	1.5000	27.0000	96.0000
0.6	8.5624	-2.3240	4.6800	36.6000	96.0000
0.7	8.3599	-1.6570	8.8200	46.2000	96.0000
0.8	8.2464	-0.5280	13.9200	55.8000	96.0000
0.9	8.2729	1.1590	19.9800	65.4000	96.0000
1.0	8.5000	3.5000	27.0000	75.0000	96.0000

Aufgabe 8.6

a) Falsch: Formalparameternamen dürfen in anderen Programmeinheiten in ganz anderen Zusammenhängen benutzt werden.

b) Der Aufruf von *GAUSS* ist korrekt. Werden die Schlüsselwortparameter angegeben, so ist die Reihenfolge der Parameter beliebig.

c) Richtig: Ein *FUNCTION*-Unterprogramm sollte nur dann eingesetzt werden, wenn nicht mehr als ein Wert als Ergebnis erwartet wird. *SUBROUTINE*-Unterprogramme können hingegen immer verwendet werden.

d) Richtig.

e) Falsch: Die Variable *wert* wird nur beim ersten Aufruf des Unterprogramms mit dem Wert 10 vorbesetzt.

f) Falsch: Eine *EXTERNAL*- oder *INTRINSIC*-Anweisung muß nur in der Programmeinheit stehen, die den Namen eines Unterprogramms als Aktualparameter an ein anderes übergibt.

Kapitel 9

Aufgabe 9.1

```
PROGRAM Quersumme              ! Dieses Programm ermittelt die
                               ! Quersumme einer natürlichen
                               ! Zahl über eine interne Datei

IMPLICIT NONE
INTEGER            :: n, i, k, quer = 0
CHARACTER(LEN=12)  :: char
```

```
WRITE(*,*) 'Geben Sie eine natürliche Zahl ein:'
READ(*,*) n
IF ( n <= 0 ) STOP 'falsche Eingabe!'
WRITE(char,*) n                ! n als Zeichenkette hinterlegen
DO i = 1, 12
   READ(char(i:i),'(I1)') k   ! Stelle für Stelle entnehmen
   quer = quer + k            ! und aufaddieren
END DO
WRITE(*,*) 'Quersumme von ',n,' : ',quer
STOP 'alles o. k.'
END PROGRAM Quersumme
```

Aufgabe 9.2
Alle Anweisungen sind korrekt. Wird das Programm übersetzt und gestartet, so werden folgende Zeilen ausgegeben:

```
Ob das wohl richtig fortgesetzt wird ?
Jetzt geht'slos
Mal sehen, was                          nun passiert ist...
```

Aufgabe 9.3
```
SUBROUTINE Zeichen_nach_Zahl (c_Zahl, r_Zahl, fehler)
!
!*************************************************************
!                                                           *
! Dieses Unterprogramm wandelt eine Zeichenkette der Län-   *
! ge 12 in eine reelle Zahl um, wenn sie zusammenhängend    *
! mit maximal 7 Vor- und 3 Nachkommastellen, einem mög-     *
! lichen Vorzeichen sowie einem explizit angegebenen Kom-   *
! ma zur Trennung der Vor- und Nachkommastellen in der      *
! Zeichenkette hinterlegt ist.                              *
!                                                           *
! Eingabeparameter:                                         *
! c_Zahl : Zeichenkette der Länge 12, die die umzuwan-      *
!          delnde Zahl enthält                              *
!                                                           *
! Ausgabeparameter:                                         *
! r_Zahl : entsprechender numerischer Wert (Normaltyp       *
!          REAL), falls Hinterlegung korrekt                *
! fehler : Fehlerparameter (Normaltyp INTEGER)              *
!          = 0 : alles o. k.                                *
!          = 1 : reelle Zahl ist als Zeichenkette nicht     *
!                korrekt dargestellt (mit unzulässigen      *
!                Zeichen, zuviel Vor-/Nachkommastellen)     *
!                                                           *
!*************************************************************
```

```
!
IMPLICIT NONE
CHARACTER(LEN=12)    :: c_Zahl, hilf
REAL                 :: r_Zahl
INTEGER              :: fehler, anf, komma, anz_vor
INTENT(IN)           :: c_Zahl
INTENT(OUT)          :: r_Zahl, fehler
                                              ! Zeichenkette
WRITE(hilf,'(A12)') c_Zahl(:LEN_TRIM(c_Zahl)) ! rechtsbündig
fehler = 1
anf = VERIFY(hilf, ' ')                       ! erstes Zeichen un-
IF ( anf == 0 ) RETURN                        ! gleich Leerzeichen
komma = INDEX(hilf, ',')                      ! Kommaposition
anz_vor = 7                                   ! zulässige
IF ( VERIFY(hilf(anf:anf), '+-') == 0 )  &    ! Vorkomma-
    anz_vor = 8                               ! stellen
IF ( .NOT. ( anf <= komma .AND.          & ! Vor- und Nach-
             komma <= anf + anz_vor .AND. & ! kommastellen-
             komma >= 9 ) ) RETURN           ! zahl korrekt?
IF ( VERIFY(hilf(anf:anf), '+-0123456789') /= 0 .OR.    &
     VERIFY(hilf(anf+1:komma-1), '0123456789') /= 0 .OR. &
     VERIFY(hilf(komma+1:), '0123456789') /= 0 )        &
   RETURN                             ! unzulässige Zeichen
fehler = 0
WRITE(hilf(komma:komma),'(A1)') '.'   ! Zeichenkette ist
READ(hilf,*) r_Zahl                   ! korrekt: umwandeln
RETURN
END SUBROUTINE Zeichen_nach_Zahl
```

Die Umwandlung der Zeichenkette in eine numerische Größe geschieht über den letzten _READ_-Befehl mit der internen Datei _hilf_. Es kann dabei zu Schwierigkeiten kommen, wenn nur «–,» bzw. «+,» in der Zeichenkette steht (was als zulässig eingestuft wird, aber wenig Sinn macht).

Aufgabe 9.4

```
SUBROUTINE vergangenes_Datum ( Tag, Monat, Jahr, Fazit)
!
!***************************************************************
!                                                             *
! Dieses Unterprogramm stellt fest, ob das übergebene         *
! Datum "Tag.Monat.Jahr" ein vergangenes Datum (ein-          *
! schließlich des heutigen) ist.                              *
! Zugrunde gelegt wird die Systemuhr. Das übergebene          *
! Datum wird nicht auf Korrektheit überprüft!                 *
!                                                             *
! Eingabeparameter:                                           *
```

```
!  Tag   : Tag des Datums (Normaltyp INTEGER)                    *
!  Monat : Monat des Datums (Normaltyp INTEGER)                  *
!  Jahr  : Jahr des Datums (Normaltyp INTEGER)                   *
!                                                                *
!  Ausgabeparameter:                                             *
!  Fazit : Überprüfungsergebnis (Normaltyp INTEGER)              *
!          = 0 : es handelt sich um ein vergangenes Datum        *
!          = 1 : es ist kein vergangenes Datum                   *
!          = -1 : Überprüfung konnte nicht durchgeführt          *
!                 werden, da keine Systemuhr zur Verfügung        *
!                 steht                                          *
!                                                                *
!****************************************************************
!
IMPLICIT NONE
INTEGER, INTENT(IN)   :: Tag, Monat, Jahr
INTEGER, INTENT(OUT)  :: Fazit
CHARACTER             :: datum*8, zeit*10
INTEGER               :: t, m, j

CALL DATE_AND_TIME ( datum, zeit )

IF ( datum == ' ' ) THEN              ! Systemuhr überhaupt
   Fazit = -1                         ! vorhanden?
   RETURN
END IF
READ(datum,'(I4,I2,I2)') j, m, t      ! aktuelles Datum in nu-
                                      ! merische Größen wandeln
IF ( Jahr > j ) THEN
   Fazit = 1
ELSE IF ( Jahr < j ) THEN
   Fazit = 0
ELSE IF ( Monat > m ) THEN            ! Jahr = aktuelles Jahr
   Fazit = 1
ELSE IF ( Monat < m ) THEN
   Fazit = 0
ELSE IF ( Tag > t ) THEN              ! Monat = aktueller Monat
   Fazit = 1
ELSE
   Fazit = 0
END IF
RETURN
END SUBROUTINE vergangenes_Datum
```

Aufgabe 9.5

```
SUBROUTINE Balkendiagramm (y, n, x0, dx, z)
!
```

```
!***************************************************************
!                                                              *
!  Dieses Programm erzeugt ein Balkendiagramm der im           *
!  Feld  y  übergebenen Funktionswerte.                        *
!                                                              *
!  Eingabeparameter:                                           *
!   y   : Feld der Gestalt [0:n], das die wiederzugeben-       *
!         den Funktionswerte enthält (Normaltyp REAL)          *
!   n   : Die Anzahl der Funktionswerte ist n+1                *
!         (Normaltyp INTEGER)                                  *
!   x0  : Anfangswert der zugehörigen Abszissenwerte           *
!         (Normaltyp REAL)                                     *
!   dx  : Abstand zwischen 2 aufeinanderfolgenden Ab-          *
!         szissenwerten (Normaltyp REAL)                       *
!   z   : Zeichen für die Ausgabe des Balkendiagramms          *
!         (Normaltyp CHARACTER)                                *
!                                                              *
!***************************************************************
!
IMPLICIT NONE
INTEGER, INTENT(IN)                  :: n
REAL, DIMENSION(0:n), INTENT(IN)     :: y
REAL, INTENT(IN)                     :: x0, dx
CHARACTER, INTENT(IN)                :: z
INTEGER                              :: i, anz
REAL                                 :: ymax, ymin, dy
CHARACTER (LEN = 61)                 :: zeile

ymin = MINVAL(y)  ;  ymax = MAXVAL(y) ! Funktionsgrenzwerte
IF ( ymin == ymax ) THEN
   dy = 1.0
ELSE
   dy = 60.0 / (ymax - ymin)
ENDIF
DO i = 0, n                          ! passende Balkenlänge
  anz = NINT( (y(i) - ymin)*dy ) + 1 ! zum aktuellen Funk-
  zeile = REPEAT(z, anz)             ! tionswert wählen;
  WRITE(*,900) x0 + REAL(i)*dx, zeile ! x-Wert mit y-Balken
END DO                               ! ausgeben sowie
WRITE(*,910) ymin, ymax              ! Funktionsgrenzen
RETURN
900 FORMAT(1X, G10.4, 1X, A)
910 FORMAT(12X,'Ymin = ',G10.4, 27X, 'Ymax = ',G10.4)
END SUBROUTINE balkendiagramm

PROGRAM test
IMPLICIT NONE
REAL        :: funktion(0:30), delta_x, x
```

```
INTEGER      :: i
delta_x  = 4.0*ATAN(1.0) / 15.0
DO i = 0, 30
   x = REAL(i) * delta_x
   funktion(i) = SIN(x)
END DO
CALL balkendiagramm (funktion, 30, 0.0, delta_x, '#')
STOP
END PROGRAM test
```

Dieses Testprogramm führt zu folgender Ausgabe:

```
 0.000    ##############################
0.2094    ####################################
0.4189    ##########################################
0.6283    ################################################
0.8378    ####################################################
 1.047    ########################################################
 1.257    ###########################################################
 1.466    #############################################################
 1.676    #############################################################
 1.885    ############################################################
 2.094    #######################################################
 2.304    #################################################
 2.513    ################################################
 2.723    #########################################
 2.932    ###################################
 3.142    #############################
 3.351    ########################
 3.560    ###################
 3.770    #############
 3.979    #########
 4.189    #####
 4.398    ##
 4.608    #
 4.817    #
 5.027    ##
 5.236    #####
 5.445    #########
 5.655    #############
 5.864    #################
 6.074    #######################
 6.283    ##############################
          Ymin = -.9945                         Ymax = 0.9945
```

Aufgabe 9.6

```fortran
CHARACTER(LEN=*) FUNCTION Zeile_Block (Zeile_Flatter)
!
!*************************************************************
!                                                           *
!  Dieses Unterprogramm formatiert die Textzeile            *
!  'Zeile_Flatter' in Blocksatz.                            *
!                                                           *
!  Eingabeparameter:                                        *
!  Zeile_Flatter : Textzeile beliebiger Länge, die den      *
!                  Text in gewöhnlicher Form (linksbündig   *
!                  mit einem Leerzeichen zwischen zwei      *
!                  Wörtern und einigen Leerzeichen am       *
!                  Ende) enthält                            *
!                                                           *
!  Ausgabeparameter:                                        *
!  Zeile_Block   : Umgewandelte Textzeile gleicher Länge,   *
!                  die die eingegebene Textzeile durch      *
!                  Einfügen ausbalancierter Leerzeichen     *
!                  zwischen den Wörtern in Blocksatz for-   *
!                  matiert                                  *
!                                                           *
!*************************************************************
!
IMPLICIT NONE
CHARACTER(LEN=*), INTENT(IN) :: Zeile_Flatter
INTEGER                      :: n, ende, verteilen, i, j, dl

n = LEN(Zeile_Block)          ; Zeile_Block = Zeile_Flatter
ende = LEN_TRIM(Zeile_Flatter)
verteilen = n - ende          ! zu verteilende Leerzeichen
IF ( verteilen <= 0 ) RETURN               ! schon Blocksatz
IF ( INDEX(Zeile_Block(:ende), ' ') == 0 ) &  ! kein Leer-
    RETURN                                 ! zeichen im
i = 1 ; dl = 2                             ! Text
DO WHILE ( verteilen > 0 )
   j = INDEX(Zeile_Block(i:n-verteilen), ' ')
   IF ( j == 0 ) THEN                      ! wieder von vorn,
     i = 1 ; dl = dl+1                      ! neuer Durchlauf
   ELSE
     Zeile_Block(j+i:) = ' '// Zeile_Block(j+i:n-1)
     verteilen = verteilen - 1 ; i = j+i+dl ! Leerzeichen
   END IF                                   ! einfügen, zur
                                            ! nächsten Lücke
END DO
RETURN
END
```

Wenn Sie dieses Unterprogramm über mehrere Zeilen in gewöhnlicher Form laufen lassen, erscheint der Text anschließend formatiert links- und rechtsbündig, wobei dazu die Leerstellen im Text etwa gleichverteilt aufgefüllt wurden.

Aufgabe 9.7

a) Falsch: Neben der Verkettung ist auch der Vergleich mit Vergleichsoperatoren zulässig.

b) Falsch: Es werden nur die ersten w Zeichen berücksichtigt.

c) Falsch: Es werden nur die ersten w Zeichen der Zeichenkette ausgegeben.

d) Falsch: Zeichenketten dürfen nicht in *DO*-Zählschleifen vorkommen.

e) Einer Zeichenkette muß im Hauptprogramm in einer Vereinbarungsanweisung durch die Längenspezifikation eine feste Länge vorgegeben werden, bevor überhaupt eine Benutzereingabe erfolgen kann.

Kapitel 10
Aufgabe 10.1

```
PROGRAM Messwerte                   ! Dieses Programm bearbeitet
                                    ! eine sequentielle Meßwert-
IMPLICIT NONE                       ! datei
REAL, DIMENSION( : ), ALLOCATABLE :: y
REAL                              :: ym
INTEGER                           :: i, n, fehl
OPEN(1, FILE = 'MESSWERT.DAT', ERR = 100)
READ(1,*,END = 200) n                   ! Meßwertanzahl
ALLOCATE( y(1:n), STAT = fehl )
IF ( fehl /= 0 ) STOP 'Fehler bei der Feldallozierung'
READ(1,*,END = 200) y                   ! Meßwerte einlesen
ym = SUM(y) / REAL(n)                    ! arithmetisches Mittel
WRITE(*,900)
DO i = 1, n
   WRITE(*,910) i, y(i), y(i) - ym
END DO
STOP 'alles o. k.'
100 STOP 'Fehler beim Dateioeffnen'
200 STOP 'Zu wenig Daten in der Datei'
900 FORMAT(3X,'Nr.',4X,'Meßwert',5X,'Abweichung',/)
910 FORMAT(2X,I3,4X,G11.5,2X,ES11.4)
END PROGRAM Messwerte
```

Dieses Programm fängt eine Reihe möglicher Felder durch entsprechende *STOP*-Meldungen ab.

Stellt man die Datei *MESSWERT.DAT* mit den vorgegebenen Werten zur Verfügung, so ergibt sich zum Beispiel mit FTN90:

```
Nr.    Meßwert      Abweichung

 1     63.400      -8.2999E-01
 2     67.100       2.8700E+00
 3     61.200      -3.0300E+00
 4     64.300       7.0007E-02
 5     69.800       5.5700E+00
 6     59.700      -4.5300E+00
 7     61.300      -2.9300E+00
 8     66.300       2.0700E+00
 9     62.900      -1.3300E+00
10     66.300       2.0700E+00
STOP: alles o. k.
```

Aufgabe 10.2
In der Datei steht:

```
1    5.18    15
-.1380E+02
1     .10    ***

  5.18
 15    -13.80
 0.10
1667
```

Da das erste Zeichen einer Zeile als Drucksteuerzeichen interpretiert werden soll, erscheint die erste Zeile ab dem zweiten Zeichen auf einer neuen Seite.

Das Minuszeichen zu Beginn der zweiten Zeile wird nicht mit ausgegeben (!); wie der Drucker das als Steuerzeichen interpretiert, ist nicht festgelegt (womöglich wie ein Leerzeichen).

Auch die dritte und die letzte Zeile in der Datei bewirken jeweils einen Seitenvorschub.

Aufgabe 10.3

```
PROGRAM Deckblatt                 ! Über dieses Programm werden
                                  ! Klausurdeckblätter erstellt
IMPLICIT NONE
CHARACTER(LEN=80)        :: satz, teil(4)
INTEGER                  :: i, j, k
OPEN(2, FILE='STUDENT.DAT')
DO
  READ(2,'(A)',END=100) satz                ! Datensatz einlesen
  j = 1
  DO k = 1, 3
    i = INDEX(satz(j:), '/')                ! einzelne Angaben
    teil(k) = satz(j:j+i-2)                 ! pro Datensatz
    j = j + i                               ! bestimmen
  END DO
  teil(4) = satz(j:)
  WRITE(*,900) teil(2), teil(3), teil(1), teil(4)
END DO
100 STOP
900 FORMAT('1',9(/),20X,'Name          : ',A,        &
              / ,20X,'Vorname       : ',A,        &
              / ,20X,'Matrikel-Nr.  : ',A,        &
              / ,20X,'Fachrichtung  : ',A,        &
              / ,20X,'Unterschrift  : '                )
END PROGRAM Deckblatt
```

Durch *9(/)* im Ausgabeformat wird 9mal ein Zeilenvorschub erzeugt, so daß ab der 10. Zeile ausgegeben wird.

Zu beachten ist, daß man nach dem Schrägstrich / (Slash) auf der ersten Spalte der neuen Zeile steht, und das erste Zeichen dient dem Drucker als Steuerzeichen.

Aufgabe 10.4

a) Interne Dateien tauschen ihre Daten im Arbeitsspeicher des Rechners aus, während externe Dateien dies mit externen Speichermedien (Festplatten, Disketten, Bandlaufwerken usw.) tun. Außerdem erfolgt das Lesen/Schreiben nur formatgebunden oder listengesteuert, während dies bei externen Dateien auch formatfrei sein kann.

b) Man unterscheidet in Fortran 90 den sequentiellen und den wahlfreien Zugriff. Beim sequentiellen Zugriff können Datensätze nur in der Reihenfolge gelesen werden, in der sie zuvor geschrieben wurden. Beim wahlfreien (direkten) Zugriff kann stets auf jeden beliebigen Datensatz (durch Angabe der Datensatznummer) zugegriffen werden.

c) Daten können entweder in der rechnerinternen binären Darstellungsform oder in einer konvertierten Form (meist nach ASCII) in eine Datei geschrieben werden.

d) Bei der Ein-/Ausgabe mit direktem Zugriff darf formatgebunden, nicht aber listengesteuert gelesen bzw. geschrieben werden.

e) Bei Dateien mit wahlfreiem Zugriff kann jeder Datensatz über seine Datensatznummer direkt gelesen bzw. geschrieben werden.

f) Bei einer sequentiellen Datei kann jeder Datensatz eine unterschiedliche Länge haben. Des weiteren können sequentielle Dateien auf allen Speichermedien hinterlegt sein, wenn mit ihnen gearbeitet werden soll. Außerdem ist die Zugriffsgeschwindigkeit höher als bei wahlfrei organisierten Dateien. (Dieser Vorteil kommt dann zum Tragen, wenn die Daten in der vorbestimmten Reihenfolge verarbeitet werden sollen.)

11.7 Literaturverzeichnis

[Bäumer 1994] *Bäumer, H. P.*: **Programmieren mit Fortran 90**; 1994; Vieweg
[Brainerd 1994] *Brainerd, W. S. / Goldberg, Charles H. / Adams, Jeanne C.*: **Programmieren mit Fortran 90**; 1994; Oldenbourg
[Gehrke 1991] *Gehrke, W.*: **Fortran-90-Referenz-Handbuch**; 1991; Hanser
[Gehrke 1994] *Gehrke, W.*: **Paralleles Fortran – High Performance Fortran für hochparallele Rechnerarchitekturen**; 1994; iX 5+6
[Gehrke 1996] *Gehrke, W.*: **Formale Transaktion – Fortran 95**; 1996, iX 2
[Heisterkamp 1991] *Heisterkamp, M.*: **Fortran 90**; 1991; B. I.-Wissenschaftsverlag
[Langer 1993] *Langer, E.*: **Programmieren in Fortran**; 1993; Springer
[Michel 1994] *Michel, T.*: **Fortran 90 – Lehr- und Handbuch**; 1994; VDI
[Rabenstein 1995] *Rabenstein, D.*: **Fortran 90 – Lehrbuch**; 1995; Hanser
[Wojcieszynski 1993] *Wojcieszynski, B. & R.*: **Fortran 90**; 1993; Addison-Wesley

Englischsprachige Literatur
[Adams 1990] *Adams, J. C.*: **Fortran 90**; 1990; McGraw-Hill
[Adams 1992] *Adams, J. C. u. a.*: **Fortran 90 Handbook**; 1992; McGraw-Hill
[Bronson 1991] *Bronson, G.*: **Modern FORTRAN 77–90**; 1991
[Counihan 1991] *Counihan, M.*: **Fortran 90**; 1991; Pitman
[Ellis 1994] *Ellis, T. M. / Philips , I. R. / Lahey, T. M.*: **Fortran 90 Programming**; 1994; Addison-Wesley
[Gehrke 1995] *Gehrke, W.*: **Fortran 90 Language Guide**; 1995; Springer
[Kerrigan 1993] *Kerrigan, J. F.*: **Migrating to Fortran 90**; 1993; O'Reilly & Associates
[Mayo 1991] *Mayo, W. E./Cwiakala, M.*: **The Fortran 90 Workbook**; 1991; McGraw-Hill
[Metcalf 1990] *Metcalf, M./Reid, J.*: **Fortran 90 Explained**; 1990; Oxford University Press
[Redwine 1995] *Redwine, C.*: **Upgrading to Fortran 90**; 1995; Springer
[ISO 1991] *ISO/IEC 1539:1991(E)*: **Fortran 90 – ISO international document N692**; Mai 1991

11.8 Sachwortverzeichnis